陈子季 ◎ 著

走向融合

职业教育的转型与突破

新华出版社

图书在版编目（CIP）数据

走向融合：职业教育的转型与突破/陈子季著．
北京：新华出版社，2025.5
ISBN 978-7-5166-7987-6
Ⅰ．G719.2
中国国家版本馆 CIP 数据核字第 2025AR6189 号

**走向融合：职业教育的转型与突破**

作者：陈子季

| | |
|---|---|
| 出版人：匡乐成 | 责任编辑：田丽丽 |
| 编　务：任溢赜 | 责任校对：刘保利 |

出版发行：新华出版社有限责任公司
　　　　　（北京市石景山区京原路 8 号　邮编：100040）
印刷：河北鑫兆源印刷有限公司

| | |
|---|---|
| 成品尺寸：165mm×240mm　1/16 | 印张：21.75　字数：270 千字 |
| 版次：2025 年 7 月第 1 版 | 印次：2025 年 7 月第 1 次印刷 |
| 书号：ISBN 978-7-5166-7987-6 | 定价：88.00 元 |

版权所有·侵权必究
如有印刷、装订问题，本公司负责调换。

微店

视频号小店

京东旗舰店

微信公众号

喜马拉雅

小红书

淘宝旗舰店

企业微信

## ◇ 作者简介

陈子季,北京交通大学党委书记,中国高等教育学会宣传工作研究分会理事长。西安交通大学管理学博士、北京大学理论经济学博士后,研究员,博士生导师。历任中国教育科学研究院党委副书记、副院长,教育部教育发展研究中心主任,职业教育与成人教育司司长、财务司司长。主要从事教育理论、管理科学等研究。

## ◇ 内容简介

当前,党和国家对职业教育重视程度前所未有。然而,国家战略、社会需求、个人意愿三者还存在错位,社会对职业教育的认可度依然不高,重普通教育、轻职业教育,重学术人才、轻技术技能人才,"学而优则仕"的思想观念仍根深蒂固。因此有必要说清楚职业教育是什么,为什么要办好职业教育,以正确引导教育需求,《走向融合》就是这样一本书。内容包含职业教育的前世今生、发展历程、国际比较和未来期许等。

# 序

子季同志打电话给我，希望我为他的新作写个序。为子季同志作品写序，我的学识、资历均不够，只能谈些学习心得，姑且为序。

打开文稿，眼睛一亮，深感这是一部具有重大学术和政策价值的巨著。通篇稿子融理论研究与政策思考于一体，视域广阔、气势恢宏、结构严谨、角度多元、资料翔实、论点精准、文字清新。全书在对洋务运动以来中国职业教育发展历史详细梳理基础上，对职业教育发展的几个重大问题进行了非常深入的理论分析，对中国职业教育体系发生的深刻变化进行了高度概括，对世界主要国家和地区职业教育改革发展趋势进行了全面把握，对中国未来职业教育发展走向进行了高瞻远瞩的判断。该部著作处处彰显着作者对职业教育的深深情怀，其出版不仅能为职业教育进一步研究提供大量宝贵的基础性资料，大大推动职业教育理论研究的深化，而且能为职业教育决策研究提供重要参考。

中国现代意义上的职业教育发端于洋务运动时期。经过一百多年发展，已成为世界上规模最大、结构最为完善的职业教育体系，在推动工业化、城镇化进程，促进社会公平中发挥了非常重要的支撑作用。尤其改革开放以来这四十多年，是全面构筑现代职业教育体系的关键时期。其中又可划分为两个阶段，即头二十年以中等职业教育为主体的职业教育全面恢复和发展阶段，和后二十多年以高等职业教育为主体的结构重塑阶段。在办学规模得

到快速扩张的同时，职业教育也面临一些重大理论问题需要解决。比如如何定位职业教育的性质？中国职业教育发展的基本经验是什么？未来职业教育发展的基本轨迹方向是什么？这些问题都可以在这本书中找到答案。

该部著作论述的内容非常丰富，其中有条核心主线，即把职业教育看作一种教育类型。这是当代职业教育发展最为核心的理论支撑。发展职业教育首先要正本清源，跳出把职业教育看作普通教育失败者无奈选择的传统观念，充分认识到职业教育是国民教育体系的重要组成部分，要按照其独特规律去办，形成由中、高、本职业教育构成的体系。把职业教育定性为一种教育类型有何重要理论意义？难道过去的职业教育不被视为一种教育类型？国外的职业教育不是一种教育类型？的确，虽然近代以来，各国教育体系中均有了职业教育成分，但在传统观念中，职业教育只是被视为普通教育体系的一种补充，一种为准备就业的学生提供技能训练的途径，没有把职业教育看作具有重要育人价值的教育类型，这是现代人不可或缺的一种教育类型，是与普通教育具有同等社会功能的教育类型。而职业教育自身对育人功能的开发也注重不够。当然，这并非意味着要把职业教育从普通教育中完全割裂开来。恰恰相反，它们是同一个教育体系中的两种基本成分，要相互融通、相互协调，形成多样化教育体系。对职业教育性质的这一定位，为未来职业教育发展提供了广阔空间。

中国职业教育发展的基本经验是什么？那就是走自主知识体系构建道路。中国现代意义上的职业教育总体上是一个舶来品。洋务运动时期，洋务派出于发展实业的需要，学习西方国家办学模式，创办西式实业学堂。二十世纪上半叶，黄炎培等先驱怀着救国救民的忧患意识，受西方教育思想影响，积极创办职业学校。新中国成立后，仿照苏联职业教育办学模式，举办中等职业学校和技工学校。改革开放以后，从各个方面借鉴西方发达国家经验，总结国际职业教育总体发展趋势建设中国职业教育体系，如德国双元制、英国现代学徒制、美国综合高中，能力本位课程思想、终身职业教育思想，等等。进入二十一世纪以来，中国职业教育开始产生大量基于本土探索的思想与改革实践，从跟跑到领跑，形成具有中国自主知识构建意义的职业教育思想体系，如多元参与的办学体制、基于共同体的产教融合机制、职业本科教育、职教高职制度、双师型师资队伍，等等。开始向其他国家输出职业教育办学模式、教学标准、教材。这是中国职业教育发展的重大历史转折，意味着中国职业教育进入了内涵建设的深水区。

中国职业教育未来发展的基本轨迹方向是什么？该部著作从时代诉求、战略选择、重要举措三个层面进行了详细分析，抓住了影响职业教育未来发展的三大关键因素，即产业全面升级调整、人口红利衰减、个性化教育需求，分析结果对职业教育发展方向选择具有极为重要的政策参考价值。总体上看，未来职业教育发展要以现代化目标实现为基本牵引，在深度推进内涵建设的过程中形成中国范式。经过二十一世纪以来中国职业教育自主知识探索，未来建设思路已基本清晰。从外部环境看，要建设技能型社会；从体系结构看，要形成以中职为基础、高职为主体、本科为龙头的职业教育体系，以职教高职制度、贯通培养模式为纽带衔接各级职业教育；从办学机制看，要以共同体建设为基本抓手实现产教融合突破；从人才培养模式看，要推动中国特色现代学徒制落地；从人才培养过程看，要以标准和教材建设为抓手推动教学体系专业化建设，等等。在扎扎实实推动这些工作落地的过程中，我们会逐步靠近现代化目标。

  这部著作内容极为丰富，既是对重大理论与政策问题的睿智分析，又是一部资料翔实的中国职业教育发展史诗。以上只是从几个小点谈了些个人读后体会，其他内容留给读者去细细品味。

徐国庆<br />
华东师范大学职业教育<br />
与成人教育研究所所长<br />
2025 年 1 月

# 前　言

习近平总书记在庆祝中国共产党成立100周年大会上的讲话中指出："走自己的路，是党的全部理论和实践立足点，更是党百年奋斗得出的历史结论。"中国职业教育正是扎根中国大地，遵循类型规律，走出了自己的路，一条不同于国外、不同于普通教育甚至不同于自己既往的中国特色发展道路。

很少有哪一种教育，像职业教育这样，从一出生就与国家和民族命运紧密联系在一起。1866年创办的福建船政学堂肩负"富国强兵"的重任，1917年创立的中华职业教育社提倡"爱国之根本在职业教育"，新中国成立初期培养了大批国家亟需的技术和管理人才，改革开放以来为各行各业培养了规模宏大的技术技能人才大军。当前，中国开启全面建设社会主义现代化国家新征程，秉承为国而生、与国同行的基因，从职教救国、职教兴邦，到职教强国，职业教育前途广阔、大有可为。

很少有哪一种教育，像职业教育这样，直接服务产业、改善民生、造福人民。职业教育面向市场、服务发展、促进就业，每年培养1000万左右的高素质技术技能人才，在现代制造业、战略性新兴产业和现代服务业等领域，一线新增从业人员70%以上来自职业院校毕业生。职业教育是平民教育，职业院校70%以上的学生来自农村，"职教一人，就业一人，脱贫一家"成为阻断贫困代际传递见效最快的方式。当前，在高质量发展中促进共同富裕提上更加重要的议事日程，职业教育要面向人人、服务人

人，让每个人都有机会通过提升技能而实现高质量就业，缩小收入分配差距，扩大中等收入群体，推动全体人民共同富裕，取得更为明显的实质性进展。

很少有哪一种教育，像职业教育这样，饱含强烈创新精神，不懈探索，自强不息。肇始之初中国近现代职业教育是舶来品，清末实业学堂移植西方、转学日本，新中国成立初期的专业技术教育师法苏联，改革开放后放眼海外、博采众长。在"他者"镜鉴中，职业教育没有亦步亦趋，而是越发找到"真我"。扎根中国大地，遵循教育规律和人才成长规律，探索形成了产教融合、校企合作办学模式，德技并修、工学结合育人机制，首创了学校、专业、课程、师资等一系列制度标准，提出了类型教育的重要论断，丰富了中国教育理论体系，对世界教育作出了独特贡献。当前，职业教育进入高质量发展新阶段，如何巩固和发展类型特色，如何办好本科及以上层次职业教育，如何构建现代职业教育体系，如何更好地服务技能型社会建设，是时代赋予职业教育的新课题。

当前，党和国家对职业教育重视程度前所未有。然而，国家战略、社会需求、个人意愿三者还存在错位，社会对职业教育的认可度依然不高，重普通教育、轻职业教育，重学术人才、轻技术技能人才，"学而优则仕"的思想观念仍根深蒂固。因此，有必要说清楚职业教育是什么、为什么要办好职业教育，以正确引导教育需求，回应各种杂音，《走向融合》就是这样一本书。

《走向融合》饱含教育情怀，回顾了中国职业教育波澜壮阔的发展历程，对比了世界各国职业教育发展经验，诠释了新时代职业教育发展路径，掷地有声地提出走中国特色的职业教育发展道路。《走向融合》蕴含理性思考，立足现代国民教育体系建设，从学理上剖析了职业教育作为一种教育类型的必要性和必然性，揭示了办好职业教育需遵循的独特规律。《走向融合》回应时代号召，站在党和国家事业发展全局审视职业教育，面向第二个百年新征程描绘职业教育，大声疾呼"我们不能再等待"，胸怀全局，提高站位，为全面建设社会主义现代化国家提供坚实的支撑。《走向融合》彰显行动自觉，号召职业教育工作者行动起来，以质图强，提质培优，打一场办学质量的"翻身仗"，加快推进职业教育现代化进程，办好人民满意的教育，提高职业教育的社会认知度和认可度。

  历史已经前进，等待就是倒退。我们不能再等待，这是国家之需、人民之盼、时代之唤。

# 目 录

序 ················································································ 1

前言 ············································································· 5

**第一章 前世今生** ························································· 1

    第一节　前奏与萌芽：晚清时期实业教育 ···················· 5
    第二节　起步与探索：民国时期职业教育 ···················· 19
    第三节　改造与重构：新中国的技术教育 ···················· 46
    第四节　创新与发展：改革开放后职业技术教育 ·········· 62

**第二章 步步精彩** ························································· 79

    第一节　从注重规模到深化内涵 ································· 83
    第二节　从参照办学到中国特色 ································· 95
    第三节　从学校教育到大职业教育体系 ······················· 125

**第三章 正本清源** ························································· 139

    第一节　职业教育是国民教育体系的重要组成部分 ······ 143
    第二节　职业教育有"类"也有"级" ······························ 159
    第三节　职业教育遵循独特的办学规律 ······················· 167

## 第四章 他山之石·················································183

第一节 德国：面向工业 4.0 的"双元制"职业教育变革···187
第二节 澳大利亚：突出市场导向、能力本位的 TAFE 模式···202
第三节 美国：服务社区、功能多元的社区学院发展········217
第四节 日本：多元、开放的高等职业教育·················232
第五节 中国台湾：面临发展瓶颈的技职教育··············246
第六节 国际视野下职业教育发展的中国道路··············259

## 第五章 未来期许·················································267

第一节 未来之世：未来职业教育发展的时代诉求··········271
第二节 求变之适：未来职业教育改革的战略选择··········282
第三节 进阶之势：未来职业教育行动的重要举措··········302

## 后记·····························································331

| 第一章 |

# 前世今生

## 本章概要

中国有五千多年的文明史、近三千年的教育史，诞生了墨子、鲁班、管子、奚仲等职业教育①思想家，孕育了述而作、知行合一、言传身教、人人可教等深厚的职业教育思想，为近现代职业教育产生与蓬勃发展植入了优秀基因。中国近现代职业教育起步于民族危难之际，救亡图存、教育救国是其壮烈使命，从晚清时期实业教育的萌芽，到民国时期职业教育的兴起与探索，到新中国技术教育的改造与调整，再到改革开放后职业教育的创新与发展，职业教育从无到有、由小到大，为国家发展和民族振兴作出了巨大贡献。

晚清时期实业教育是中国现代职业教育的前奏与萌芽，从一诞生就与国家和民族命运紧密联系在一起。洋务运动时期，遵循"中体西用"思想，以福建船政学堂为代表的一批新式实业学堂创办起来，重点培养语言、军事急需的专业技术人才，肩负了支撑"富国强兵"的重任。维新运动前后，中国国势危如累卵，维新派把兴学育才作为改良社会的主要途径，在向日本实业教育学习的基础上，将实业学堂建设拓展到农、工、商、矿等行业门类，使实业教育发展迈出关键一步。清末新政时期，在内外交困的形势

---

① 中国职业教育经历了不同的发展阶段。在不同时期，中国职业教育的样态及名称也存在差异。古代时期，中国职业教育主要有学校教育、官职教育、世袭家传、艺徒传承等多种形式，但并未有统一的名称，清末民初称"实业教育"，壬戌学制后称职业教育，新中国成立初期称技术教育，改革开放后称职业技术教育或职业教育。不同的名称变化不仅体现了职业教育的发展历程，也揭示了职业教育发展的规律与特点。

下，实业教育被正式纳入"壬寅癸卯学制"学制体系，设立实业教育行政机构，推动实业学堂总体规模迅速扩大，实业教育逐步走上系统规范办学的轨道。

民国时期是中国职业教育兴起和探索的重要阶段，救亡图存、振兴中华成为职业教育发展主题。北洋政府时期，民族工商业发展对实业人才提出迫切需求，实业学校在种类、规模、数量上有所发展，蔡元培、黄炎培等教育家以及留美学生的宣介改善了职业教育发展的理论和社会环境，职业教育制度在"壬戌学制"中正式确立，其发展亦达到了有史以来最盛期。南京国民政府时期，实科人才的培养被放在突出地位，一系列支持职业教育发展的政策陆续出台，职业教育适应抗日战争和战后"建国"需要，积极调整办学方向和科目设置，为抗战胜利和社会发展作出了重要贡献。新民主主义革命时期，中国共产党探索开办了灵活多样的职业教育，支撑了大革命、土地改革、抗日战争、解放战争等不同时期政治、经济、文化和军事需要，彰显了中国共产党的教育理想与政治取向。

新中国成立到改革开放前是适应中国特色社会主义政治经济制度的现代职业教育体系重要探索时期，中国借鉴苏联模式建构职业教育体系，为新中国工业体系建设贡献力量。新中国成立初期，逐步建立了比较完备的中等专业教育制度和技工学校教育制度。在第一个和第二个五年计划时期，中等专业教育不断调整布局结构和发展速度，为国民经济各部门培养了大量技术和管理干部，技工学校经历了由小变大、由弱变强的过程，成为培养中级和高级技术工人的重要力量，职业高中和农业中学在中等教育结构调整中不断发展，培养了大批实用专业技术人才，为新中国成立后社会主义经济社会发展作出了重要贡献。

改革开放后，是中国职业教育恢复与创新发展阶段，初步开创了中国特色的职业教育发展之路，培养了大批高素质技术技能人才。改革开放初期，国家全面恢复发展中等专业学校和技工学校，并大力新建和发展职业中学，明确了职普大体相当教育结构布局。1980年后，高等职业教育开始起步，1998年开始按照"三改一补"的管理思路，在整合当时高等教育资源基础上推动了高等职业教育大发展。1996年，《职业教育法》出台，确立了职业教育的法律地位。高校扩招带动"普高热"，中等职业教育出现滑坡，高等职业教育迎来快速发展，随着示范（骨干）高职院校建设计划实施，职业教育内涵建设水平快速提升，成为国民教育体系的重要组成部分，为中国实现从人口大国向人力资源大国的转变作出了不可替代的历史贡献。

## 第一节
## 前奏与萌芽：晚清时期实业教育

十九世纪六十至九十年代，晚清洋务派开展了一场轰轰烈烈的洋务运动，引进西方先进的军事装备、机器生产和科学技术，创办洋务企业以挽救清朝统治。为培养洋务企业所需人才，兴办语言学堂和军事学堂等新式实业学堂，开启了中国近代学校职业教育的篇章。甲午中日战争清政府战败后，以康有为、梁启超为代表的维新派发起资产阶级改良运动。为救亡图存、广开民智，全国强新学、建学制，实业学堂扩展到农、工、商、矿实业领域。1901年，清政府为维系封建统治，推行新政，颁布"兴学诏书"，实施建学制、设学部、废科举、兴学堂等一系列举措。伴随着社会的变革，清末的实业教育在中学与西学、新学与旧学的冲突中，逐渐系统化和规范化，为职业教育奠定了理论和实践基础。

### 一、洋务运动时期实业教育的发轫

两次鸦片战争使中国遭逢"数千年来未有之变局"，国内太平天国农民运动也严重威胁封建统治，国外列强环伺，国内矛盾交织，社会危机日益加剧，社会变革迫在眉睫。为"自强"和"求富"，一批思想家率先提出效法西方，开展洋务运动，兴建新式实业学堂，培养急需的专业技术人才。

## （一）实业教育思想的萌蘖

清朝末期，西方资本主义用坚船利炮打开了中国的大门。面对西方列强的入侵，一些开明有识之士从"天朝上国"的美梦中觉醒，认识到"技"不如人的现实，他们深入思考和批判了传统科举取士的教育观和人才观，主张开拓新学、师夷之长技，培养经世致用人才。

### 1. "崇儒"到"致用"的思想嬗变

中国古代职业教育作为一种专业的技艺传授途径，包括学校教育、官职教育、世袭家传、艺徒传承等多种形式。在中国古代社会中，儒学长期居于"官学"地位，教育的目的是养士以选官，所谓"巫医乐师百工之流，君子不齿"，对职业（实科）教育存在轻视、鄙薄的思想。中国古代职业教育在中国古代教育的夹缝中诞生和迁延，技艺教育发展相对滞缓。随着封建统治的日益腐败，社会危机与思想僵化交织，各种矛盾日益尖锐。为应对科学技术落后、新式人才匮乏的严峻形势，在知识界盛行起"经世致用"的思潮。

以龚自珍、林则徐、魏源等为代表的思想家关注实务，针砭时弊，反对脱离实际和崇尚空疏的学风，提倡研究现实问题和经世致用的学问。他们认为导致中国内外交困、积贫积弱的主要原因在于教育的落后和人才的奇缺，提出改革空疏无用的科举制度，开拓新学，培养经世致用、具有实际能力的人才，为日后教育改革打下了重要的理论基础。

### 2. "师夷之技"到"中体西用"的教育主张

伴随近代科学技术的发展和工业革命，英、法等西方资本主义国家迅速崛起和壮大。在目睹西方的"坚船利炮、工精器巧"后，魏源等一批思想家开始寻求治疗社会痼疾、拯救民族危亡之道。他们提出"师夷之长技以制夷"的主张，主张学习西方先进的科学技术，引进西方先进的武器和军事技术，用于抵御外国的侵略。自此，求"西学"以"自强"的呼声日益高涨。

以曾国藩、左宗棠、李鸿章、张之洞、盛宣怀、郑观应等为代表的洋务运动先驱，在"师夷之长技以制夷"思想的基础之上，以"中学为体，西学为用"为指导，大力兴办洋务企业，创建新式实业学堂，派遣大批留学生赴国外学习先进的科学技术知识。试图在不触动清王朝封建统治的同时，通过"采西学制洋器"实现提升国家经济、军事实力的目的，由此拉开了西学东渐的历史帷幕。

## （二）洋务派新式实业学堂的兴办

十九世纪六十年代，在洋务派的领导和推动下，展开了一场声势浩大的以"自强"和"求富"为宗旨的改革运动。洋务派大规模引进西方先进的技术和武器、兴办近代化军事工业和民用企业。技术工人和管理人才是新式企业必不可少的，而国内技术人才奇缺，聘请洋师洋匠费用昂贵。洋务派逐渐认识到要"师夷之技"，不仅要引进"制器之器"，还要培养"制器之人"，新式实业学堂应运而生。

### 1. 新式实业学堂的肇创

中国近代的第一所新式实业学堂是1866年6月由左宗棠奏设的福建船政学堂，又称"求是堂艺局"。学堂的宗旨是"习学洋技"，以"训练造船利器的工匠，并训练驾驶人员""教导中国工匠、匠首及艺童"[①]。船政学堂最初设前堂和后堂，前堂学习法文及造船技术，又称制造学堂；后堂学习英文和驾驶技术，又称驾驶学堂。前、后学堂分别聘用法、英两国的技术人员充实师

---

① 孙毓棠.《中国近代工业史资料》第一辑上册[M].北京：科学出版社，1957：395—397.

资。学制五年，前三年学习基础知识和相关专业知识，后两年学习操作技能。学堂重视实践训练，以船政局为实习工地，设置了船体建造实习课，使所学的知识得以实际的运用。毕业生可以被军政部门录用并授以相应官职，也可以出国深造。后又设管轮学堂和练船学堂，分别用于掌握发动机的拆装技术和驾驶实践技术。1868年，船政学堂增设了"艺圃"，是最早开始培训技术工人的机构，从各厂招收百余名艺徒，随聘请的洋技工学习识图、制图和计算，学制三年，以达到在各自所在车间的操作技术水平要求。①

福州船政学堂是第一所按照西方模式创办的新式实业学堂，被视为中国近代职业教育的开端，为近代中国培养了大批海军方面的职业人才，如维新派著名思想家严复，清政府南洋舰队和北洋舰队的许多军官，如林泰、刘步蟾、邓世昌等。福州船政学堂从创办至1912年被北洋政府接管，共培养制造班毕业生7届143名、驾驶班毕业生19届241名、管轮班毕业生10届120名，总计504名。②福建船政学堂的创办，在中国近代职业教育发展史上具有划时代的意义。

### 2. 洋务运动孕育下的新式实业学堂

洋务派在全国各地开设一批学习"西文"（即西方的语言文字）和"西艺"（即西方的科学技术）的学堂。这一时期的新式实业学堂主要分为三种，即语言学堂、军事学堂和技术学堂。语言学堂以培养专业的翻译人才和外交人才为主，1862年，京师同文馆开语言学堂之先河，其后增设上海同文馆、广州同文馆、湖南自强学堂等。军事学堂以培养大量军事人才为主，如上海江南制造局操炮学堂、天津水师学堂、天津武备学堂、广东水陆师

---

① 俞启定，和震.中国职业教育发展史［M］.北京：高等教育出版社，2012：42.
② 米靖.中国职业教育史研究［M］.上海：上海教育出版社，2009：137.

学堂、江南水师学堂等。同期出现的技术学堂，除福建船政学堂外，还有上海江南制造局附设机器学堂、福州电报学堂、天津电报学堂、天津北洋武备学堂附设铁路学堂等，旨在培养国防和海陆军装备相关的人才。

该时期的新式实业学堂以"中学为体，西学为用"为基本办学方针，在教育上进行了一系列改革。在教学方式上，提倡理论学习与实践操作并重，专业技术与实用知识是课程的重要组成，学生在学习西方自然科学和专业技术的同时，必须兼习中学，即"四书五经"以及满文。

然而，此时的新式实业学堂在国家教育体制中尚无一席地位，只能算是封建传统教育之外的点缀和补充而已。洋务派所开办的新式实业学堂，多是依附于其所创办的洋务事业，办学经费多靠自筹，如福建船政学堂经费由船政局提供、天津水师学堂经费由海防经费内核实开支。此外，新式实业学堂缺乏基础教育的根基，无法获得具有基础文化知识的生源，学生毕业后不能与科举接轨，也没有官方提供的出路保障，这必然制约办学规模和教育成效。

甲午中日战争后，洋务运动宣告破产。尽管洋务运动最终并未能够实现"自强求富"的目的，但洋务派所创办的新式实业学堂仍以顽强的生命力继续存在。洋务运动中实业教育的发展标志着中国近代职业教育起源，为职业教育的发展奠定了重要基础。

## 二、维新运动时期实业教育的演进

甲午中日战争后，中国国势危机四伏。为救亡图存，以康有为、梁启超等为代表的维新派掀起一场变法运动。维新派在洋务派"制洋器，采西学"的思想基础上，提出在政治、经济、文

化、军事、教育等领域进行全方位改革。他们批判了传统教育于民生国计的无用,主张"创新政、废科举、强新学,广设学校",把兴学育才作为改良社会的主要途径。

### (一)"开民智,强新学"思想下的教育改革

甲午中日战争中国惨败于新兴的东邻岛国日本,促使中国掀起变法改革的热潮。一些有识之士提倡效法日本的改革经验,将兴办实业、发展教育作为救亡之道,倡导发挥实业教育在国计民生中的重要作用,从而实现"实业救国"的目的。

#### 1. 甲午战争后日本经验的借鉴效仿

日本自明治维新以来,设立一大批实业学校,颁布一系列实业学校法令,且规制周详,成效显著。其所采取的君主立宪制度与中国封建官僚所倡导的"忠君爱国""中体西用"一致,可以起到尊君权、固民志的作用。加之中、日两国语言文字相近,易于通晓,风俗习惯相似,国土邻近便于往来。由此,甲午中日战争后,中国朝野上下从效法西方转向日本。他们认为,以日本为媒介撷取西方近代文明可以减少学习西方国家的种种障碍,是图强求存的最佳捷径。

就教育方面而言,借鉴日本经验的途径、方式甚多,如选派学生到日本留学、翻译日本书籍、赴日考察学务、招聘日本教习等。而其中赴日考察学务是教育上"以日为师"所采取的主要途径和重要体现。1897年,姚锡光受张之洞派遣赴日本考察,其所著《东瀛学校举概》一书介绍了工业学校、技术学校、高等商业学校的入学资格、修学年限、所设科目等内容。①沈翊清奉四川总督之命赴日阅操,参观了大量实业学校,所著《东游日记》

---

① 璩鑫圭,唐良炎.中国近代教育史资料汇编:学制演变[M].上海:上海教育出版社,2007.

中对东京工业学校应用化学科、染织工科、窑业工科、机械工学科、电气工学科和驹场农科大学农学科、林学科、兽医科、农艺化学科均有详述。[①] 来自不同层次，分属军事、政治、学术、实业各界的多方人士，身临其境地感受到了日本发展实业教育的事实与成就，为中国实业教育制度的建立提供了直接的经验。

**2. 维新派发展实业教育的主张**

维新派认为传统教育体制及科举考试制度是致使中国"贫弱"的重要根源，"变法之本，在育人才；人才之兴，在开学校""农、商、矿、林、机器、工程、驾驶，凡人间一事一艺者，皆有学"[②]。他们主张学习西方国家，改书院兴学堂，广设新式学堂以培养有专业技能的人才，引介西方国家实业教育，增设实学课程，设立"制造""种植""工艺""商务"等实业学堂。以日本学制为基础，设计出一套国民教育制度体系，提出将职业教育纳入学制体系，其中职业学校包括各种简易实业学校、美术学校、政治法律学校、陆海军学校等。师法日本，勾勒出具有近代意义的职业教育体制格局，对中国近代学制的建立产生重要影响。

受历史条件的限制，维新派对西方国家教育的认识还是肤浅的，对西方国家实业教育的介绍也是零星而不系统的。但这一时期维新派的改革主张和举措，使实业教育的发展迈出了关键性的一步。

## （二）实业学堂种类的拓展

在继承洋务运动西学中用思想的基础上，维新派突破了洋务派在办学上仅囿于语言、军事等学堂的局限，扩展到了农、工、

---

[①] 沈翊清，周学熙. 东游日记[M]. 长沙：岳麓书社，2016.
[②] 北京师范学院历史系中国近现代史教研室编. 简明中国近现代史词典（上）[M]. 北京：中国青年出版社，1984：211.

商、矿等各类专业技术学堂。由于"农务为国家根本",因而这一时期出现的农业学堂居多。农业技术学堂主要有两类,一类是农务学堂,如设于湖北的农务学堂和设于京师的农务中学堂等,主要传授"中国农政诸书及西人种植之学"。[①]另一类是蚕桑学堂,如江西蚕桑学堂、杭州养蚕学堂等,专门教授种桑、养蚕之法。这一时期还创建了南京矿务学堂、湖北工艺学堂等技术学堂。此外,还开设了翻译、医学等各类学堂。

受实业救国思想和实践的影响,提倡女子获得职业、经济独立的呼声日益高涨,这一时期,女子职业教育也得以初创。1898年5月,由经元善、梁启超、康广仁等人创办的以培养贤妻良母、保国保种为目的的中国第一所女学堂在上海诞生。"中国女学堂"借鉴西方女子教育成功的经验,在学堂管理、学校制度、课程设置等方面都颇具特色。招收有一定文字基础的8—15岁的女子,聘请具有一定文化知识的贤淑闺秀为教习。学堂分设中西两类课程,规定学费收缴和减免办法,并对学生毕业后的工作分配作出规定。

由于戊戌变法的失败,"百日维新"中的一系列教育改革措施除京师大学堂因"萌芽早,得不废"外,其余均遭废除。但是,戊戌变法思潮在当时产生了巨大的思想启蒙作用,使得教育改革在当时已是深入人心,为清末新政时期实业教育的发展奠定了基础。

## 三、清末新政时期实业教育的勃兴

1900年八国联军侵略中国,清政府被迫在次年签订了《辛丑条约》。清政府在内外交困的形势下,为了振弱图强,缓解国

---

① 米靖.中国职业教育史研究[M].上海:上海教育出版社,2009:141.

人的愤怒，维护其摇摇欲坠的封建统治，从1901年起，在政治、经济、文化、军事、教育等领域进行了一系列的改革，宣布新政。教育方面，改革旧的科举教育制度，大力兴办实业学堂，广育实用技术人才。新政开始之后，各地官绅响应清政府的兴学诏令，纷纷建立新式学堂，实业教育得以迅速地发展。

## （一）实业教育制度的滥觞

"新政"推行后，全国各地创办了大量新式学堂。由于学堂体例不一，在教学目标、课程设置、修业年限等方面差异甚大，清政府开始着手建立近代化教育制度。学制参考各国实业教育制度，对实业学堂的办学条件、入学资格、学科设置、考试办法与奖励、教员资格和师资培养等方面进行了明确的规定，使各级各类实业学堂的创设和兴办都有规可循、有章可依。

### 1. 壬寅癸卯学制的颁行

1902年，清政府颁布了由管学大臣张百熙主持拟定的《钦定学堂章程》即"壬寅学制"，在普通教育系统外，设立了师范教育和实业教育两个旁系，将实业教育纳入学制系统。此学制将实业教育划分为三级，分别称为简易实业学堂、中等实业学堂和高等实业学堂，并且分别与高等小学堂、中学堂和高等学堂并列。虽然此学制并未得以实施，但它是中国近代第一个以中央名义颁布的全国性学制，为癸卯学制的拟定提供了基本思路。

1904年，清政府颁布了《奏定学堂章程》，即癸卯学制，包括了学务纲要、各类学堂章程以及学堂管理、考试、奖励和教员任用等22个文件。该学制有23个法规，其中，实业教育的法规有7个，包括《初等农工商实业学堂章程》《中等农工商实业学堂章程》《高等农工商实业学堂章程》《实业教员讲习所章程》《实业学堂通则》《实业补习普通学堂章程》《艺徒学堂章程》，对职业教育的标准与规范进行了详细规定。

## 2. 学制中的实业教育制度

癸卯学制将实业教育放在与普通教育、师范教育平等的地位上，分为初、中、高三级实业学堂，还有补习教育性质的实业补习学堂、艺徒学堂及大学堂附设的实科，以及培养实业学校师资的实业教员讲习所等。实业教育的专业类别分为农业、工业、商业和商船四大类。①

癸卯学制对初等、中等、高等实业学堂的入学资格、办学宗旨、学制等均有明确规定。初等实业学堂一般招收13岁以上初等小学毕业生或同等学力者，旨在传授农业、商业和商船"简易"之知识和技能，初等农业学堂和商业学堂学制三年，初等商船学堂学制两年。中等实业学堂教授农业（或工业、商业、商船）"必须"之知识技能，分预科和本科两级，预科招收13岁以上的初小毕业生和同等学力者，学制两年；本科招收15岁以上的高小毕业生或同等学力者，学制三年。高等实业学堂招收18岁以上中学堂毕业生或同等学力者，也分预科（学制一年）和本科，学制不等，教授"高等农业（或工业、商业、商船）之学术技艺"，毕业后可从事相关"经理公私产业"，也可充任"学堂之管理员和教员"。

实业学堂重视"知识"和"技能"培养，培养层次目标有明确的区分。初等实业学堂教授"最浅近知识技能"。中等农业学堂"授农业所必需之知识艺能"，中等工业学堂"授工业所必需之知识技能"，中等商业学堂"授商业所必需之知识艺能"，中等商船学堂则"授驾运商船之知识技术"。高等实业学堂则授"农业学艺""工业之学理技术"和"航海机关之学术技艺"，体现出不同层次和不同专业类别的特点和要求。

除全日制实业学堂之外，癸卯学制还设有基于培训性质的实

---

① 俞启定，和震. 中国职业教育发展史［M］. 北京：高等教育出版社，2012：57.

业教育机构，授实业所必需之知识技能。一是实业补习学堂，招收"已经从事各种实业及欲从事各种实业之儿童"，"其学力程度须已毕业于初等小学堂以上者"或"年岁已过学龄（自满七岁至满十六岁为学龄）别无就学之途者"[①]，传授"实业所需之知识技能"，学制三年；二是艺徒学堂，招收"未入初等小学而粗知书算之十二岁以上幼童"，培养目标为"授工业技术，使成为良善之工匠"[②]，修业年限不固定，为六个月以上、四年以下。除专业的实业学堂外，普通大学堂也可以开展培训性质的实业教育。

此外，癸卯学制将实业教育师资培养也列入实业教育体系，在农业、工业、商业学堂中附设实业教员讲习所，以培养各实业学堂师资，招收17岁以上初级师范学堂、中学堂或中等实业学堂毕业生，"以教成各该实业学堂及实业补习普通学堂、艺徒学堂之教员为宗旨，以各种实业师不外求为成效"。[③]这是最早设置的培养职业学校教师的专业机构，包括农业教员讲习所（三年）、商业教员讲习所（三年）和工业教员讲习所（三年），学生一律公费，但毕业后有六年的义务从教。

**3. 实业教育制度的补充与调整**

从1904年癸卯学制颁行，至1911年辛亥革命爆发，其间实业教育发展迅速。由于总则性的学制文本难以详尽罗列办学细节，而具体办学情况复杂多变，又需要细致规范的制度。因此，学部负责对这一时期实业教育制度进行一定的补充与调整，主要有以下三个方面：

一是统筹规范办学规模和布局。1906年，学部下发《通行

---

① 璩鑫圭，唐良炎.中国近代教育史资料汇编：学制演变[M].上海：上海教育出版社，1991：449.

② 璩鑫圭，唐良炎.中国近代教育史资料汇编：学制演变[M].上海：上海教育出版社，1991：450.

③ 孟庆国.中国职业技术师范教育史[M].北京：教育科学出版社，2016：8.

各省举办实业学堂文》，要求各地"先设中等、初等实业学堂及实业补习普通学堂。此外尤应多设艺徒学堂……"。学部还提出"两年之内，每所应设中等实业学堂一所，每所应收学生百名"等标准。二是指导学科设置和课程开设。如1910年，统一各等农、工、商实业学堂所有开设的外文为英语、加大实习权重等规定。三是完善入学资格和毕业奖励。如1910年，学部根据实际需要，将高等商船航海科、机轮科调整为四年。采取奖励措施，鼓励学生入学实业学堂。

尽管这些调整和补充是局部的、应急的，但在一定程度上发现和遏制了教育领域的突出问题，丰富和完善了学制体系，进一步规范了办学标准和要求。这些补充和调整，与癸卯学制有关实业教育文本一起，构成了清末实业教育制度的基本内容。

## （二）实业教育行政机构初设

新政后，实业学堂不断增多，实业教育行政管理机构随之设立。1904年1月，根据《学务纲要》的规定，在京师设总理学务大臣，其主要职责是管理全国学务、整饬各省学堂、编订学制、考察学规、审定专业普通实业教科书、任用教员、选录毕业学生、综核各学堂经费等有关教育之事。学务大臣下设六处，即专门处、普通处、实业处、审订处、游学处和会计处。

1905年9月，科举制度被废除后，学堂大兴，新的教育行政机构应运而生。12月设立学部，其作为中央教育行政管理机构，内置总务司、专门司、普通司、实业司、会计司五司。其中，实业司负责各种实业学堂的设立、维持、教科、规程、设备、教职员、学生等一切实业教育事宜。1906年4月，地方设立提学使司，作为省级行政管理机构，统辖管理全省学务，学务公所分设总务课、专门课、普通课、实业课、图书课和会计课共六课，其中实业课掌管本省实业教育相关事务。1906年5月，学部奏定于各厅、州、县各设劝学所，由地方监督和管理区域内兴学事宜。至此，形成了学部实业司、学务公所实业课和劝学所三级实业教育行政管理机构，全国的实业教育走上了规范化的管理道路。

### （三）各类实业学堂的发展

癸卯学制确立了实业教育在教育系统中的重要地位，随着科举制度的废除和教育行政管理机构的初设，实业教育得到社会各界的重视。这一时期实业学堂仍坚持"中学为体"的办学方针，数量和类别都有了很大的提高。

#### 1. 实业学堂总体规模迅速扩大

经过定学制、废科举、设学部等一系列的举措后，实业教育逐步走上系统规范办学的轨道。按照癸卯学制酌量筹设学堂的规定，不少地方大臣奏请在本省或联省设立实业学堂。在学制的大力倡办下，在学部的统一规划、指导和要求下，在工农商部的积极促进下，实业教育得到各级地方当局及社会各界的重视，在清末的最后几年间发展迅速。据统计，1907年，高等实业学堂为7所，中等实业学堂为41所，初等实业学堂为66所，实业预科学堂为23所；1908年，高等实业学堂为13所，中等实业学堂为51所，初等实业学堂为88所，实业预科学堂为37所；1909年，高等实业学堂为13所，中等实业学堂为51所，初等实业学堂为123所，实业预科学堂为67所。① 由此可见，清末实业学堂的发展已具有相当规模，为中国近代培养了一大批实用人才。

#### 2. 早期女子实业学堂初具规模

中国封建社会的几千年里，"女子无才便是德"一直被奉守

---

① 璩鑫圭，童富勇，张守智.《中国近代教育史资料汇编：实业教育·师范教育》[M].上海：上海教育出版社，1994：51—66.

为亘古不变之信条,深居闺阁、相夫教子的封建女性不仅社会地位低下,还被剥夺了接受教育的权利。随着西方男女平等思想更为广泛地传入,解除封建束缚,获得自由与独立的呼声愈演愈烈,一些思想开明的官僚和知识分子希冀女子接受职业教育,学得一技之长,从而树立生计之本。

1904年清政府颁布了《奏定女子小学章程》和《奏定女子师范学堂章程》,极大地促进了女子教育的发展。女子蚕业学堂、福建蚕桑女学堂、杭州蚕桑女学堂相继创办。据统计,1904年,全国女学堂已有16所,女生数为216人。因为绝大多数妇女没有接受过一定程度的基础教育,她们接受的基本上是学理较低的技艺教育,其职业性质大致可分为蚕桑教育、手工技艺和医学护理三类,学科门类则以家政、蚕桑、美工、裁缝、编织、造花等与家庭生活密切相关的教育为主。虽然女子职业学堂的门类和影响有限,但构成了近代女子教育和职业教育系统里的重要组成部分。

### 3. 灵活多样的私立实业学堂持续涌现

除了大量的公立实业学堂外,这一时期还鼓励民间乡绅捐款兴学,产生了一批私立实业学堂,如上海商务总会、天津商务总会等积极设立的商务学堂;四川农务总会、山东农务总会等设立农会学堂;也有一些经济实力雄厚的商人捐资或自办实业学堂之举。其中,张謇的实业教育成就最为突出、影响最为深远。

张謇(1853—1926年)是清末实业教育杰出的代表人物,是实业救国、教育救国的倡导者和践行者。他倡导"以实业辅助教育,以教育改良实业,实业与教育迭相为用"办学理念,开创了通过举办实业资助办学的范例,被誉为清末实业教育最有成效者。他在致力发展实业的同时,先后兴办了纺织、农业、商业、金融、工业、医学、铁路、船舶、机器制造等专业的学校,以及工人艺徒学校、女工传习所、蚕桑讲习所、幼稚园保姆传习所、镀镍传习所、伶工学社、交通警察养成所等各类职业学校培训机构。张謇还根据南通社会事业发展的需要，开创性地创办了一些实业学校。如1907年，在通州中学附设国文专修科，培养社会办事书记人才，开办了近代中国第一所培养文秘的学校。张謇共创办20余所各类实业学校，办学形式不拘一格，形成了一个多层次综合性的实业教育体系。从纵向来看，有传习所、附设专修科和高层次学校。从横向来看，具有灵活机动、门类众多的特点，既有农、工、商、医等常规专业门类，又有政法、警务、艺术和特殊教育门类；既有独立设校的，又有附设办学的；既有全日制的职业学校教育，又有传习所、职业补习学校等短期职业培训教育。通过举办职业技术学校，培养了一大批实用技术人才，不仅促进了张謇所谋划的各项事业，而且对整个南通地区社会政治、经济、文化等事业的发展起到了人才支撑的作用。

## 第二节

### 起步与探索：民国时期职业教育

辛亥革命胜利后，建立了资产阶级民主共和国。相对稳定的政治统治为经济发展提供了良好的社会环境。中国经济发展的需要以及欧美职业教育的大发展推动了中国职业教育的产生，开启了艰难曲折的发展历程。在考察与思考中国社会现实需求、学习和借鉴国外职业教育制度的基础上，北洋政府酝酿建立了"壬戌学制"，确立了职业教育制度。南京国民政府成立后，修订了这一学制，并相继颁布了一系列相关的法规，充实了职业教育制度，推进了职业教育制度化进程。中国共产党成立后，为了适应根据地政治、经济、文化和军事需要的不断变化，革命根据地的职业教育也表现出明显的阶段特征。

## 一、北洋政府时期从实业教育向职业教育的转型及发展

辛亥革命后，北洋政府采取振兴民族实业的国策，民族资本主义工商业的发展对实业人才迫切的需求直接对当时的学校教育提出了呼唤。在实用主义教育思潮的引领下，黄炎培的域外考察、留美学生和杜威来华的引介，使职业教育在中国萌生。在各教育团体的推动及政府的支持下，职业教育制度在学制中得以确立，实现了从实业教育向职业教育的转型。

### （一）民国初期实业教育的改革与发展

"中华民国"成立，政体的嬗变推动着教育的变革。虽然实业教育制度仍承袭清末癸卯学制，但它是在资产阶级教育和政治思想指导下确立的新体系，对于民国职业教育的发展具有积极的指导作用和推动意义。

#### 1. 蔡元培与"实利主义教育"的提出

蔡元培非常重视实利主义教育，视实业教育为实利主义教育的核心内容。1912年2月，蔡元培发表《对于新教育之意见》一文，系统阐释了其教育主张，提出军国民教育、实利主义教育、公民道德教育、世界观教育和美感教育等"五育并举"的教育方针。其中，蔡元培认为"实利主义之教育，以人民生计为普通教育之中坚。其主张最力者，至以普通学术，悉寓于树艺、烹饪、裁缝及金、木、土、工之中""中国地宝不发，实业界之组织尚幼稚，人民失业者至多，而国甚贫。实利主义教育，固亦当

务之急者也①"。由此可见，蔡元培将实施实利主义教育视为实现国家富强的重要措施之一。

1912年7—8月，全国临时教育会议召开，蔡元培出席并作演讲，重申了"五育"的重要性。针对晚清学部所定教育宗旨"忠君与共和体制不合，尊孔与信教自由相违"等因素，经过与会代表的讨论，临时教育会议采纳蔡元培的主张，最终确定"注重道德教育，以实利主义、军国民教育辅之，更以美感教育完成其道德"的教育宗旨，并于1912年9月2日正式公布。

### 2."壬子癸丑学制"中的实业教育制度

全国临时教育会议在讨论新教育宗旨的同时，也对学制进行了广泛讨论，并通过了《学校系统案》。1912年9月3日由教育部以《学校系统令》为名正式公布，该学校系统令被称为"壬子学制"。此后至1913年8月，教育部又陆续公布了各级各类学校教育的法令规程，这些法令规程与"壬子学制"统称为"壬子癸丑学制"。壬子癸丑学制在基本结构上仍与清末学制大体相同，该学制仍沿袭实业教育体系，实业教育与普通教育、师范教育并列。

1913年8月4日公布的《实业学校令》中规定，清末的实业学堂改称实业学校，"以教授农、工、商业必须之知识、技能为目的"，并由原来的初、中、高三级改为甲、乙两种，"甲种实业学校施完全之普通实业教育；乙种实业学校施简易之普通实业教育；亦得地方需要授以特殊之技术"。②此外，还有实业补习学校和补习科。至于高等实业学堂，则连同普通高等学堂改为专门学校，被划入高等教育阶段。

与《实业学校令》同时公布的《实业学校规程》更对甲种、

---

① 高平叔编.蔡元培教育论著选[M].北京：人民教育出版社，1991：2.
② 璩鑫圭，唐良炎编.中国近代教育史资料汇编·学制演变[M].上海：上海教育出版社，1991：721.

乙种农业、工业、商业、商船、实业补习等各类实业学校教员的资格、学校的编制、设备、招收对象、修业年限、学科的设置和开设的科目等方面做了更为明确的规定。民国初期（以下简称民初）有关实业教育的规定与晚清相比虽然去除了高等实业学堂，但由于增设了专业的实业学校，加之，除中学校、师范学校外，各级学校中均可设立有关实业的学科或课程，所以实际上实业教育的范围更加广泛。所有这些，无疑反映了资产阶级发展教育的需要，有助于资本主义民主工商业的发展。

### 3. 实业学校的设立与实业教育的发展

《实业学校令》和《实业学校规程》是民初指导实业教育发展的最基本的法令。与此同时，为了进一步指导和规范全国实业教育的发展，教育部又先后颁布了一系列的教育法令。在政府的大力筹划和推动下，全国各省相继设立各种实业学校，实业学校在种类、规模、数量上有所发展，其中农业学校最多，工业学校和商业学校较少。同时，女子实施职业教育的问题也受到关注。另外，这一时期公布的学制进一步完善了清末学制的不合理之处，其中实业教育制度的近代化成分明显增多。

虽然民初实业教育较晚清有了一定的发展，但总体而言，实业教育还比较落后。其一，民国初年实业教育和普通教育的发展很不均衡。各地政府及社会的办学焦点多集中于普通中小学领域，削弱了对作为分流的实业教育的关注和投入。此外，民初，教育部下设实业教育司，管理农、工、商、艺徒、实业补习学校事项，并负责筹划实业教育补助费。1913年后取消实业教育司，实业学校的有关事宜归入普通教育司的实业管理科，实业教育的地位明显降低。其二，实业教育自身的办学成效较差，办学模式与目标背离。一是盲目办学，不适应经济社会发展需要。二是教学严重脱离实际。《中华职业教育社宣言书》中指出："实业学校因存在严重脱离实际情况，毕业生只懂书本学理，不能务实操作，因而也不受实业界欢迎，失业者占绝大多数，或就业而用非所学。"① 与普通教育相比，实业教育无论是规模还是质量，都相去甚远。

黄炎培曾回顾："自清光绪二十三年（1897年）至民国五年（1916年），凡二十年间之职业教育，虽已事实上之需要，而尚未为一般当局和社会所重视，在教育统计上，对于一般教育，并百分之一地位而未曾取得，则其不达之状况，概可知矣。"由此可见，民初实业教育的发展仍处于起步阶段，远远未能适应社会发展的需要。

## （二）新文化运动时期职业教育的引入与兴起

民国成立后，随着新的政体对教育发展提出的新要求，黄炎培等有识之士通过国内调查和域外考察为中国教育之弊端寻找治"病"之方，在他们的积极宣传和倡导下，职业教育得以引入中国。全国教育会联合会对实业教育的改革也为职业教育萌生奠定了坚实的理论、舆论和实践基础。

### 1. 黄炎培的教育考察与职业教育的引入

1913年，黄炎培发表《学校教育采用实用主义之商榷》一文，主张中国教育应以实用主义思想作为指导思想，强调学校教育应适合社会生活之需要。1914年起，黄炎培对国内部分省市进行了两次考察。实地考察使黄炎培更明确、清醒地认识到当时中国教育的症结是教育与实际相脱离，不能适应社会的需求。因此，他多次发表《实用教育主义之关系》《实用主义之旨趣》等演讲，不遗余力地宣传、强调教育的实用主义。虽然此时黄炎培并未明言要通过发展职业教育来改变中国教育的窘状，但他已经

---

① 楼世洲.职业教育与工业化：近代工业化进程中江浙沪职业教育考察[M].上海：学林出版社，2008：42.

开始致力于寻求一种更好的教育方式。

黄炎培真正地对职业教育开始体认并倡导、引入，则始于他的美国之行。1915年4月，黄炎培参加游美实业团赴美考察教育，并参加了在旧金山举行的巴拿马太平洋万国博览会。当时，美国职业教育体系已成雏形，并取得了突出的成就。美国之行使黄炎培对职业教育有了新的认识，尤其是美国学校注重实用的特点。归国后，黄炎培多次在学校等场合公开演讲，宣传、介绍美国教育的发展特别是职业教育的发达，并在国内主要教育刊物陆续发表《美国教育状况纪要》《职业教育实施之希望》等文章，通过比较和分析中美教育的差异，阐明在中国实施职业教育的重要性、必要性和可行性。

1917年1—2月，黄炎培与陈宝泉、郭秉文等组成考察团先后赴日本、菲律宾考察。回国后，考察团成员将考察所得整理成《考察日本、菲律宾教育团纪实》出版，黄炎培也专门写了《东南洋之新教育》。此外，考察团成员还在上海、南京、北京等地广泛介绍、宣传日本、菲律宾的职业教育发展情况。由于黄炎培与教育界和实业界的广泛联系，倡导职业教育成为当时中国教育界最强烈的潮流，各界人士纷纷响应，陈独秀、蔡元培等也不断发表文章提倡发展职业教育，政府也给予支持。至此，职业教育已经真正得以孕育与引入，并为中国职业教育的萌生奠定基础。

在此背景下，1917年5月，中华职业教育社成立。《中华职业教育社宣言书》认定生计问题是中国最重要、最困难的问题，提出沟通职业与教育，把职业教育作为解决生计问题最主要的工具或方法，以推广改良职业教育。此后直至1922年，宣传职业教育的浪潮仍在继续，但其重心却转向了职业教育制度的确立。

### 2. 全国教育联合会对实业教育改革的推动

对实业教育制度的改革是职业教育萌生的前奏，全国教育会联合会为职业教育的兴起奠定了坚实的理论、舆论和实践基础。

全国教育会联合会前五届年会均有涉及实业（职业）教育的议案议决通过。

1915年4—5月，全国教育会联合会第一届年会通过的《实业教育进行计划案》是最重要的议案之一。该议案特就"各省设立实业学校""各县地方设立实业学校"和"国家扶助实业教育"三个方面提出了推进实业教育发展的办法，并请教育部呈请大总统。此后，教育部出台了多项振兴实业教育的举措。1916年10月，第二届年会建议将中学校的办学宗旨改为"以完足普通教育为主，而以职业教育预备教育为辅"，规定中学校"自第三学年起，就地方情形，酌授职业教科"。[①]1917年3月，教育部根据全国教育会联合会所呈建议书规定："中学校自第三学年起，得设第二部"；"第二部应节减普通学科，视地方情形，加习农业或工业、商业。"[②]1917年第三届年会将职业教育列为与义务教育、体育同等重要的三大"紧要问题"之一，并专设"职业教育"组，专门讨论职业教育问题。会议制定了《职业教育进行计划案》，呈请教育部并得到充分肯定。[③]此后，于1918年的第四届年会和1919年的第五届年会仍将"职业教育问题"列为讨论的重要内容，并通过一系列职业教育议案。

### 3. 留美学生和约翰·杜威来华对职业教育的引介

民国成立后，"庚款"留美学生相继回国，他们对美国先进的教育理论、方法以及教育制度怀有一种特殊的感情；加之就职业教育及其制度言，美国走在其他国家前列。因此，留美学生陆

---

[①] 李桂林，戚名琇，钱曼倩编.中国近代教育史资料汇编·普通教育[M].上海：上海教育出版社，1995：811.

[②] 李桂林，戚名琇，钱曼倩编.中国近代教育史资料汇编·普通教育[M].上海：上海教育出版社，1995：796—797.

[③] 璩鑫圭，童富勇，张守智编.中国近代教育史资料汇编·实业教育·师范教育[M].上海：上海教育出版社，1994：194.

续回国后,在国内教育期刊上发表了大量引介美国职业教育的文章,颂扬美国职业教育,提倡借鉴美国新教育来改造中国旧教育,如庄泽宣的《美国职业教育发展之原因及吾国办职业教育者应研究之问题》、陈霆锐的《美国职业教育之最近状况》等。北京高等师范学校教授汪懋祖在留美时根据对美国教育的考察所写的《美国教育彻览》是当时叙述美国教育状况最详密的著作,其中也对美国职业学校进行了详细说明。

1919年4月至1921年7月,美国实用主义教育理论的创始人约翰·杜威应邀来华讲学。其间,他极力宣传实用主义教育理论,在他的学生胡适、蒋梦麟、陶行知等人的宣传、促使下,实用主义教育广为接受。不仅如此,杜威在华期间,还不时地介绍美国的职业教育,剖析、倡导职业教育。他在中华职业教育社等先后发表了《职业教育之精义》《普通教育与职业教育之关系》等演讲,阐明职业教育的重要性、含义及实施方法等,并希望职业教育能够在中国得到广泛实践。总之,当时杜威来华对实用主义教育理论的宣传和对职业教育的倡导,使人们对职业教育有了更多的了解和认识。

### (三)职业教育制度在"壬戌学制"中的确立

随着"壬子癸丑学制"在实施中不断暴露出的诸多问题,经过教育界对学制改革的理论探讨,借鉴欧美国家特别是美国教育制度,建立适应中国社会和教育发展需要、符合世界教育发展趋势的新学制,已经势在必行。

#### 1.《学制系统草案》中关于职业教育的规定

全国教育会联合会第五届年会后,学制改革进入了真正的实践时期。教育界对于改革学制的评议,也比以往更为具体、更有针对性,且多有涉及职业教育的内容,如邓萃英的《学制改革案》、汪懋祖的《改革学制要求之一斑》、钟道赞的《中国实业教育制度改善之商榷》等。这些教育界名家几乎一致地主张，必须对现行的实业教育制度进行改革，以建立新的职业教育制度。

1921年，全国教育会联合会第七届年会议决了一个新的学校系统，即《学制系统草案》。该"草案"将学校系统分为三段，即初等教育段、中等教育段和高等教育段。其中与职业相关的中等教育段采用"三三制"，分初、高两级；中等教育采用选科制，可设职业科和师范科。"草案"还规定，"为推行职业教育计，得于高级中学职业科内附设职业教员养成科"。[①]《学制系统草案》的议决，标志着自新文化运动后兴起的这场学制改革运动迈出了关键性的一步。

《学制系统草案》向社会公布后，很快在全国掀起了的广泛讨论。1922年3月，被公认为"研究职业教育之唯一参考书"的《教育与职业》辟"新学制职业教育研究号"，刊发了《征得之对于新学制草案职业教育一部分的意见书》《中学校与职业教育》等多篇涉及职业教育的文章，对"草案"加强职业教育给予肯定，赞扬中学设置职业科，并对职业教育的发展提出切实建议。这些有关职业教育的评议，为学制下一步有关职业教育内容的改革奠定了坚实的理论基础。

### 2. 中华教育改进社与职业教育制度确立

1921年12月21日，中华教育改进社成立，下设职业教育委员会，其任务是"与中华职业教育社协作，聘请专家讲演职业教育，并指导职业教育事业"[②]；方法主要包括："（一）经费：由本社与中华职业教育社担任募集；（二）讲演：物色国内著名专家；（三）讲员任务：甲、巡回讲演，唤起国人注意；乙、担

---

[①] 璩鑫圭，唐良炎编.中国近代教育史资料汇编·学制演变[M].上海：上海教育出版社，1991：864.

[②] 朱有瓛，戚名琇，钱曼倩等编.中国近代教育史资料汇编·教育行政机构及教育团体[M].上海：上海教育出版社，1993：544.

任讲授,造就专门人才;丙、实际调查职业教育状况,指导改进。"①在这些任务和方法的指导下,职业教育委员会成为改进社推进职业教育制度确立的主导力量。

1922年,中华教育改进社召开的第一届年会对职业教育制度的确立产生了积极的影响。与会人员认为,在职业学校学程和行政机关中添设职业教育专科、职业指导与介绍、职业补习以及女子职业教育,均为当时职业教育至关重要的问题。年会最终通过了《编造全国职业教育统计案》《各种职业团体筹款设立职业学校案》《推广女子职业教育案》等多项职业教育议案,这些议案对当时职业教育制度的确立有着重要的指导意义。在改进社第一届年会召开之时,全国职业学校联合会也召开临时会议,决定将全国职业学校联合会更名为"中华职业学校联合会",以继续推进全国职业学校的规划和发展。中华教育改进社及中华职业学校联合会对当时全国大规模职业教育运动的开展,特别是对职业教育在学制上地位的确立起到了重要的推动作用。

### 3.《学校系统改革案》与职业教育制度确立

1922年9月20日,教育部召开学制会议,在《学制系统草案》的基础上,议定通过了《学校系统改革案》。11月1日,北洋政府以"大总统令"公布了该改革案,史称"壬戌学制",也称"新学制"或"1922学制"。

"壬戌学制"规定:"小学课程得于较高年级,斟酌地方情形,增置职业准备之教育";"初级中学施行普通教育,但得视地方需要,兼设各种职业科";"高级中学分普通、农、工、商、师范、家事等科",酌量地方情形,单设一科,或兼设数科;"依旧制设立之甲种实业学校,酌改为职业学校,或高级中学农、

---

① 中华教育改进社年会中之职业教育组:开会三次,议决案七件[J].教育与职业,1923(48).

工、商等科"，"依旧制设立之乙种实业学校，酌改为职业学校"；"职业学校之期限及程度，得酌量各地方实际需要情形定之"；"为推广职业教育计，得于相当学校内酌设职业教员养成科"；"大学校及专门学校得附设专修科，修业年限不等"，招收志愿修习某种学术或职业且有相当程度者入学肄业。[①]

可见，"壬戌学制"在职业教育方面共有六种形式：小学校高年级的职业预备教育、初级中学兼设的职业科、高级中学兼设的职业科、职业学校、大学及专门学校附设的职业专修科，以及补习学校的职业科。至此，经过民初近十年教育界、实业界众多人士的努力，职业教育终于形成了一个完整的制度体系，取得了法律上的地位。

## 二、南京国民政府时期职业教育体系完善、调整与恢复

南京国民政府执政后，三民主义成为其兴办教育的指导思想。抗战之前，国家建设对各种专业的人才提出了需求，政府将有关实科人才的培养放在了突出位置，制定了一系列有关职业教育发展的政策；抗日战争爆发后，在"战时须作平时看"的教育方针下，职业教育适应战时要求，积极调整，满足抗战需要；抗战胜利后，为适应"建国"之需，职业教育在恢复中得到一定发展。

### （一）抗战之前职业教育的完善

1927—1937年，是中国职业教育近代发展历程中一个十分重要的阶段。在此阶段，政府制定了一系列有关职业教育发展的

---

[①] 璩鑫圭，唐良炎编.中国近代教育史资料汇编·学制演变[M].上海：上海教育出版社，1991：991—993.

政策，加强职业教育立法，厉行职业教育发展措施，完善职业教育发展规划，促进了职业教育的完善。

### 1. "三民主义"宗旨下的职业教育方针

1928年5月，国民政府成立后的首次全国教育会议于南京召开，会议决定以"三民主义教育"代替"党化教育"，并通过了《三民主义教育宗旨说明书》，其第9项即为"推广职业教育"。虽然该"说明书"最终未获国民政府批准，但此次会议"推广职业教育"的趋向还是得到了初显，可以说，初步确定了职业教育的发展政策。此次会议，根据"壬戌学制"施行以来的利弊得失，通过了修正的《中华民国学校系统案》，即"戊辰学制"，该学制继续对职业教育予以关注和加强。规定"小学校课程于较高年级，斟酌地方情形，增设职业准备学科"；"初级中学施行普通教育，但得视地方需要，兼设各种职业科"；"农、工、商、师范等科，得单独设立为高级职业中学校，修业年限以三年为原则"；"为推广职业教育计划，得于相当学校内附设职业师资科[①]"。

1929年3月26日，国民政府正式公布《中华民国教育宗旨及其实施方针》，明确："中华民国之教育，根据三民主义，以充实人民生活、扶植社会生存、发展国民生计、延续民族生命为目的，务期民族独立，民权普遍，民生发展，以促进世界大同。"[②] 并提出"民生发展""注重实用科学""养成专门知识技能"等目标。这些有关职业教育的规定，在1937年抗日战争爆发前，伴随着其他相关的职业教育政策，共同推进着职业教育的发展。

---

① 中国第二历史档案馆编.中华民国史档案资料汇编·第五辑第一编"教育"[M].南京：江苏古籍出版社，1994：9—11.

② 国民政府令：中华民国教育宗旨及其实施方针（民国十八年四月二十六日）[J].国民政府公报（南京），1929（151）：2.

## 2. 保障职业教育规范发展的举措

随着职业教育发展方针得以确立，二十世纪三十年代初，国民政府采取了一系列措施，不断规范着职业教育合理有序地发展。

**一是限制普通中学设立的规定**。国民政府成立之初，各地竞相办理中学，曾出现中学众多而职业学校数量较少的畸形发展。因此，1931年教育部令各省市从该年度起，"普通中学过多而职业学校过少者，应暂不添办高中普通科及初中，而酌量情形添办初级农、工科职业学校，各县立中学也应逐渐改组为职业学校或乡村师范学校"；"各普通中学应一律添设职业科或附设职业科"；"各县市及私人呈请设立普通中学者，应分别督促或劝令改办农工等科职业学校"。限制普通中学设立的规定在一定程度上促进了职业学校的发展。

**二是制定实施职业教育的方法**。1931年4月，教育部颁布《职业教育设计委员会规程》，决定设立"职业教育设计委员会"，负责"拟订推广职业教育办法""拟订职业学校设置办法""拟订职业学校实习办法""拟订推广职业学校毕业生出路办法""拟订中小学中职业指导办法""调查各地实施职业教育情形""讨论其他关于职业教育事项[①]"。1932年，国民党四届三中全会议决《确立教育目标与改革教育制度案》，教育部决定取消在普通中学设置职业科的规定，令职业学校单独设立，自成系统，这确立了职业学校独立的地位。

**三是颁布《职业学校法》等法规**。1932年12月，国民政府公布了《职业学校法》，明确规定职业学校分为初级职业学校和高级职业学校两类。职业学校的设置原则上以单科为主，但可以根据特殊情况设多科；1933年3月，教育部依据《职业学校法》

---

① 教育部.职业教育设计委员会规程[J].教育部公报，1931，3(13).

制定了《职业学校规程》。此后,教育部还先后起草了《职业教育设施原则及标准》《职业补习学校规程》等。其中,作为二十世纪三十年代初最重要的职业教育法令的《职业学校法》和《职业学校规程》,与其他的职业教育法令一起,使职业学校的设立得到了政策上的明确指导,对完善职业教育制度、规范职业教育发展发挥着重要作用。

**四是加强职业教育体制和管理**。1933年9月,教育部将普通教育司由两科改为三科,将职业教育从第一科中划出,由另设的第三科进行专业管理,"职业科"成立后,教育部加强了对职业教育的管理力度。1933年9月,教育部颁布了《各省市中等学校设置及经费支配办法》,规定各省市对于职业学校经费在中等教育经费占比至1937年应达到不低于35%。此办法颁发后,各地反响强烈。10月,教育部在修正的《私立学校规程》中也对私人开办高级职业学校的开办费和经费做了要求。此外,为明确、解决职业教育发展中存在的问题,教育部还派督学对各省市职业教育开展视察与督导。

**五是举办全国职业学校及中小学劳作科成绩品展览会暨全国职业教育会议**。1934年12月,教育部在南京举行全国职业学校及中小学劳作科成绩品展览会,共有1530余个机构(其中有169所职业学校)的2.98万余件产品参展,包括木工、纸工、雕刻、陶器以及各种教具、标本等,参观本次展览会的人员达十万人次。在展览会期间,教育部还召开全国职业教育会议,研讨职业教育问题,以寻找解决办法,议决通过了《关于职业教育行政人员案》《关于职业教育经费案》《关于职业教育法令案》等14件职业教育议案。

1927—1937年,在教育部有关政策规范和要求下,在各地方诸项相关措施保障下,职业教育取得了一定的成绩。以1935—1936年为例,全国的职业学校数量、学生人数、经费等均有较大增长。据统计，1936年全国职业学校共有494所。①1936年，相当部分省市职业学校经费的数额所占中等教育经费的比例已经接近甚至超过教育部的标准要求。但是，抗战之前职业教育发展也存在许多问题，如职业学校设备不够充实、师资相对薄弱、教学有效性有待增强、训练不能达到标准，以及毕业生出路不顺畅等。

## （二）抗战时期职业教育的调整

全面抗日战争爆发后，包括职业学校在内的所有学校备受摧残。为适应战争要求，国民政府采取多种举措极力维护职业教育，使之虽处于烽火连天之中而弦歌不辍。

### 1. 抗战时期职业教育发展方针

抗战爆发后，为满足抗战需要，制定适应新形势的职业教育政策势所必然。1938年4月，国民党临时全国代表大会通过的《中国国民党抗战建国纲领》规定："训练各种专门技术人员，与以适当之分配，以应抗战需要。"②此后，教育部制定的《战时各级教育实施方案》规定："职业学校教育应为发展生产事业之教育，以注重公民道德与职业道德之陶冶，劳动习惯之养成，职业知能之增进，创造精神之启发，俾养成各种职业界中等创业及技术人才为目的。"同时，要求各省划分为若干职业学校区，设立省立各高级中等学校。此外，教育部还积极推行建教合作计划。

与此同时，部分教育团体也极力为战时职业教育发展出谋划策。1938年，代表中华职业教育社的参政员江恒源向国民参政会提案，建议开展职业教育时应坚持七项原则："职业教育，原是包括职业学校教育、职业补习教育、职业指导三项，此三项务

---

① 教育部编纂.职业教育人员手册[M].行政院，1941.
② 中国共产党抗战建国纲领（二十七年四月中国国民党临时全国代表大会通过）[J].教育部公报，1938，10（8）：9.

必同时并重";"职业教育师资,必须从速征集,加紧培养";"切实调查统计职业界各项人才需要与供给之实况,藉定设立职校及校内设科之方针";"生产教育以外之职业,关系人民生活,亦多重要,务必利用短期训练方法,助其改进";"实施职业教育,除技术训练外,务必同时注意到一般文化教育、政治教育、服务道德训练。"①江恒源所题建议,得到了会议的认可,其七项原则经议决通过,并另加三条:"适应目前社会需要,对于女子职业教育,应特别注重";"适应目前需要,应特别注重提倡艺徒制度中职业训练之改进";"在抗战期间,尤须特别注重对于难民之职业训练、指导及介绍,及其与后方工厂垦殖区之联系。"②

1942年,全国职业教育讨论会第十六届会议讨论并通过了中华职业教育社新修订的《职业教育设施纲领》,在"职业教育设施的原则"中规定:职业教育乃是"用教育方法使人人依其个性尽其对国家民族及人群之义务,同时获得生活的能力和乐趣";职业教育的目的乃是"为个人谋生之准备(使无业者有业,有业者乐业)","为个人服务社会之准备","为国家及世界增进生产力之准备"。③

**2. 抗战时期职业教育的调整**

抗战时期的职业教育发展方针为职业教育的发展确立了方向。在其指导下,为适应抗战需要,国民政府采取了多种发展职业教育的措施。

**一是创设地方初级实用职业学校。**抗战爆发后,大后方急需大量初级技术人才,教育部将创办初级职业学校视为一项重要任

---

① 中华职业教育社.抗战建国时期中之职业教育实施方案[J].《建国教育》,1938(1).

② 中华职业教育社.抗战建国时期中之职业教育实施方案[J].《建国教育》,1938(1).

③ 中华职业教育社.职业教育设施纲领[J].《教育与职业》,1943(197).

务。1938年7月，教育部颁布了《创设县市初级实用职业学校实施办法》，在川、滇、黔等大后方各省指定一县或数县创办一种以生产机关为依托、合作办理的初级实用职业学校，以培养实用技术人员[①]。同时，教育部还规定，甘肃、宁夏、青海等边远地区初级职业学校的开办经费和第一年的经费全由国库承担。

**二是创立国立职业教育系统**。其一，国立中学增设职业科。1938年，教育部先后颁布《国立中学规程》和《国立中学增设职业科办法》，规定："凡国立中学未设职业科或虽设科而学生不多者，均应依照本办法，筹划设置或充实内容。"对各国立中学设置的职业科，明确要求"以不需多量及特殊设备而切合于地方或抗战建国之需要者为限"。[②]其二，增设职业专科学校。1940年秋，国立中央工业职业学校增设专科后更名为国立中央工业专科职业学校。其三，增设国立职业学校，如国立四川造纸印刷科职业学校、国立四川水产职业学校等。[③]为开发边地生产事业，服务抗战，边疆地区也设立了多所国立初级实用职业学校，如国立青海初级实用职业学校、国立宁夏初级实用职业学校等[④]。国立职业教育学校的创建，大力推动了抗战时期职业教育的发展。

**三是增设职业训练班与技术科**。为培养各项技术人员，从1938年起，教育部决定举办短期职业训练班，由教育部指定一些公私立职业学校办理。据统计，1938年，短期职业训练班有

---

① 中国第二历史档案馆编.中华民国史档案资料汇编·第五辑第二编·教育（一）[M].南京：江苏古籍出版社，1997：651.

② 中国第二历史档案馆编.中华民国史档案资料汇编·第五辑第二编·教育（一）[M].南京：江苏古籍出版社，1997：652—653.

③ 教育部教育年鉴编纂委员会编.第二次中国教育年鉴[M].上海：商务印书馆，1948：16—25.

④ 教育部教育年鉴编纂委员会编.第二次中国教育年鉴[M].上海：商务印书馆，1948：23—24.

4 班 150 人，1939 年有 36 班 1300 余人，1940 年有 22 班 800 余人。① 短期职业训练班所学涉及机械、土木、测绘、汽车驾驶、印刷、护理等多个学科。1945 年，教育部还制定了《短期职业训练班实施办法》。此外，教育部还指定相关大学增设实科专业。1939 年，教育部指定国立中央工业职业学校等 9 校设置中等机械技术科、电机科。1940 年 1 月，教育部又令中央大学、西南联大、同济大学等校增设机械系、电机系。此后，教育部还制定了《指定职业学校设置中等机械电机技术科办法大纲》。

**四是大力推行职业补习教育**。《战时各级教育实施方案纲要》中规定："为谋教育行政与国防及生产建设事业之沟通与合作，应实施建教合作办法，并尽量推行职业补习教育，使各种职业之各级干部人员均有充分之供给。"因此，1939 年 7 月，教育部通令各省推行职业补习教育。战时职业补习教育的推行不仅有赖于有关职业学校，也通过公私营企业、农场等来完成。1941 年，教育部颁布《奖励农工商业团体办理职业学校、职业训练班及职业补习学校办法》，对农工商业团体设立职业补习学校给予补助、奖励或褒奖。1944 年，教育部制定了《推行职业补习教育办法》，国民政府颁布了《补习学校法》，职业补习学校取得了和其他职业学校同等的法律地位。

**五是制定职业教育发展保障措施**。其一，保障师资队伍。一方面通过暑期讲习会、讲习讨论会对职业教育师资进行培训；另一方面出台奖励措施稳定师资队伍，如教育部陆续颁布了《津贴职业学校专科教员及导工薪给暂行办法》《奖励农工商业团体办理职业学校、职业训练班及职业补习学校办法》《国立职业学校职业科目教职员补助金办法》等奖励办法。其二，鼓励学生报考

---

① 中国国民党中央执行委员会宣传部编印. 四年来之教育与文化 [M]. 教育部，1941：35.

职业学校。1941年，教育部令各公立职业学校除一律免收学费外，增加公费生名额。其三，编译职业教育教材。1940年，教育部指定国立中央工业专科职业学校等校编订有关工业各科的教科书。1942年5月，教育部颁布《奖励编译职业技术教材暂行办法》，出版了农业、工业技术教材数十种。

### （三）抗战之后职业教育的恢复

抗战胜利后，如何在短期内使国家迅速恢复元气，尽快走上有序的发展轨道，是一个十分现实的问题。而在当时，职业教育被人视为当时"建国之基础"。因此，抗战胜利后国民政府教育部先后采取了一些发展职业教育的措施，以恢复职业教育的发展。

#### 1. 抗战之后职业教育发展方针

战后"建国"，必须有大量的建设人才。因此，国人多认为战后"建国以教育为第一"。但是，由于所需人才数量巨大，仅仅依靠大学和专科学校不克胜任。因此，必须将发展职业教育置于极其重要的地位。总之，在战后，增加职业学校数量，扩大职业学校规模，以有效地开展社会建设，几乎成为人们的共识。然而，战后职业学校却面临岌岌可危之境。其一，职业学校数量减少且为数不多的学生在地域的分布上相当不均衡。其二，职业学校质量堪忧。抗战胜利之初，多数职业学校不仅校址无着，而且实习工场及设备也多随战火化为灰烬。其三，战后，由于产业不发达，许多职业学校的学生毕业后无法在社会上谋得生计，职业学校学生"毕业即失业"的恐慌依然十分严重。

因此，在抗战胜利后，针对社会发展的要求，特别是国家建设的实际情况，众多有识之士开始为职业教育的发展建言献策。在所提建议中，中华职业教育社副总干事何清儒的意见很有代表性。1947年7月，他在《战后中国的职业教育》中，提出了自己独特的看法。首先，职业教育应采取的方针有四：增加职业

学校种类数量;扩大职业补习教育的范围;提倡在职职业训练实施;推广职业指导介绍工作。其次,关于职业教育成功的条件有三个:技术的研究、人才的训练、物质的充实。①

### 2. 抗战之后职业教育发展

抗战胜利后,国民政府教育部先后公布了一系列职业教育的法令,采取了一些发展职业教育的措施,以恢复职业教育的发展。

**一是恢复并增设国立职业学校**。抗战胜利后,教育部在恢复发展原有国立职业学校的同时,还在主要地区增设新的国立职业学校,以保障建设人才的培养。教育部先后恢复了国立北平高级助产职业学校、国立北平高级工业职业学校等校,增设了国立高级农业职业学校、国立高级印刷职业学校、国立高级水产职业学校等校。国立职业学校的恢复与增设,使战后国立职业学校增长迅速。据教育部统计,在1946学年第一学期全国共有国立职业学校32所②。此外,不少国立大学也附设开办了职业学校,如国立同济大学医学院附设高级护士职业学校。

**二是增设地方职业学校发展地方职业教育**。由于各省(市)原有的职业学校在战时多被破坏,教育部决定筹拨专款,按各省(市)的实际需要,予以补助,以推进各地职业学校迅速恢复,或作为增设新的职业学校之用。同时,教育部也采取多种措施从宏观上指导地方职业教育的推进。1946年11月,教育部电令各省(市)教育厅(局),强调职业教育在培养国防及经济建设技术人才、发展民生中至为重要,为谋今后加强推行、要求各地切实办理。例如,为加强及改进地方农业职业教育,教育部颁发了《各省(市)改进农业教育要点》。

---

① 何清儒.战后中国的职业教育[J].《教育杂志》,1947,32(1).
② 教育部统计处.三十五年度第一学期国立中等学校概况[J].《教育通讯(复刊)》,1947,4(7).

**三是鼓励、保障私立职业学校的创设与发展。**1947年7月，简化私立职业学校备案手续，鼓励创设私立职业学校。此后，不少相关机构开始办理职业学校，如广州中央医院附设护士职业学校、中国工程师学会广州分会举办天佑高级工业职业学校。同时，教育部还不断加强对私立职业学校的管理，其中最为重要的措施是规定私立职业学校的设校经费以限制滥设、防止流弊。1947年2月，教育部特按照经济情形制定《中等以上学校开办费及每年经费最低数额表》，规定高级农业、工业、商业职业学校及家事学校的开办费和经费最低数额。①

## 三、新民主主义革命时期中国共产党领导下的职业教育

中国共产党诞生后，在唤醒民族大众、挽救民族危亡的同时，积极探索开办灵活多样的职业教育，将其作为发动群众、培养干部、培育人才的重要手段。从党的历史来看，中国共产党领导下的职业教育在新民主主义革命时期大致经历了四个不同的发展阶段。为了适应不同历史阶段政治、经济、文化和军事需要的不断变化，职业教育在每个阶段都有着特殊的使命并具有鲜明的时代特征，体现了中国共产党的教育理想与政治取向。

### （一）大革命时期的职业教育

中国共产党成立前后，对无产阶级工人进行培养的职业教育汇入社会变革的大潮，并伴随着新文化运动的开展达到高潮。陈独秀、毛泽东、恽代英等中共早期的马克思主义者积极从事和关

---

① 教育部令.发中等以上学校开办费及每年经费最低数额表[J].教育部公报，1947，19（2）.

心职业教育工作，发表过许多关于职业教育的论述。如陈独秀曾在《新青年》杂志上撰文，明确指出"今之教育，倘不以尊重职业为方针，不独为俗见所非，亦经世家所不取"①。总的来说，这一时期，中国共产党的早期领导人逐渐认识到教育与职业的重要联系，意识到在积弱积贫的中国社会发展职业教育的重要意义。

1921年，中国共产党第一次全国代表大会通过的《中国共产党的第一个决议》提出，"工人学校应逐渐变成工人政党的中心机构……学校的基本方针是提高工人的觉悟"。②该决议成为我党新民主主义革命时期的教育纲领，并且使得针对工人阶级而开设的职业教育成为我党最早关注和实践的教育类型。1922年7月，中共二大提出教育工作的重点是发展工农教育和干部教育。1925年，中共第二次全国劳动大会审议通过《工人教育决议案》，对如何开展工人教育作出了具体要求。此后，广东、湖南、江西等各省又相继召开农民代表大会，形成了中国职业教育史上前所未有的工农教育运动。

在工农教育运动中，中国共产党深刻认识到唤起亿万劳苦大众革命的重要性，为此创办了许多工农学校，开展了形式多样的工人教育和农民教育活动。代表性的工农学校有北京长辛店劳动补习学校、上海工人半日学校、安源路矿工人补习学校、湖南自修大学、广东海丰县总农会创办的农民学校、广州农民运动讲习所、武昌中央农民运动讲习所及其他农民运动讲习所或讲习班等。

## （二）土地革命战争时期的职业教育

1927年，大革命失败与国共合作破裂使中国革命暂时进入低谷期，但此阶段中国共产党开始了独立领导武装斗争。从

---

① 陈独秀.今日之教育方针［J］.新青年，1915，1（2）：5.
② 中央档案馆.中共中央文件选集（1921—1925）［M］.北京：中共中央党校出版社，1982：4—6.

1927年到1937年，中国共产党领导的红军建立了苏维埃革命根据地。由于革命根据地长期处于敌人的围剿和封锁之中，武装斗争成为第一需要，因此，革命根据地教育必须服务于革命战争的需要。

苏区创立之初，便非常重视职业教育。1927年11月，《江西省苏维埃临时政纲》提出，苏区教育要遵循"实行普及义务教育及职业教育""注意工农成年补习教育及职业教育"等原则[1]。1934年，毛泽东在第二次全国苏维埃大会的工作报告中将苏区的教育方针表述为："在于以共产主义的精神来教育广大的劳苦民众，在于使文化教育为革命战争与阶级斗争服务，在于使教育与劳动联系起来，在于使广大中国民众都成为享受文明幸福的人。"在此基础上，毛泽东指出苏区教育的任务"是厉行全部的义务教育，是发展广泛的社会教育，是努力扫除文盲，是创造大批领导斗争的高级干部"[2]。

在上述指导思想的基础上，苏区政权在长期的革命斗争过程中始终坚持教育为革命战争服务，教育为社会解放服务，教育与生产劳动相联系。此时的职业教育主要与干部教育、小学教育、民众教育等深度融合，广泛存在。

**一是小学生产、生活技能教育和职业中学的试办。** 1933年颁布的《小学课程与教则草案》规定，小学教育的目标为"知识、技能、身体要达到能满足目前斗争和一般生活最低限度的需要。同时要准备将来学习专门知识和技能最低限度的基础"[3]。据

---

[1] 江西省档案馆，中共江西省委党校党史教研室选编.中央革命根据地史料选编（下）[M].江西人民出版社，1982：14.

[2] 中央教育科学研究所编.老解放区教育资料（一）[M].北京：教育科学出版社，1991：20.

[3] 中央教育科学研究所编.老解放区教育资料（一）[M].北京：教育科学出版社，1991：97.

此原则，课程要体现对专门技能的要求，如劳作与社会工作必须占相当比重。1934年，苏维埃中央教育人民委员部颁布《短期职业中学试办章程》，这是中国共产党历史上第一个发展职业技术教育的纲领性文件[①]，职业中学以适应生产技术实习的需要为宗旨。

**二是面向劳苦大众的职业教育与培训**。苏区针对工人和农民开展全民性的群众教育运动，一是农村夜校。夜校是一种非常重要的农业职业教育形式，讲授实用的农村科学知识。1933年，中央教育人民委员部还颁布了《夜校办法大纲》。二是工人补习教育，主要是工人学校、补习学校、识字组和读报组等学习组织开展教育活动。

**三是面向红军及干部的职业教育和培训**。为适应长期革命战争和社会服务的需要，苏区积极开展各种类型的红军教育和干部教育，设立涵盖农业、医疗卫生、通信、财经和艺术等领域的职业学校。代表性的职业学校有中央农业学校、鄂豫皖苏区新集农业学校、红军卫生学校、红色医务学校、红军通讯学校、高尔基戏剧学校、鄂豫皖苏区财经学校等。

**四是面向女子的职业教育和培训**。苏区政府提倡男女平等，要求妇女也要具备职业知识和技能，参加生产。1934年，湘赣省苏维埃文化部颁布《女子职业学校暂行简章》，指出"造就女子职业专门人才，发展苏维埃经济，使每个女子都有一种职业，达到女子经济与职业独立"[②]。各苏区先后开办多所女子职业学校，为妇女提供生活和生产技能方面的教育与培训，如茶陵女子职业学校、永新县赤色女子职业学校、莲花县赤色女子职业学校等。

---

[①] 李国钧、王炳照总著编，于述胜著.中国教育制度通史（第七卷）[M].济南：山东教育出版社，2000：351.

[②] 中央教育科学研究所编.老解放区教育资料（一）[M].北京：教育科学出版社，1991：237.

## （三）抗日战争时期的职业教育

全面抗日战争爆发后，在中国共产党的领导下，陕甘宁边区、晋察冀边区等抗日根据地相继建立。抗日革命根据地教育的根本任务在于为争取抗日战争的胜利服务。因此，抗日革命根据地职业教育与当时的政治需要、战争需要和生产劳动的需要密切结合。

抗日战争时期，中国共产党的总任务是"动员一切力量争取抗战胜利"。1937年8月，中国共产党在《抗日救国十大纲领》中阐述了抗战时期的教育方针："改变教育的旧制度、旧课程，实行以'抗日救国'为目的的新制度、新课程。"[①]1938年10月，毛泽东在《论新阶段》中强调："实行抗战教育政策，使教育为长期战争服务""在一切为着战争的原则下，一切文化教育事业均应使之适合战争的需要"[②]。在各地抗日根据地的教育方针中，大多强调要通过职业教育加强专门人才的培养。晋察冀边区在1938年1月通过的《文化教育决议案》中规定，边区文化教育基本原则是"造就专门技术人才，建立抗战时期各项事业"。[③]抗战进入相持阶段后，部分抗日根据地也对职业教育进行了改革，如太行地区的中等教育"向职业教育与干部教育化的方向前进"[④]，这是关于中等教育阶段普通教育与职业教育相整合的一种思路，旨在促进教育对社会需要的适应，也反映了中国共产党对职业教育有了更深入的认识与把握。

---

① 毛泽东.毛泽东选集（第二卷）[M].北京：人民出版社，1991：356.
② 毛泽东.论新阶段[A].北京：中共中央党校出版社，1991.
③ 河北省社会科学院历史研究所，河北省档案馆编.晋察冀抗日根据地史料选编（上册）[M].石家庄：河北人民出版社，1983：21.
④ 中央教育科学研究所编.老解放区教育资料（二）上册[M].北京：教育科学出版社，1986：177.

抗日根据地职业教育以为抗战服务为根本宗旨，贯彻教育与社会、教育与生产劳动相结合的方针，主要有以下几种形式。

**一是基础教育中的生产劳动教育**。首先，小学教育中包含大量的生产劳动教育内容，采用教育与生产劳动相结合的模式，在教学中渗透生产劳动知识和技术。如小学生参加征粮、放哨等社会活动，也参加砍柴、种地等生产劳动，还参与领导夜校、识字组等工作[①]。其次，中学教育重视学生的技术训练。如为学生讲授边区农业工业方面实用的生产技术知识、常见疫病的预防法、急救与护理知识等。

**二是社会教育中的技术教育与训练**。抗战时期，各根据地面向群众的社会教育以"冬学"为主。在冬学中，最能体现职业教育特色的是各地开办的面向群众的技术训练班，这类训练班的目的在于使广大农民掌握有关战争和生产的具体技术。如晋察冀边区开办的教授地雷构造和埋地雷技巧的地雷训练班，冀中区开办教授挖地道方法的"地下建设"训练班。这些行之有效的技术教育与训练在抗日战争中发挥了重要作用。

**三是实施干部教育的职业技术学校**。抗战时期，根据地非常重视干部教育，着重办理各种培养技术干部的职业技术学校，主要包括农业职业学校、医药卫生职业学校、妇女职业学校、财经电信类职业学校，代表性的学校有陕甘宁边区农业学校、陕甘宁边区医药学校、白求恩卫生学校、八路军抗日军人家属学校、边区妇女职业学校、东北抗日根据地电信学校、山东财政经济学校等。

此外，1938年，在国共两党的大力支持下，成立了中国工业合作协会，1941年，工合运动的创始人之一新西兰人路

---

[①] 中央教育科学研究所编.老解放区教育资料（二）下册[M].北京：教育科学出版社，1986：326.

易·艾黎创办培黎学校，培养工业发展急需的技术人员。

## （四）解放战争时期的职业教育

解放战争时期，是中国革命从局部胜利走向全国胜利的时期。解放区政府明确提出了发展职业教育的具体方针，职业教育要为解放战争和解放区新民主主义政治与经济建设服务，为土地改革服务。

第一，强调职业教育的大众性。中国共产党以建设新民主主义教育制度为基本目标，从实现教育的民主化与大众化的角度，深刻地阐明了职业教育的重要性，强调职业教育必须与其他教育类型融为一体。第二，随着解放战争的发展，各解放区政府都强调通过发展职业教育培养各种专业人才。晋察冀边区政府在1946年5月提出边区教育的总方针，指出"培养大批领导农业生产的干部、水利人才、部分的工业干部及合作贸易、会计干部、行政干部，并加强在职干部的教育，提高其政治文化水平及工作能力，是教育工作最中心的任务"，并且明确指出要通过办理职业学校来实现上述目标。[①] 第三，加强职业教育的制度化。各解放区政府都在不同程度上意识到建立正规职业教育制度的重要性，并相继颁布教育工作方案。虽然各解放区的职业教育制度因实际情况的不同而存在不少差异，但总体上，解放区的职业教育已经呈现制度化的趋势。

解放区的职业教育一方面为土地改革服务，另一方面为培养大量的技术干部服务。随着战争形势的明朗，各解放区致力于推进职业教育的制度化，形成了初步的职业教育系统。一是专科学校，如1946年，由陕甘宁边区卫生署和陕甘宁晋绥联

---

① 中央教育科学研究所编.老解放区教育资料（三）下册［M］.北京：教育科学出版社，1991：49.

防军卫生部共同组建西北医药专科学校，设医科、药科和预科，采用从基础到临床的"一条龙"教学计划。二是妇女职业学校，如陕甘宁边区妇女职业学校。三是初级职业学校，如张家口农科职业学校。四是中等学校的职业教育。为了适应"土改"后的大生产运动，提高农业生产技术水平，太岳行署在辖区内各个中等学校添设农业班，培养具有农业科学知识和技能的初级农业人才。

新民主主义革命时期中国共产党领导下的职业教育探索，是马克思主义原理同中国革命具体实际相结合发展起来的。其强调教育与劳动相结合、正规与非正规教育相结合，为中华民族获得独立、自由和解放服务，为工农劳苦大众服务，提高了工农群众的文化生产技术水平。这一阶段的职业教育虽然没有成为一个独立的体系，但为新中国成立后的职业教育提供了坚实的思想基础和可借鉴的实践经验。

## 第三节

## 改造与重构：新中国的技术教育

新中国的职业教育伴随着计划经济的发展而不断变化。总的来看，新中国成立初期，中国经济社会发展水平较低，职业教育发展缓慢；计划经济体制改革以来，社会生产力极大提高，中国借鉴苏联模式建构职业技术教育体系，职业教育取得长久发展，为新中国工业体系建设贡献力量，为改革开放后职业教育大发展积蓄能量。

## 一、新中国成立初期技术教育在调整中恢复

新中国的成立,标志着中国新民主主义革命阶段的基本结束和社会主义革命阶段的开始。1949年,中华人民共和国中央人民政府先后没收了占中国工业固定资产80%的官僚资本企业,建立了社会主义性质的国有经济,控制了国家的经济命脉。

为了尽快恢复国民经济,这一时期的教育工作也有较大调整。一方面,加强对旧有学校的调整和改造,按照先公立、后私立,先高级、后初级的顺序,对原有职业学校进行接管,对私立学校采取"保护维持,加强领导,逐步改造"的方针进行调整。[①]另一方面,采取专业院校培养、短期培训、业余培训、冬季整训等方法培养干部和技术人员,通过技工学校、艺徒学校、技术夜校、师徒合同、冬学夜校等方式提高工农文化水平,尽快解决技术人才的供求矛盾。

### (一)中等技术教育改造提升

新中国成立后,百废待兴,国民经济的恢复和重建,迫切需要大批技术人才和管理干部。这一时期的中等技术教育,一方面根据中央的方针政策,接管公立学校,对公立、私立职业学校进行整顿和改造;另一方面,学习苏联经验,制定与新中国发展相适应的中等专业教育制度,为国民经济各部门培养了大量的技术人才和管理干部,这些人才在中等技术教育中发挥了重要作用。

#### 1. 中等技术教育取代旧职业教育

新中国成立初期,按照《共同纲领》中"有计划、有步骤地

---

[①] 中国教育年鉴编辑部.中国教育年鉴(1949—1981).北京:中国大百科全书出版社,1984.

实行普及教育，加强中等教育和高等教育，注重技术教育"[1]的规定，我党接管、整顿和改造了旧有的职业学校。对公立学校由各地军事管制委员会派代表接收，并采取"维持现状，立即开学"的办法；对私立学校采用"保护维持，加强领导，逐步改造"的方针[2]，使之适应国家建设的需要，并将新中国成立前的职业学校改称为技术学校。

1949年12月，第一次全国教育工作会议召开，指出："各地中等学校、普通中学多，技术学校少，不适应恢复与发展经济的迫切要求。"1951年3月，教育部召开全国第一次中等技术教育会议，时任教育部副部长曾昭抡在《积极整顿和发展中等技术教育》的报告中指出："目前，全国中等技术教育以调整、整顿为主，有条件发展的方针。"[3]会上提出利用两年的时间调整、整顿、有条件发展中等技术教育。1953年9月，全国中等技术学校调整、整顿工作基本完成，学校数由原来的794所调整为651所。[4]

### 2. 加强对中等技术教育的管理

第一次全国中等技术教育会议后，为适应国民经济发展的需要，原由各地教育部门统一管理的中等技术学校，按照学校开设的专业科目划转到同级的政府业务部门，实行部门管理，同时全国各地陆续成立中等技术教育委员会，来加强对中等技术教育的指导。

1951年10月，中央人民政府政务院颁布了《关于改革学制的决定》，其中规定："中等专业学校包括中等技术学校、中等师

---

[1] 职业技术教育编辑部.70年职业教育大事记（1949—2019）[J].职业技术教育，2019（30）：34—43.

[2] 中国教育年鉴编辑部.中国教育年鉴（1949—1981）.北京：中国大百科全书出版社，1984.

[3] 顾明远.教育大辞典[M].上海：上海教育出版社，1998.

[4] 国家统计局国民经济综合统计司.新中国五十年统计资料汇编[G].北京：中国统计出版社，1999.

范学校和中等医药及其他学校，技术学校（工业、农业、交通、运输等）分初级和中级两类，分别招收小学或初级中学毕业生或具有同等学力者；初级技术学校和技术学校的毕业生，应在生产部门服务；在服务满规定年限后，得经过考试，分别升入技术学校、高级中学或各种高等学校。"[1]1952年3月，政务院颁布《关于整顿和发展中等技术教育的指示》，规定中等技术教育必须由各级人民政府的教育部门和有关业务部门，以及各主要厂矿、企业和农场分工合作，要求中央和地方、教育和有关部门实行分级分工管理，提出"培养技术人才是国家的经济建设的必要条件，而大量的训练与培养中级技术人才尤为当务之急"，"在五六年内，全国经济建设约需中级和初级技术干部50万人左右"。[2]1952年7月，教育部颁布了《中等技术学校暂行实施办法》，对学校办学宗旨与任务、学生培养目标、课程、学时、成绩考查、教材编审、机构组织、人员编制、领导管理、职业分工及教师要求、学生分配等方面作出了较全面的规定，[3]有效地指导了中等技术学校的发展。至此，中等技术学校办学有了法规性依据。

1954年9月，政务院发布《关于改进中等专业教育的决定》，规定在中央高等教育部统一领导下，中央各部直接领导其所属的中等专业学校的工作。[4]同年，高等教育部颁布《中等专业学校章程》，将中等技术学校与中等师范学校统称为中等专业学校，[5]形成了比较完备的中等专业教育制度。

---

[1] 张宏儒，等.二十世纪中国大事全书［M］.北京：北京出版社，1993.
[2] 山西省政府办公厅.中央人民政府政务院关于整顿和发展中等技术教育的指示［N］.山西省人民政府公报，1952—07.
[3] 顾明远.教育大辞典：上海教育出版社［M］.1998.
[4] 中央人民政府政务院.关于改进中等专业教育的决定，1954—09—26.
[5] 中央人民政府高等教育部.中等专业学校章程，1954—11.

## （二）技工学校教育逐步创立

新中国成立以来，技工学校在党和国家的关怀，以及有关部门的领导下不断发展，成为中国教育事业不可或缺的组成部分，为中国工业领域培养了大批中高级技术工人，为加速工业化建设提供了强有力的人力支撑。

新中国成立之初，全国工商业处于百废待兴状态，培养具有一定操作技能的熟练工人成为当时教育事业的重要任务。同时，如何解决旧社会遗留下来的大量失业问题，维护社会稳定，也是新中国成立初期亟待解决的问题。为此，当时针对旧社会遗留下来的需要安置的 400 万失业人员建立了许多培训机构[①]，对他们进行技术训练，一些技工学校就是在此基础上建立起来的。1949 年，中国首先在东北地区的长春、大连、哈尔滨三市各创建了一所技工学校，在校学生 2700 人。此后，在全国的其他一些城市也陆续建立技工学校，到 1952 年，技工学校发展到 22 所，在校学生 105 万人。[②]

1954 年，劳动部门根据生产发展需要培养技术工人的要求，对原有以训练失业人员就业为主的技工培训班、技工学校进行调整，积极发展以培养中等技术工人为目标的技工学校，技工学校教育制度初步形成。

## 二、计划经济背景下技术教育在曲折中前进

两个"五年计划"时期，在计划体制下，为适应国民经济发展需要，中等专业学校与中等技术学校分别以培养中等专业干部

---

[①] 中共中央. 中共中央转发周恩来同志在八届三中全会上关于劳动工资和劳保福利问题的报告，1957—10—24.

[②] 刘英杰. 中国教育大事典（1949—1990）[M]. 杭州：浙江教育出版社，1993.

和中级技术工人为目标，被录取进以上两类学校，也就意味着分别完成了招干和招工手续。这是当时计划经济及"统包统配"的劳动就业制度下的产物，学校及专业（工种）的设置、招生和毕业生分配都是高度计划型的。[①]

在这一时期，中等技术教育不断调整布局结构和发展速度，为国民经济各部门培养了大量技术和管理干部；技工学校经历了由小变大、由弱变强的过程，成为培养中级和高级技术工人的重要力量；职业高中和农业中学在中等教育结构调整中不断发展，培养了大批实用专业技术人才。虽然不同时期人才培养目标由于社会经济条件的变化而有所改变，但服务经济社会的宗旨没有改变。

## （一）中等技术教育的发展与整顿

1952年下半年，中国提出了党在过渡时期的总路线。到1956年年底，全国基本完成了对农业、手工业和资本主义工商业的社会主义改造。在这一时期，中国出台了一系列政策来规范中等职业学校的办学。

### 1. 中等技术学校规模迅速扩大

1953年，中国开始实施国民经济的第一个五年计划，大规模的经济建设迫切需要各类人才，教育界出现了全面学习苏联教育的高潮。全国的中等技术学校经历了一次有计划、有步骤的全面系统的调整、整顿，停办了一批条件差的学校，新办了一些中等技术学校，把原来多科综合性的职业学校改为单科性技术学校。其间，虽然中等技术学校数量变化不是太大，但在校生人数却取得了突破性增长。到1956年，中国中等技术学校数量增加到

---

[①] 俞启定. 新中国成立以来职业教育定位及规模发展演进的回顾［N］. 浙江师范大学学报（社会科学版），2019，44（05）.

755 所，比 1949 年增加了 194 所，而在校生人数达到了 53.85 万人，是 1949 年的 7 倍。①

随后，国民经济开始实施第二个五年计划，周恩来总理在《关于发展国民经济的第二个五年计划的建议报告》中指出："为国家培养各项建设人才，首先是工业技术人才和科学研究人才，是教育工作的首要任务。""在第二个五年计划期间，应该进一步发展高等教育和中等专业教育。"②

1958 年 8 月，中共中央和国务院发布《关于教育事业管理权下放问题的意见》，全国开始出现了中央各部门、地方产业部门、教育部门以及厂矿企事业单位等举办多种渠道办学的局面。特别是，许多厂矿企业单位和县（市）均举办中等技术学校。有的由企业自行投资或由地方有关部门、单位联合集资办学，有的采取"母鸡下蛋"的办法由老校包建新校，有的利用现有房屋设备因陋就简办学等。

这一时期，中等技术学校规模迅猛增长。1957 年，全国中等技术学校数量是 728 所，在校生人数是 48.22 万人，而 1958 年，全国中等技术学校数量就增加到了 2085 所，在校生人数增加到 108.35 万人，到 1960 年，全国中等技术学校数增加到 4261 所，在校生数增加到 137.74 万人，学校数量是 1957 年的近 6 倍，③中等技术教育迎来了发展的第一个高峰期。

但与此同时，由于不切实际的盲目发展，在国民经济刚得到恢复、经济基础十分薄弱的情况下，中等技术教育的发展规模超越经济发展水平，给教育和整个国民经济带来严重后果。由于新

---

① 国家统计局国民经济综合统计司.新中国五十年统计资料汇编［G］.北京：中国统计出版社，1999.

② 周恩来.关于发展国民经济的第二个五年计划的建议的报告，1956—09—16.

③ 国家统计局国民经济综合统计司.新中国五十年统计资料汇编［G］.北京：中国统计出版社，1999.

增的学生和教师大部分来自农村，农村劳动力减少，农业生产受到影响；城镇职工增加，商品粮供应紧张。学校数量增加，财政支出增多，超过了教育事业本身发展的能力，基本建设跟不上需要，教室、宿舍、实验室、食堂、图书、仪器设备缺乏必要的补充，导致教育质量普遍下降。

### 2. 在不断地调整与整顿中提高办学质量

1959年，周恩来总理在二届人大一次会议上作的《政府工作报告》中指出："中国教育事业的发展必须采取普及和提高相结合的办法。除了各级全日制正规学校外，还应当根据实际可能，继续发展半日制学校、农村和厂矿的业余学校。积极推行群众性的扫盲工作。同时，特别注意提高各类学校的教学质量。去年各级学校都有了很大的发展，现在需要进行整顿、巩固和提高的工作。"[①]

教育部从1961年连续召开三次调整会议。一是调整合并职业学校，压缩办学规模。经过调整，中等专业学校、中等师范学校、农业中学和其他职业中学、技工学校，由1960年的31001所减为5878所，减少81%；在校生由503.5万人减为83.78万人，减少83.4%；教职工由51.38万人减为18.19万人，减少64.6%。二是调整和规范专业设置。1963年10月，国务院批转教育部《关于中等专业学校专业的设置和调整问题的规定》，对各校已开设的专业进行综合与整理，当时共有17类，336个专业，其中工科就占13类，共有237个专业。其后两三年新增几百种，种类多、专业窄、不规范的现象严重，1963年调整为348种。三是稳定和恢复教育教学秩序及常规管理。

---

① 周恩来.第二届全国人民代表大会第一次会议《政府工作报告》，中央政府门户网站，1959—04—18.

## （二）技工教育的提升与调整

1953年《关于发展国民经济的第一个五年计划的报告》指出："五年内，中央工业、农业、林业、运输、邮电、劳动等部门将培养熟练工人92万多人。"① 当时中国共有156项大型建设项目，再加上对原有工矿企业的扩建改建，对技术工人的需求突出。在这一时期，国家采取多种措施整顿、筹建工人技术学校，提高人才培养质量。

### 1. 加强对技工教育的统一管理

1953年，政务院决定由劳动部门对全国技工学校进行综合管理。1954年4月，中央财经委员会批转劳动部制定的《技工学校暂行管理办法（草案）》，1956年，劳动部颁发《工人技术学校标准章程（草案）》等文件。② 这些文件的颁发对技工学校的培养目标、学制、机构编制、领导管理、教学工作、办学条件、师资队伍建设等都作出了明确规定，使技工学校的管理和教学工作更具有科学性、系统性和全面性。

1955年4月，劳动部和工业、交通、运输各部联合召开了第一次全国工人技术学校校长会议，通过了《关于提高技工学校教学工作质量的决议》。会议明确了技工学校的教学工作以生产实习教学为主的方针，以区别于中专和普通学校偏重于文化教学。③ 为了保证这一方针的贯彻落实，在课时分配上又进一步规定，生产实习和理论教学的课时比例一般为6:4，即生产实习占60%，政治、文化和技术理论占40%。同时，加强教学研

---

① 李富春. 关于发展国民经济的第一个五年计划的报告[N]. 中央政府门户网站，1955—07—06.
② 向图强而生 伴复兴而盛——中国技工教育发展印记[N]. 《中国组织人事报》，2018—12—28.
③ 顾明远. 教育大辞典[M]. 上海：上海教育出版社，1998.

究，1955年年底，劳动部成立了技工学校教学方法研究室，次年又颁布了《技工学校教学方法研究组工作规划》。[①] 此后，全国技工学校均建立了教学研究组，有的省市还建立了地区性的技工学校教学研究室，教师集体研究和相互帮助，着重研究贯彻执行教学计划和教学大纲的措施，研究教材内容、教学方法和采用新技术、新工艺，总结交流教学工作经验，组织教师学习业务技术等。[②] 这样一来，技工学校学生的操作技能大为加强，素质得到提高，能较好地适应企业岗位的需要，深受工厂企业等用人单位的欢迎。到1956年年底，技工学校数发展为212所，在校生11.09万人，招生9.12万人，分别是1949年的70.67倍、41.04倍和48倍，比1955年增加171.80%、131.56%和168.24%。[③]

### 2. 技工教育在调整中持续发展

技工学校的发展符合当时国民经济建设的需要，为中国各个行业培养了大量一线技术工人，在一定程度上缓解了技术工人短缺的状况。但是，由于政治影响及缺乏办学经验，技工学校的发展表现出一定的波动。

1957年6月，有些技工学校停办，有些技工学校改为工厂，技工学校的发展首次出现倒退，全国技工学校数量144所，较1956年减少32.08%，招生数和在校生人数也同时减少。1958年3月，劳动部在天津召开全国技工学校工作会议，会议主要解决两个问题：一是贯彻执行国家勤俭办学、勤工俭学方针，实现自给自足；二是进一步改进教学工作。会后，有些地区根据勤俭

---

[①] 崔秋立, 王倩, 李兴军. 改造与兴建：新中国初期技工教育发展研究 [J]. 中国职业技术教育, 2020 (30): 63—72.

[②] 方画展, 刘辉, 傅雪凌. 知识与技能——中国职业教育60年 [M]. 杭州：浙江大学出版社, 2009: 51.

[③] 孙宝树. 改革开放四十年技工教育的发展 [DB/OL]. http://blog.sina.com.cn/s/blog_4bc83a7b0102y9yu.html, 2019—01—04.

办学的方针，采取了因陋就简、边建设、边生产、边教学、老校包建新校等办法来开办技工学校。①1959年4月，劳动部在上海召开全国技工学校工作会议，指出一些技工学校存在的缺点和问题：不少学校只顾生产，忽视了文化和技术理论教育；有些学校的教学改革还进行得不够深入；政治思想教育还需要进一步加强。为此，会议提出"整顿巩固和有计划地发展技工学校"。②

1959年，工业领域开始精简职工，精简下来的学徒工，大部分被安置到技工学校学习。在计划经济体制下，招生即招工，直接招工受到限制，转而开展间接招工，即发展技工学校等。技工学校经过整顿提高，在教学和生产方面也都有了很大改进。1961年，经过三年的调整和整顿，同时随着国民经济逐渐好转，技工学校又有了一定的发展，并正确处理生产与教学的关系，贯彻"在学校工作上以教学为主、在教学工作上以生产实习教学为主"的办学方针。③

### （三）职业中学教育的开创与发展

中国职业中学经过盲目追求数量时期到后来的调整、巩固、充实、提高，开创了发展半工半读学校的先河，为中国职业教育的发展提供了宝贵的经验，丰富了职业教育的办学形式，拓宽了职业教育的服务范围，创新了职业教育培养模式。

#### 1. 多类型职业学校开始举办

1963年5月，教育部与劳动部联合召开城市职业教育座谈会，教育部部长杨秀峰在会上作了《关于在城市办职业学校的初

---

① 邢予洪.全国技工学校工作会议报告［J］.中国劳动，1959（10）：10—13.
② 中央教育科学研究所.巩固、提高和有计划地发展技工学校［J］.中国劳动，1959（10）：21—22.
③ 劳动部劳动力调配局技工培训处.运用丰富经验改进技工学校工作［J］.中国劳动，1962（2）：1—4.

步意见》报告，提出："在城市举办各种类型的职业学校，逐步建立完备的职业教育体系。"①该意见提出诸多工作措施，比如在修业年限上，规定可以灵活多样，长期短期并存；在招生对象上，既招收高小毕业生，也招收初中毕业生，也可以招收高中毕业生；在办学主体上，依靠业务部门办学，职业学校与技工学校、学徒培训相辅而行，各有侧重；在学校的设置发展上，要求既要因地因行业制宜、分级分行业管理，又要统筹安排、避免浪费。

当时，兴办的职业学校办学主体及形式具有多样性，主要有以下几种类型：一是试改普通中学为职业学校，毕业后到国有农场、渔场或人民公社参加劳动；二是依托工厂办校，招收城市青年，毕业后下乡工作；三是依靠工厂、企业、事业单位办职业学校，为工厂、企业、事业单位培养劳动和技术后备力量，学生毕业后由业务部门统一安排。

**2. 半工半读学校加快发展**

从1963年到1965年，中国职业中学从546所增加到7294所。这一时期，职业教育大力发展的另一类学校就是半工半读学校。

中国的半工半读学校最初源于勤工俭学。1957年5月，《中国青年报》《人民日报》相继发表了社论《提倡勤工俭学，开展课余活动》②《一面劳动，一面读书》，提倡学生勤工俭学③。6月26日，周恩来总理在一届人大四次会议上指出："我们的教育方针，应该是培养有社会主义觉悟的、有文化的身体健康的劳动者。过去这个方针是不够明确的，我们的中小学生毕业后除了一

---

① 刘英杰. 中国教育大事典（1949—1990）[M]. 杭州：浙江教育出版社，1993：1745.

② 刘少奇. 提倡勤工俭学，开展课余劳动[N]. 《中国青年报》，1957—05—05.

③ 一面劳动，一面读书[N]. 《人民日报》，1957—06—05.

小部分升学外，多数都应参加工农业生产。"①1957年11月，共青团中央印发刘少奇同志关于试行半工半读问题的批示，并提出重点试行勤工俭学、半工半读制度。

　　1958年1月，毛泽东在《工作方法六十条（草案）》中提出："一切中等技术学校和技工学校，凡是可能的，一律试办工厂或者农场，进行生产，做到自给或半自给。学生实行半工半读。"②同年5月，天津国棉一厂开办全国第一所半工半读学校开学，51名学员，每天工作6小时、学习两小时。1958年5月，刘少奇同志在中共中央政治局扩大会议上发表《中国应有两种教育制度、两种劳动制度》的讲话，从制度变革的角度全面阐述了半工半读教育的意义，提出了半工半读的职业教育形式，使得部分青年工人可以得到学习与培训的机会，缓解了当时大部分企业技术工人紧缺的问题。③1958年8月，半农半读的江西共产主义劳动大学总校和附设在全省30个垦殖场的30所分校开学。其办学方针是：半工（农）半读，勤工俭学，学习与劳动相结合，政治与业务相结合，逐渐形成高、中、初和大、中、小各类专业齐全的教育体系。江西共产主义劳动大学的创办，走出了一条为山区、农村培养新型劳动者的新路，推动了半工半读教育的发展。此后，半工半读的职业教育形式以天津为试点，逐步向全国推广。

　　1958年9月，中共中央、国务院发出《关于教育工作的指示》，规定今后半工半读学校将与全日制学校、业余学校同为中国三类主要学校。④天津作为半工半读学校的主要发源地和试验

---

　　① 周恩来.在第一届全国人民代表大会第四次会议上的政府工作报告［N］.《人民日报》，1957—06—27.

　　② 毛泽东.工作方法六十条（草案）［N］.《人民日报》，1958—02—19.

　　③ 刘少奇.中国应有两种教育制度、两种劳动制度——在中共中央政治局扩大会议上的讲话［N］.1958—05—30.

　　④ 顾明远.教育大辞典［M］.上海教育出版社，1998.

地，曾有一百多家企业试办。此后，由于国民经济遇到暂时困难，某些工厂企业领导对半工半读的意义认识不足，不少参加半工半读的职工改为业余学习；也有些招收青年学生的半工半读中等技术学校，把学生转成了徒工。1964年，天津仍坚持试办半工半读学校的企业仅剩7家。[①]

1964年2月，半工半读教育被重提，并在1965年又掀起新一轮试验高潮。1965年10月，刘少奇主持召开第一次全国城市的半工（农）半读教育会议，会议提出必须坚持"五年试验，十年推广"的方针，进一步明确半工半读教育的性质和培养目标。在此期间，全日制学校一般不再发展，现有技工学校、职业学校、全日制中等专业学校都要改为半工半读技术学校。据不完全统计，到1965年，全国城市有半工半读学校4000余所，学生80万人。[②]

## （四）农业中学教育的兴办

中国中等职业学校最初主要是接收、改造的中等专业学校和新建的少量技工学校，它们主要面向城镇居民，在农村并没有建立专业的职业学校。1956年中国基本完成了社会主义改造，由于生产力水平提高和基础教育的发展，等待升学的高小、初中毕业生大幅度增加。为解决生产和升学双重压力，1958年以来，全国举办了大量的农业中学，由于这类学校采取半农（耕）半读的形式，在不影响生产的情况下指导学生生产、生活技能，毕业后继续参加生产，而且办学条件要求简单易于普及，所以迅速在全国范围内推广起来，为国家经济建设，尤其是农村培养了大批实用专业技术人才。

---

[①] 杨旭，李剑萍．两种教育制度：半工半读的两次试验高潮［N］．《中国教育报》，2009—10—13．

[②] 曹晔．当代中国中等职业教育［M］．天津：南开大学出版社，2016：55．

## 1. 群众自办，起步探索

1958年3月，江苏省海安县双楼乡农民用四天创办了海安县双楼乡民办农业中学。此后，江苏省委召开民办农业中学座谈会，中共中央宣传部部长陆定一在《关于农业中学座谈会》的讲话中指出："动员群众的力量办各种职业学校特别是农业中学，使不能进普通初中的小学毕业生都能升学，是一个好办法。"[①]同年3月24日，第四次全国教育行政会议召开，提出"大力举办农业中学、工业中学和手工业中学，把高小毕业生培养成有社会主义觉悟，有文化，又有一定生产技能的劳动者"[②]的要求。随后，江苏、浙江、河南、辽宁等省举办了大量的农业中学。

农业中学创办的目的是为农业培养技术人才，实行群众办学，农忙劳动，农闲学习，半耕半读，为农业生产服务，并采取"谁读书，谁出钱"的原则。农业中学开设的课程有语文、数学、农业知识和政治四门课，学制两年至三年，招生对象以25岁以下的高小、初中毕业生为主，同时，招收一些不同年龄的青壮年，25岁以上的一般不收，以免影响生产。[③]

## 2. 大力整顿，提高质量

在一系列政策的驱使下，从1958年到1960年中国农业中学出现了膨胀发展的局面。仅1958年建立的农业中学就达到两万多所，招生数高达两百多万人；1960年增加到22597所，在校学生达230.2万人。[④]

在这一时期，农业中学一方面从原来的群众性质的民办转为社办、县办等公办形式；学生由原来的"谁上学，谁出钱"变成

---

[①] 刘英杰.中国教育大事典[M].杭州：浙江教育出版社，1993：1774.

[②] 张峰.中国中等职业教育发展实践与探索[M].北京：首都经济贸易大学出版社，2019：96.

[③] 吴天石.江苏的农业中学[J].人民教育，1958（5）：12—13.

[④] 曹晔.当代中国中等职业教育[M].天津：南开大学出版社，2016：72.

免费上学，无形中增加了人民公社的负担；另一方面学生上学占据了大量的劳动力，加剧了农村劳动力的短缺。农业中学片面强调学校数量的扩张，超越了农村社会经济发展水平和承受能力，带来了诸多问题：学校基础设施不足，教育质量不能保障；教师数量严重不足，1958年和1959年学生和教师比例都超过了33∶1；毕业率更是低得惊人。这都导致在学校数量不断上升的情况下招生数量却在持续下降的局面，从1958年的220万人下降到1960年的95.3万人，招生数量下降56.8%。

随着1961年国民经济开始调整、整顿，农业中学也开始进行大力整顿。1961年1月，《中央工作会议关于农村整风整社和若干政策问题的讨论纪要》指出："农业中学应该改为业余学校，或者利用农闲季节，一年学习三个月到五个月。"[1]随后，中共中央批转中央文教小组《关于一九六一年和今后一个时期文化教育工作安排的报告》，再次强调"农业中学应该改为业余学校，或者利用农闲季节一年学习三个月到五个月，其余时间回生产队劳动[2]"。各地贯彻中央指示把农村中学改为业余学校，并恢复"谁读书，谁出钱"的群众办学形式。同时，随着国民经济调整的深入，农村按劳分配制度的重新确立，大量超龄生自动退出了农村中学。在调整中，农业中学急剧减少，并采取各种措施提高教育质量。农业中学是民办中学，学生缴费上学。由于它实行勤工俭学、半工半读，学生既参加劳动获得了劳动报酬，极大地减轻了家庭负担，又满足了农业生产所需要的劳动力；既满足了人民群众接受高一级教育的需求，又满足了人民公社对技术人才的需求，所以得到了快速发展。

---

[1] 中共中央文献研究室.建国以来重要文献选编（第14册）[M].北京：中国文献出版社，1997：100.

[2] 中共中央文献研究室.建国以来重要文献选编（第14册）[M].北京：中国文献出版社，1997：173.

1966年以后，随着"文化大革命"的开始，中国各级各类教育都受到严重破坏，学校大量停办，校舍被占，资源流失，元气大伤。半工半读学校和职业中学全部停办，技术学校大量的撤销、停止招生也造成了中等教育结构的单一化，与国民经济的发展需求严重脱节。职业教育在校生占高中阶段总数的比例从1965年的52.6%降为1970年的1.7%[①]，技术人才的缺乏严重影响劳动生产率的提高。即使如此，中等技术学校和技工学校依然在动乱中坚守。在1971年全国教育工作会议上，周恩来总理肯定了恢复、兴办中等专业学校的必要性。会后发布的《全国教育工作会议纪要》要求："中等专业学校和技工学校是中国普及科学技术、文化教育的一支重要力量，必须认真办好。"[②]到1976年，中等专业教育得到了显著恢复，中等技术学校数量达到1461所，[③]在校生数基本恢复到了1965年的水平，达到38.6万人。技工学校也有了显著的恢复和增加，甚至超过了1965年的水平。而半工半读学校、职业中学和农业中学在这一时期仍然没有得到恢复。

── • 第四节 • ──

## 创新与发展：改革开放后职业技术教育

改革开放后，党的工作重心转移到经济建设上来，各类教育包括职业教育得到快速发展，初步开创了中国特色的职业教育之路，培养了大批高素质技术技能人才，这一时期的职业教育既有

---

[①] 李蔺田.中国职业技术教育简史［M］.北京：高等教育出版社，1994：151.
[②] 李蔺田.中国职业技术教育简史［M］.北京：高等教育出版社，1994：341.
[③] 该统计数据不含中等师范学校和技工学校.

探索发展也有滑坡重振、规模壮大，国务院先后召开或批准召开了七次全国职业教育工作会议，国家和社会对职业教育的认识不断深化，职业教育在深化改革中，进入了全面发展的新阶段，为新时代职业教育体系构建打下了坚实的基础。

## 一、沐浴改革春风的探索发展

经历"文化大革命"，各类教育包括职业教育发展陷入了低谷。1978年，党的十一届三中全会召开，党的工作重点转移到经济建设上来，标志着中国进入了改革开放阶段。在新的发展形势下，职业教育面临着两大发展问题。一是"文化大革命"期间，中国整个职业教育体系被破坏，其中，中等教育结构单一化倾向尤为明显。到1976年，中等职业学校主要由中专和技校构成，各类中等职业学校（含中师）共计3710所，在校生91万多人，占高中阶段学生总数的比重由1965年的52.6%降至6.1%，高中阶段普职比为15.4∶1。[①] 二是各项事业百废待兴，国家经济发展急需大批技术技能人才，职业教育的规模、规格和质量都不能适应经济建设和社会发展的需要，在整个教育事业中仍然处于薄弱环节，这就对职业教育发展提出了迫切要求。

### （一）中等教育结构改革和重点发展职业技术教育的方针

#### 1. 调整中等教育结构，扩大和恢复中等职业教育

二十世纪八十年代职业教育的主要任务是全面恢复中等职业教育。在1978年全国教育工作会议上，邓小平指出："应该考虑各级各类学校发展的比例，特别是扩大农业中学、各种中等专业

---

[①] 国家教育委员会职业技术教育司. 中国职业技术教育简史[M]. 北京：北京师范大学出版社，1994：151.

学校、技工学校的比例。"[1]为了响应此次会议，1979年开始，很多地区开始推行中等教育结构改革试点。1980年5月，中央书记处两次讨论教育工作，提出中学教育结构是个很大的问题，非改不可。同年，国务院批转教育部、国家劳动总局《关于中等教育结构改革的报告》，指出"中等教育结构单一化，与国民经济的发展需要严重脱节，中等教育结构改革势在必行，主要是改革高中阶段的教育结构，应当实行普通教育与职业技术教育并举，全日制学校与半工半读学校、业余学校并举，国家办学与业务部门、厂矿企业办学并举的方针"。这是改革开放以后第一份调整中等教育结构，对发展职业教育作出全面系统部署的国家政策性文件。[2]

当时调整中等教育结构主要包括两大措施：一是恢复发展中等专业学校和技工学校；二是新建并大力发展职业中学。1984年，根据中等教育改革的方针和要求，各地对普通中学的发展进行全面规划，形成了由普通中学改办而成的职业高中这一新的中等职业教育机构。经过这一阶段的发展，形成了多部门、多行业共办职业教育的途径与格局，奠定了新时期职业教育发展的基础。

尽管职业教育总体规模得到快速发展，职业教育内部发展并不均衡，中等专业学校、技工学校、职业中学三种不同类型的职业学校之间存在较大的发展差异。中等专业学校以行业或系统主管部门办学为主，毕业生落实干部身份，分配上有体制保护，社会地位高，财政支持力度大，最容易得到发展。技工学校以劳动部门或行业企业办学为主，毕业生以工人身份就业，就业也有保障。职业中学主管部门为教育行政部门，缺乏财政有力支持，毕

---

[1] 邓小平在全国教育工作会议上的讲话.（1978—04—22）. http://www.jyb.cn/zyk/jyzcfg/200602/t20060227_55358.html.

[2] 王扬南.中国共产党指引职业教育发展的百年探索[J].中国职业技术教育，2021（12）：12—20.

业生不包分配,社会地位最低,发展最为艰难。因此,在二十世纪八九十年代,一种普遍的现象是成绩最优秀的初中毕业生往往把上中等专业学校作为首选,其次才是重点高中。由于职业高中是由办学基础比较弱的普通中学、农业中学换牌成立,在办学的过程中面临着师资、经费、培养、就业等多方面的困难,导致职业高中社会地位不高,社会形象也不佳,很难吸引到高质量的生源。

## 2. 明确职普相当,确立职业教育的地位和方向

1985年5月,中共中央颁发《中共中央关于教育体制改革的决定》,这份决定是中国新时期全国教育改革的起点,被誉为"职业教育改革的纲领性文件"。这份决定确立职业教育在中国教育体系与国家建设中的地位与作用,明确提出要"逐步建立起一个从初级到高级、行业配套、结构合理又能与普通教育相互沟通的职业技术教育体系",要"调整中等教育结构,大力发展职业技术教育""力争在五年左右,使大多数地区的各类高中阶段的职业技术学校招生数相当于普通高中的招生数",这也是首次在中央文件层面提出"职普大体相当"的概念。该决定首次在战略高度上,明确了教育的地位、作用和任务,为全面改革教育指明了方向,阐明了达到目标的基本途径和方法,尤其是文件明确提出的职业教育在招生规模上要和普通教育保持均衡,确定了职业教育在中国教育结构中的地位。在教育结构调整政策的引导下,职业教育步入了快速发展阶段。

1986年,第一次全国职业教育工作会议召开,会议确定了到1990年前后,大多数地区的高中阶段职业教育招生数要和普通高中招生数大体相当的目标,形成了普通教育与职业教育并行的双轨制教育体系。1991年,第二次全国职业教育工作会议召开,会后国务院出台的《关于大力发展职业技术教育的决定》,提出"初步建立起有中国特色的,从初级到高级、行业配套、结构合理、

形式多样，又能与其他教育相互沟通、协调发展的职业技术教育体系的基本框架"。九十年代发展职业技术教育的主要任务是：有计划地对现有各类职业技术学校加强规范化建设，并集中力量办好一批起示范作用的学校。要挖掘现有学校的潜力，扩大招生规模，特别是扩大中等职业技术学校的招生规模，使全国高中阶段职业技术学校的在校生人数超过普通高中的在校生人数。

从 1978 年到 1989 年，经过十余年的调整、恢复与建设，职业教育在数量、规模上有了较快发展。1978 年中国仅有中等职业学校 4700 多所，当年招生 70.4 万人，占高中阶段教育招生总数的 6.1%，在校生 130 万人。1989 年，全国农业职业高中在校生 236.28 万人，招生 99.12 万人；中等专业学校（含中师）在校生 217.75 万人，招生 73.49 万人；技工学校在校生 125.85 万人，招生 47.03 万人。三类学校在校生合计 579.88 万人，招生 219.64 万人。职业学校与普通高中相比，在校生 44.7∶55.3，招生 47.6∶52.4。到 1995 年年底，三类学校已经发展到 17806 所，招生数和在校生数分别达到 366 万和 921 万，分别占高中阶段招生数和在校生数的 56% 和 57%。到 2007 年，中等职业学校招生规模达到 810 万，在校生 1987 万，中职招生数已占高中阶段招生数的 49.1%。

### （二）高等职业教育体系的初步构建

#### 1. 兴办短期职业大学，高等职业教育开始起步

1980 年前后，随着国民经济的恢复和发展，各地为了解决地方建设人才严重缺乏的问题，开始在一部分有条件的中心城市，依靠地方集资兴办了一批市属的专科层次高等学校，其中最具有代表性的就是 1980 年在南京市创办的金陵职业大学。金陵职业大学在全国率先打出了"高等职业教育"的旗号，强调"社会出题目，学校做文章"的办学理念。1983 年，国务院发布的

《关于调整和加快发展高等教育若干问题的意见》中,提出"积极提倡大城市、经济发展较快的中等城市和大企业举办高等专科学校和短期职业大学",对职业大学的办学成绩给予了肯定。1985年的《中共中央关于教育体制改革的决定》明确要求"积极发展高等职业技术院校"。据统计,到1986年年底,各地兴办的职业大学已达128所。它们共同的特点是自费、走读、不包分配,在较短时间内培养出了大批人才,满足当时社会对应用型人才的迫切需要,标志着中国高等职业教育的正式起步。

1985年10月,国家教委决定在西安航空工业学校、国家地震局地震学校、上海机电制造学校试办五年制技术专科。学校招收初中毕业生,学生入学后,前两年具有中专学籍,两年期满,择优选拔进入专科,学习三年,发给专科毕业证书,未能升入专科的学生,按照原计划学习两年,发中专毕业证书,这就是俗称的"四五套办"[①]。五年制高职在当时虽然规模不大,但是它体现了中职与高职的有机衔接,适应了职业教育多样化发展的需要。1990年,在邢台军需工业学校基础上试办"邢台高等职业技术学校",1994年,增加另外10所中专学校试办高等职业技术学校,中国高等职业教育的实践探索又向前迈出一步。

**2. 三改一补:高等职业教育发展思路与方针**

1996年,颁布的《中华人民共和国职业教育法》把"高等职业学校教育"和"高等职业学校"以法律形式固定下来。1998年,教育部根据党中央和国务院的决策,对高职教育的多种办学形式提出了"三改一补"的管理思路(即通过现有的职业大学、部分高等专科学校和独立设置的成人高校改革办学模式,调整培养目标来发展高等职业教育。仍不满足时,经批准利

---

[①] 国家教委职业技术教育司.职业技术教育文件选编(1978—1988)[M].北京:生活·读书·新知三联书店,1989:629—630.

用少数具备条件的重点中等专业学校改制或举办高职班等方式作为补充的高等职业教育），从管理体制上初步实现对职业技术学院（含职业大学、举办高职的民办高校和五年制高职）、高等专科学校和成人高等学校的资源整合。

这一举措整合了当时现有的高等教育资源，是中国高等职业教育发展过程中的重大政策转变，也是高职教育界对高职教育认识更加深入的体现。1997年，为了明确高职学校的发展方向和规范校名，原国家教委明确提出新建高等职业学校一律定名为"职业技术学院"或"职业学院"，同时鼓励其他通过改革、改组、改制发展高职教育的学校照此更名。3月，原国家教委首批批准深圳职业技术学院和邢台职业技术学院挂牌。这一时期的探索初步形成了以职业能力教育为中心的人才培养模式，初步开创了有中国特色的高职教育之路。1999年，教育部发布《面向21世纪教育振兴行动计划》，再次强调"积极发展高等职业教育"的决心，重申"三改一补"的原则。

### （三）高职教育法律体系的建立

1995年3月，《中华人民共和国教育法》的颁布意味着全国各级各类教育工作有了根本遵循。该法根据《中华人民共和国宪法》中的表述规范了有关名称，将"职业技术教育"改称为"职业教育"。1996年5月，专门针对职业教育的立法《中华人民共和国职业教育法》出台，同年9月1日开始实施，这是中国职业教育发展史上的重要里程碑，标志着中国职业教育全面进入法治化的道路。《中华人民共和国职业教育法》以《中华人民共和国宪法》《中华人民共和国教育法》《中华人民共和国劳动法》为基本依据，对职业教育在国民经济和社会发展以及国民教育体系中的地位与作用，职业教育的体系结构、办学职责、管理机制和经费渠道等都作出了原则性的规范，确立了职业教育的法律地位，为今后相当长一段时间职业教育的改革和发展提供了强有力的法律保障，也为各级政府和有关部门制定职业教育配套法规提供了法律保障。

## 二、现代职业教育体系构建的全面启动

进入二十一世纪以来，市场经济进一步发展，计划经济向市场经济体制的快速转变带来毕业生就业体制发生深刻变化。伴随着中国经济的快速发展，职业教育迎来了阵痛改革期和快速发展期。一方面行政管理体制改革、企业办社会职能分离，弱化了行业企业举办职业教育，高校扩招带动普高热，中等职业教育出现滑坡；另一方面通过一系列国家层面政策的制定和引导，加强结构调整和法治建设，高等职业教育迎来了第一个快速发展期，由300多所专科层次学校发展到1430多所，共同探索培养高等职业技术应用型人才的目标、规格和模式，形成多种办学形式合力奋进的新格局，同时也完成了国家的第一轮扩招任务，为新时代职业教育的发展和现代职业教育体系的建立打下了坚实基础。

### （一）中高职协调发展

#### 1. 中等职业学校出现滑坡，办学结构调整改革

1997年，国家教委、国家计委联合印发了《关于普通中等专业学校招生并轨改革的意见》，彻底结束了各类中等教育在招生录取、收缴学费等方面的双轨制，并要求根据市场经济发展规律，对现有中等教育体制进行改革，实行统一招生、统一录取、学生缴费以及毕业不包分配的中等教育体制。中等教育体制的改革使得中等职业教育的吸引力急速下降，在与普通高中的优秀生源竞争中处于完全的劣势地位，中等职业教育发展逐渐式微。从

1998 年开始，中专毕业不包分配，实行收费上学，加上 1999 年开始高等教育的大规模扩招，很多地区开始将办学质量好的中等职业学校转型为高等职业学校甚至是普通高等学校，使得中等职业教育的优秀办学主体被剥离，中等职业学校面临着极大的办学困顿与危机。基于上述多种因素，1999 年中职招生开始持续下降，2000 年招生仅为 408 万人，比 1998 年减少 122 万人，2001 年中职招生占高中阶段教育招生总数的比例降至 43%。

在此背景下，一方面，中等职业学校开始积极进行办学改革。1999 年，教育部下发《关于调整中等职业学校布局结构的意见》，意在通过 2—3 年的努力，初步建立起面向二十一世纪、专业门类齐全、办学质量和整体效益好、适应社会主义市场经济体制和现代化建设需要的中等职业学校布局结构。2010 年，教育部印发实施《中等职业学校专业目录（2010 年修订）》和《中等职业学校专业设置管理办法（试行）》，促进中等职业学校专业设置与经济社会发展、产业发展、职业变化更加紧密，进一步增强中等职业教育的针对性、适应性。

另一方面，在 2002—2005 年，国务院连续召开了三次全国职业教育工作会议，先后作出了国务院《关于大力推进职业教育改革与发展的决定》（2002 年）、国务院七部委《关于进一步加强职业教育工作的若干意见》（2004 年）、国务院《关于大力发展职业教育的决定》（2005 年），从国家政策层面对职业教育进行调整和推动。2002 年，《决定》再次重申"要以中等职业教育为重点，保持中等职业教育与普通高中教育的比例大体相当，扩大高等职业教育的规模"。2005 年《决定》对招生规模提出明确要求，"到 2010 年，中等职业教育招生规模达到 800 万人，与普通高中招生规模大体相当"。一系列文件政策的颁发成为中等职业教育走出低谷的重要推动力，在政策的大力推动下，中等职业教育滑坡趋势逐渐扭转，2002 年，中国中职招生473.55万人，经过2005年、2006年、2007年连续三年每年100万人扩招，到2007年中等职业学校招生已达810万人，并在2009年再度达到峰值，招生868.52万人，占高中阶段招生比例的51.12%。

一系列文件的颁布，从国家层面明确了职业教育的地位作用、宗旨导向、体系建设、培养模式和目标任务。这样，经过1997—2002年的滑坡和政策重构，职业教育走上了理念明确、支持系统逐渐成形的发展道路。

**2. 明确高职办学定位，高等职业教育体系初步形成**

1998年，对中国高职教育而言是个具有特殊历史意义的年份。这一年，高等职业教育进入规模大发展阶段，教育部积极响应中共中央和国务院"要大力发展高等职业教育"的决策，提出"多渠道、多规格、多模式发展高职教育"的要求，并拨出了11万个招生指标，在20个省市用于试点发展高职教育。1999年1月，为了逐步把高等职业教育的招生计划、入学考试和文凭发放等方面的责权放给省级人民政府和学校，便于省级人民政府在国家宏观指导下，对本地区高等职业教育的现有资源进行统筹，教育部、国家计划委员会印发《试行按新的管理模式和运行机制举办高等职业技术教育的实施意见》（以下简称《意见》）。《意见》提出：毕业生不包分配，不再使用《普通高等学校毕业生就业派遣报到证》，国家不再统一印制毕业证书内芯，以学生缴费为主（简称"三不一高"）的政策。《意见》还明确提出，高职教育可由短期职业大学、职业技术学院、具有高等学历教育资格的民办高校、普通高等专科学校、本科院校内设立的高等职业教育机构（二级学院）、经教育部批准的极少数国家级重点中等专业学校、办学条件达到国家规定合格标准的成人高校等符合《高等教育法》和《职业教育法》的规定，并达到相应的国家规定标准的高等教育机构承担。此项改革的目的是改变传统的专科人才培养模式，加快专科教育向高等职业教育转变的步伐。"三不一高"政策是中国高职教育进入快速发展时期的重要标志。至此，"六路大军"办高职的局面基本形成。

2000年起，面对高职教育规模的迅速扩大，教育部陆续发布《高等职业学校设置标准（暂行）》《新世纪高职高专教育人才培养模式和教学内容体系改革与建设项目计划》《关于加强高职高专教育人才培养工作的意见》和《关于在高职高专教育中开展专业教学改革试点工作的通知》等文件，提出了中国高职高专教育的办学指导思想、人才培养工作重点和工作思路，开始加强学校教学基本建设和教学管理。

2004年，为了坚持高等职业教育的科学定位，教育部颁发《教育部关于以就业为导向 深化高等职业教育改革的若干意见》，主要解决了高等职业教育的办学定位问题，第一次提出了高等职业教育的发展思路"以服务为宗旨，以就业为导向，走产学研结合的发展道路"。这标志着高等职业教育的发展逐渐从规模扩张转向注重质量提升、内涵发展，并且把就业作为高职办学的最终目的和根本要求。

在一系列政策的推动下，1998—2003年，高职的年招生数从43万人增加到200万人，增长3.7倍，占普通高校当年招生数的52.3%，占据了高等教育的"半壁江山"，基本形成了每个地市至少有一所高等职业院校的格局。到2011年，中等职业学校13177所，在校生2197万人；高等职业学校1280所，在校生744万人。中等、高等职业学校在校生总数近3000万人。中国建立了世界上最大规模的职业教育体系。中等职业教育和高等职业教育分别占高中阶段教育和高等教育总规模的半壁江山。职业教育的办学方向和改革思路日益明晰，特色日趋鲜明，一个具有中国特色的、充满生机和活力的职业教育体系初步形成。

## （二）农村职业教育的发展

改革开放之初，党和国家在组织各项工作中强调以经济建设为中心，逐渐从计划经济阶段过渡到市场经济阶段，教育服务"三农"的力度不断加强，强调农村职业教育为农村社会发展服务，农村职业教育也得到逐步恢复和发展。进入二十一世纪后，随着经济的发展，城乡一体化日益加快，"打工经济"逐步兴起，农村职业教育的发展面临着农村职业教育培养的人才进一步为农村经济发展服务、帮助农村富余劳动力实现有效的劳动转移、与城市职业教育统筹发展等诸多现实的挑战。[①]

《中华人民共和国职业教育法》提出，各级人民政府可以将农村科学技术开发、技术推广的费用，适当用于农村职业培训。2003年，《国务院关于进一步加强农村教育工作的决定》中明确了"坚持为'三农'服务的方向，大力发展职业教育和成人教育，深化农村教育改革""就业导向""办学模式改革""农村劳动力转移培训""进城务工人员培训"等主题词进入农村职业教育的相关政策文件。当时农村职业教育的发展主要通过两条路径。一是通过"三教统筹""农科教相结合"。"三教统筹"和"农科教相结合"强调的是农村的基础教育、职业教育、成人教育都要为农村服务，农业、科技、教育统筹发展，目的是将农民和土地、农村劳动者和科学技术进行有效结合，解放和提升农村劳动力。2002年，《国务院关于大力推进职业教育改革与发展的决定》强调：要根据现代农业发展和经济结构调整的需要，继续推进农科教结合和基础教育、职业教育、成人教育的"三教统筹"；农村职业学校要加强与企业、农业科研和科技推广单位的合作，发

---

[①] 祁占勇，杨文杰.改革开放40年来农村职业教育政策的演进逻辑与展望[J].《中国职业技术教育》，2018（27）：43—50.

挥专业优势，实行学校、公司、农户相结合，推动农业产业化发展；建立县、乡、村三级实用型、开放型的农民文化科技教育培训体系，把职业学校和成人学校办成人力资源开发、技术培训与推广、劳动力转移培训和扶贫开发服务的基地。二是通过县级职教中心办学模式。2005 年，《国务院关于大力发展职业教育的决定》明确规定"每个县（市、区）都要重点办好一所起骨干示范作用的职教中心（中等职业学校）"；国家要重点扶持建设 1000 个县级职教中心。此后几年，全国建设一大批县级职教中心并产生广泛影响。县级职教中心办学模式的主要特点是"综合性、多功能"，县级政府可以综合协调县域内职业教育各机构的资源，统筹农业、科技、教育、劳动各部门资源，通过集团模式、联合模式、示范校模式，合理配置农村职业教育资源，最大限度增强农村职业教育水平。具有"政府统筹，部门联办，教育协调，一校多制"的管理机制、多渠道的经费投入和"上挂、横联、下辐射"的农科教结合机制。

为了更好地促进农村职业教育建设，2008 年，《中共中央关于推进农村改革发展若干重大问题的决定》明确提出，减免农村职业教育费用，增加公共财政投入，使更多的农村人口接受培训，达到农村职业教育发展目标。《国家中长期教育改革和发展规划纲要（2010—2020 年）》提出"加快发展面向农村的职业教育"。"面向农村的职业教育"是服务农业、农村、农民的职业教育，包括在农村的职业教育、农业职业教育和为农村建设培养人才的职业教育与技能培训，强调培养新型农民。上述文件，进一步明确了中国农村职业教育的服务定位与发展方向。2011 年，教育部等九部门联合出台的《关于加快发展面向农村的职业教育的意见》中提出了一系列项目和工程，如"重点办好一批农业职业学校和涉农专业""组建农业职业教育集团"等，继承了三教统筹、农科教结合等农村职业教育发展的经典思想与理念，有力推动了农村职业教育基础能力和保障条件建设，提升了农村职业教育支撑现代农业发展和新农村建设等方面的服务能力。

### （三）职业教育迈入内涵建设阶段

#### 1. 人才培养工作评估

2001年6月，教育部首次对沈阳电力高等专科学校等教学工作优秀学校进行试点评估。这次试评旨在逐步树立一批高职教育的先进典型，运用典型的样板作用，进一步推动高职教育的发展。之后教育部决定，为了加强质量监控工作，从2003年开始，建立5年一轮的教学工作评估制度，2004—2008年为高职院校人才培养工作水平评估的第一个周期。高职教育评估促进了高职院校的规范管理和发展，同时高职院校利用第一轮评估中硬碰硬的指标要求（不达标就不合格），建立完善了高等学校内部管理的制度文件，有效解决了学校的占地问题、编制问题、投入问题。

2008年4月，教育部印发《高等职业院校人才培养工作评估方案》宣告第二轮的高职院校人才培养工作评估正式启动。《方案》要求从2008年开始，各地原则上应依据评估方案开展独立设置的高等职业院校评估工作，评估方案公布前已进行过评估的院校和"国家示范性高等职业院校建设计划"立项建设单位可在2010年后安排评估。新的评估方案进一步强化了高职院校人才培养的特色，按照"以服务为宗旨，以就业为导向，走产学结合发展道路"的办学要求，坚持"以评促建，以评促改，以评促管，评建结合，重在建设"的方针，通过对《高等职业院校人才培养工作状态数据采集平台》数据的分析，全面了解学校的实际情况。

2012年，教育部印发18个专业大类410个高等职业教育专业教学标准，对相应高职招生对象、学制与学历、就业面向、培养目标与规格、职业证书、课程体系与核心课程、专业办学条件和教学建议、继续专业学习深造建议等提出了具体要求，进一步完善了高等职业教育教学基本建设，促进了高职教育人才培养质量的提高。

### 2. 示范校、骨干校建设及本科层次技术技能人才培养的探索

2005年11月，全国职业教育工作会议在北京召开，会议首次提出要发展中国特色职业教育，建立和完善中国特色的现代职业教育体系。2006年教育部又下发了《关于全面提高高等职业教育教学质量的若干意见》，明确指出当时高职教育发展的重点是加强内涵建设，提高教育质量，明确高职教育的教学改革内容，指出面临的教学、人才培养的主要问题是学生的实践能力培养不够突出，要通过开放的思路和校企合作解决问题。

2006—2008年，教育部、财政部先后评选出了首批28所、第二批42所、第三批30所"国家示范性高等职业院校建设计划"立项建设院校。2010年，教育部、财政部又确定100所高等职业院校为"国家示范性高等职业院校建设计划"骨干高职院校立项建设单位，分三批开展项目建设工作。同年，教育部、人社部、财政部联合印发《关于实施国家中等职业教育改革发展示范学校建设计划的意见》，提出建设1000所国家中职示范校。示范（骨干）学校建设带动和影响了全国职业院校的改革与发展，尤其是高等职业教育的办学实力、服务水平和辐射能力显著增强，逐渐成为引领职业教育发展的重要力量。

2010年，党中央、国务院召开二十一世纪第一次全国教育会议。胡锦涛同志在会上强调坚持优先发展教育，推动教育事业科学发展，建设人力资源强国，为全面建设小康社会、加快推进

社会主义现代化建设提供更有力的人才保障和人力资源支撑。之后江苏、浙江等产业经济较为发达的地区,为满足区域经济对高素质技能人才的迫切需求,开始了优质中等职业学校与专科层次高等职业院校合作培养专科层次高技能人才,以及优质专科层次高等职业院校与普通本科学校联合培养本科层次高技术技能人才的实践探索。

### 3. 职业院校办学条件得到实质提升

2004—2010年,教育部和财政部联袂实施的职业教育实训基地建设计划,是中国历史上由中央财政大规模支持职业教育的第一个重大项目。七年间,中央财政安排专项资金78.6亿元,支持职业院校建设了4500余个实训基地。为充分发挥示范骨干高职院校优质资源辐射功能,教育部于2010年启动专业教学资源库项目,至2012年中央财政投入1.7亿元,支持建设了28个专业教学资源库。2011年,教育部、财政部启动支持高等职业学校提升专业服务产业发展能力项目,中央财政投入专项资金40亿元,支持全国976所独立设置公办高等职业学校重点建设了1812个专业。中央财政的大力支持,为推进全国职业院校的基础能力建设、教育教学改革、办学模式创新起到了重要的"点火"作用,引领带动各地加大对职业教育的投入,切实提升了技术技能人才培养质量,提高了服务经济社会发展能力。

2014年,第七次全国职业教育工作会议召开,习近平总书记专门对职业教育工作作出重要指示,指出职业教育是国民教育体系和人力资源开发的重要组成部分,是广大青年打开通往成功成才大门的重要途径,肩负着培养多样化人才、传承技术技能、促进就业创业的重要职责,必须高度重视、加快发展,强调各级党委和政府要把加快发展现代职业教育摆在更加突出的位置,更好地支持和帮助职业教育发展,为实现"两个一百年"奋斗目标和中华民族伟大复兴的中国梦提供坚实人才保障。

改革开放后的 30 余年，中国职业教育累计为国家输送了两亿多高素质劳动者和技能型人才，形成了基本完善的职业教育法律制度体系，探索了灵活多样的职业教育办学模式，确立了覆盖广泛的职业教育学生资助体系，为中国实现从人口大国向人力资源大国的转变作出了不可替代的历史贡献。

## 第二章

# 步步精彩

## 本章概要

  二十世纪初,高等职业教育的跨越式发展对完善中国高等教育结构,实现高等教育大众化发挥了积极作用。进入新时代,特别是党的十九大以来,以习近平同志为核心的党中央对职业教育重视的程度之高前所未有,推动职业教育改革发展的力度之大前所未有。职业教育作为教育综合改革的突破口,围绕"下一盘大棋,打一场翻身仗",强化顶层设计,注重政策供给,确立了"三步走"的发展思路,推动职业教育从注重规模到深化内涵、从参照办学到类型教育、从强大自身到面向社会转型发展,坚定不移走中国特色职业教育类型发展道路,书写了新时代职业教育波澜壮阔的精彩画卷。

  第一步:从自身审视职业教育,坚持项目引领,实施专项计划,推动职业教育从注重规模到深化内涵发展。经过长期探索实践,中国职业教育取得长足进步,跨过了规模扩张的历史阶段,开启了以深化内涵建设为主要任务的新征程。国家职业教育政策供给注重把握公平与效率的关系,通过点面改革交替、协同推进,创造了高质量发展的生动实践。一方面,以项目建设为引领,相继实施示范校、骨干校、优质校、双高计划,扶优扶强,在点上示范打造品牌特色,助推一批优秀高职院校成为改革的示范、发展的示范和管理的示范。另一方面,以专项计划为引擎,接续开展创新发展行动计划、管理水平提升行动计划、提质培优行动计划,以面上改革推动整体发展。两类改革举措沿着既定方向,一脉相承、互为支撑、相互促进,实现了职业教育从典型引路到全面质量提升的持续迭代升级。

第二步：从教育体系审视职业教育，出台"硬核"文件，召开全国职业教育大会，修订《职业教育法》，推动职业教育从参照办学到类型教育发展。《国家职业教育改革实施方案》首次以国家文件形式确立职业教育类型的基本定位。全国职业教育大会进一步明确了巩固职业教育类型地位的决策部署。《职业教育法》的系统修订，为职业教育作为类型教育提供了法律保障。这些政策制度和法律法规的出台，使中国职业教育的类型地位不断发展和巩固，树立了更加鲜明的类型特征，推动职业教育面貌发生格局性变化。

第三步：从经济社会视角审视职业教育，实施高职扩招，加强职业培训，开展部省共建，推动职业教育从强大自身到面向社会，提升服务发展能力和社会吸引力。全国职业教育大会创造性提出建设"技能型社会"的理念和战略，并将职业教育作为支撑"技能型社会"的重要力量。改革开放以来，职业教育通过强化自身建设，为经济社会发展提供了有力的人才和智力支撑，具备了进一步提升服务发展能力的良好基础。党的十八大以来，职业教育更加聚焦社会需求，融入经济社会发展大局，面向社会大众实施高职扩招打开学校大门，充分发挥人力资源开发作用，促进"六稳""六保"；落实职业院校学历教育和职业培训并举的法定职责，针对企业员工和重点群体开展职业技能培训，助力提高劳动者素质和职业技能水平；推行部省共建职业教育创新发展高地，加大制度创新和政策供给，推动职业教育成为经济活动的内生变量，更好地服务区域经济社会发展。

在中国共产党的领导下，伴随经济和社会的发展，中国职业教育历经百年发展，取得了长足进步。进入新时代，在习近平新时代中国特色社会主义思想指引下，党和国家高度重视职业教育，全面加强党的领导，强化顶层设计，注重政策供给，为职业教育改革发展举旗定向、擘画蓝图，推动中国职业教育铿锵有力地迈上从规模扩张到内涵发展、从层次教育到类型教育的发展道路，中国职业教育迎来了大改革大发展的黄金时期。特别是党的十九大以来，党和国家以前所未有的力度推动职业教育改革发展，将职业教育改革作为教育综合改革突破口，进一步优化政策供给水平，完善体制机制，加强制度创新，提升服务水平，将习近平总书记关于职业教育的重要论述和对职业教育"前途广阔，大有可为"的殷切期盼，转化为坚定不移走中国特色职业教育类型发展道路，加快实现高质量发展的生动实践。

## 第一节
## 从注重规模到深化内涵

2014年，习近平总书记就加快职业教育发展作出重要指示，强调"要牢牢把握服务发展、促进新业的办学方向，深化体制机制改革，创新各层次各类型职业教育模式，坚持产教融合、校企合作，坚持工学结合、知行合一，引导社会各界特别是行业企业积极支持职业教育，努力建设中国特色职业教育体系"，为职业教育内涵发展指明了方向。党的十八大以来，职业教育规模基本稳定，年招生数在1000万人、在校生数在3000万人窄幅震荡，职业教育已经跨过规模扩张的历史阶段，开启了以深化内涵建设为主要任务的新征程。在这个时期，职业教育政策供给注重把握公平与效率的关系，点上示范、面上改革，交替推进，形成协同优势。示范校、骨干校、优质校、双高计划通过扶优扶强，助推一批优秀高职院校成为改革的示范、发展的示范和管理的示范，取得了显著的改革成效。创新发展行动计划、管理水平提升行动计划、提质培优行动计划适应职业教育改革发展大势，沿着既定改革方向，与点上改革一脉相承，实现了职业教育改革从典型引路到全面质量提升的转型升级。

### 一、项目引领：以点上的示范打造品牌特色

2019年，教育部、财政部启动实施中国特色高水平高职学校和专业建设计划，这是继国家示范校、骨干校、优质校建设

后，推动职业教育内涵发展的又一具有战略意义的重大举措。实践证明，在中国职业教育发展过程中，项目引领、扶优扶强、率先突破、带动整体是快速提升发展水平的重要经验。通过以上一系列重大项目建设和实施，职业教育有针对性地破解职业教育在发展中的瓶颈问题，一批综合实力强、改革力度大、办学特色鲜明的职业学校快速成长，带动提升了中国职业教育的整体水平，形成中国特色职业教育的发展模式，打造中国职业教育的国际品牌。

### （一）示范校：形成职教特色办学模式，增强职业教育社会美誉度和影响力

中国高职院校办学条件还相对较差，"双师型"教师数量不足，质量保障体系不够完善，办学机制改革有待突破，这些严重制约了高等职业教育的健康发展。为在全国高职院校中树立改革示范，国家在"十一五"期间实施了国家示范性高等职业院校建设计划，以加强高职院校基础能力建设为切入点，加强内涵建设，提高教育质量，增强培养面向先进制造业、现代农业和现代服务业高技能人才的能力。

被列为国家示范校的建设单位，除了领导能力领先、综合水平领先、教育教学改革领先、专业建设领先、社会服务领先，具有良好的建设环境外，还要求在提高示范院校整体水平、推进教学建设与教学改革、加强重点专业建设、增强社会服务能力、创建共享型专业教学资源库等方面取得实质性突破，在办学实力、教学质量、管理水平、办学效益和辐射能力等方面有较大提高，力争做发展的模范、改革的模范、管理的模范，培养一批高职院校内涵发展的"领头羊"，逐步形成结构合理、功能完善、质量优良的高等职业教育体系，更好地为经济建设和社会发展服务。

如果说"211工程"是国家面向二十一世纪高等教育的发展

工程，那么"示范性高等职业院校建设计划"就是国家新时期新阶段高等职业教育的改革工程和质量工程。五年中，国家分三批重点在制造、建筑、能源化工、交通运输、电子信息、农林牧渔和服务业等领域遴选了100所示范高职院校的409个专业按年度支持重点建设。中央财政共分期投入约25亿元，带动地方财政投入60余亿元、行业企业投入近15亿元。如此大规模的高等职业院校建设计划，在中国职业教育发展历史上是第一次，充分体现了党和国家对高等职业教育发展的重视和支持。

此外，2010年，教育部、人力资源社会保障部、财政部启动国家中等职业教育改革发展示范校建设，累计投入100亿元，重点支持1000所中职学校改革创新，形成了一批代表国家职业办学水平的中等职业学校。这些学校通过改革示范建设，率先成为全国中等职业教育改革创新的示范、提高质量的示范和办出特色的示范，在中等职业教育改革发展中发挥了引领和辐射作用，进一步提高了服务经济社会发展的能力。

作为职业教育的一种"非均衡发展战略"，示范校建设以项目促进改革，在实践教学、工学结合、校企合作等方面的改革和探索，形成了具有职业教育特色的办学模式，改变了长期以来大家对于高等职业教育是普通本科教育的"压缩饼干"、中职教育是低质量教育的认识，成就了职业教育改革优势，增强了职业教育的社会美誉度和影响力。

### （二）骨干校：深化体制机制改革，切实优化职业教育发展政策环境

为更好地适应中国走新型工业化道路，实现经济发展方式转变、产业结构优化升级，建设人力资源强国发展战略的需要，教育部、财政部2010年决定继续推进"国家示范性高等职业院校建设计划"实施，新增100所国家骨干高职院校，扩大国家重

点建设院校数量，加快高等职业教育改革与发展，全面提高人才培养质量和办学水平，更好地发挥高职院校在培养高素质高级技能型专业人才，促进就业、改善民生，构建终身教育体系和建设学习型社会等方面的重要作用。

国家骨干校建设将示范校建设中发现的体制机制、环境政策、教师资源和服务能力等制约因素作为新一轮改革的重要方面，强调以创新办学体制机制为突破口，以专业建设为核心，以内涵建设为重点，以提高人才培养质量和办学水平为目标，推进合作办学、合作育人、合作就业、合作发展，增强办学活力，深化教育教学改革，优化专业结构，加强师资队伍建设，完善质量保障体系，深化内部管理运行机制改革，增强高职院校服务区域经济社会发展的能力，实现行业企业与高职院校相互促进，区域经济社会与高等职业教育和谐发展。

通过国家示范（骨干）高职院校建设计划实施，一批高水平院校快速成长，职业教育的政策发展环境不断优化。项目院校的办学实力、管理水平和培养质量显著提升，为职业教育创新发展发挥了示范引领作用。一些地方政府陆续实施企业支持职教地方税收优惠、实习实训安全责任分担等政策，健全教师专业技术职务评聘办法与培训、顶岗实习工伤保险补贴等制度。全国31个省（区、市）均建立了高职生均拨款制度，部分地方还出台了高职学生企业实习财政补贴经费等制度。中央财政专项投入45亿元，也拉动地方财政、行业企业分别投入90亿元、28亿元，2015年项目院校生均财政经费1.3万元。在该计划带动下，各地积极开展省级示范和骨干院校建设项目，先后建设了281所省级示范（骨干）院校，中央和地方两级优质高职院校数达到全国高职院校总数的40%，形成了以国家示范高职院校为引领、国家骨干高职院校为带动、省级重点建设高职院校为支撑的发展格局，带动了全国高职院校的改革与发展。

## （三）优质校：强化办学内涵建设，推动职业院校特色化创新发展

经过多年的努力和发展，中国职业教育办学规模世界最大，体系框架基本形成，公平作用日益彰显，对外开放不断扩大，站在了新的历史起点。但是，依然存在体量大而不强、校企合作不深、质量有待提高、体系有待完善等问题，还不能很好地满足人民群众和经济社会发展对优质、多层、多样职业教育的迫切需要。

2015年，《高等职业教育创新发展行动计划（2015—2018）》（教职成〔2015〕9号）描绘了建设优质校的基本愿景："建设一批办学定位准确、专业特色鲜明、社会服务能力强、综合办学水平领先、与地方经济社会发展需要契合度高、行业优势突出的优质专科高等职业院校。"其核心描述是"综合办学水平领先"。优质校建设方向是"持续深化教育教学改革、大幅提升技术创新服务能力、实质性扩大国际交流合作、培养杰出技术技能人才，增强专业教师和毕业生在行业企业的影响力，提升学校对产业发展的贡献度，争创国际先进水平"。①

全国32个省（自治区、直辖市）均启动了优质校建设项目，其中29个发文确定优质学校建设单位名单并给予重点支持，已立项建设的省级"优质院校""一流院校""卓越院校"增至490所，占全国高职院校总数超三成。在实行存量改革、打破身份固化、激发建设活力的政策引导下，优质校建设实际推动了高职院校重新"洗牌"。有57所国家示范（骨干）高职院校未进入教育部认定的200所优质校建设名单，充分说明"示范""骨干"不是衡量学校优劣的永久标签。经过三年建设，优质校基础条件显

---

① 教育部关于印发《高等职业教育创新发展行动计划（2015—2018年）》的通知，中华人民共和国教育部政府门户网站：http://www.moe.gov.cn。

著改善，杰出技术技能人才培养质量显著提升，技术创新服务能力和对产业发展的贡献度明显提升，国际合作水平和影响力明显增强，企业深度参与院校办学的能力显著增强。有 80% 的国家优质校在后期申报了"双高计划"，成为未来"双高计划"实施的绝对主力，夯实了高水平高职院校创新发展的基础。

建设优质高职院校是示范高职院校建设的深化与拓展，是高等职业教育"扶优扶强"政策的延续，是新时代高等职业教育内涵建设的重要内容。通过优质院校建设，职业教育办学体制、机制和培养模式进一步优化，加速形成核心竞争力，推动职业教育实现规模、速度、质量和效益均衡的高质量发展，进一步集聚了优质职业教育资源，激发了高等职业教育办学活力，推动高等职业院校特色化创新发展，使职业教育更好地服务国家发展战略和产业革命。

### （四）双高校：着力提升服务贡献能力，舞起新时代职业教育发展的"龙头"

虽然中国教育发展取得了显著成就，但与建设现代化经济社会体系、建设教育强国的要求相比，还存在着诸多问题和困难。要破解这些发展难题，迫切需要通过建设一批引领改革、支撑发展、中国特色、世界水平的高职学校和专业，把职业教育改革发展的"龙头"舞起来，创造能复制、可借鉴的改革经验和模式，引领职业教育高质量发展。实施"双高计划"，是服务产业转型升级培养高素质技术技能人才的时代要求，也是深化职业教育改革引领高质量发展的重要抓手。

"双高计划"在设计规划上，注重高水平和可持续。一是高规格定位。围绕办好新时代职业教育的新要求，将"双高计划"作为落实"职业教育与普通教育是两种不同教育类型，具有同等重要地位"的制度设计，通过集中力量打造一批技术技能人才培养高地和技术技能创新服务平台,支撑国家重点产业、区域支柱产业发展,引领新时代职业教育实现高质量发展。二是分阶段规划。对标国家经济社会中长期发展规划,对表国家职业教育改革、中国教育现代化进程,分阶段规划了两个阶段性目标。提出到2022年,一批高职学校和专业群办学水平、服务能力、国际影响显著提升,形成一批有效支撑职业教育高质量发展的政策、制度、标准;到2035年,一批高职学校和专业群达到国际先进水平,形成中国特色职业教育发展模式。三是系统化设计。"双高计划"发文计划包括一个《意见》、两个《办法》、三个《通知》,在制度上全面保证建设成效。其中,《关于实施中国特色高水平高职学校和专业建设计划的意见》(教职成〔2019〕5号)立足于"建",明确学校改革发展任务和中央地方保障举措;《遴选管理办法》立足于"选",明确遴选条件和程序,公开申请、公平竞争、公正遴选;《绩效评价办法》立足于"管",突出过程管理、动态调整,保证建设绩效;启动前发布通知明确申报要求,遴选结束后发布通知公布遴选结果,建设期结束发布通知公布验收结果。四是全方位改革。"双高计划"通过建立持续支持高水平高职学校和专业群建设的机制,着力破除制约职业教育发展的体制机制难题。在改革发展任务上聚焦人才培养和专业建设,部署了"1个加强""4个打造"和"5个提升"等10条改革任务,"1个加强"指加强党的建设,是出发点;"4个打造"指打造技术技能人才培养高地、技术技能创新服务平台、高水平专业群、高水平双师队伍,是建设任务,"5个提升"指提升校企合作水平、服务发展水平、学校治理水平、信息化水平、国际化水平,是具体目标。在组织实施上建立自上而下、多方参与、协同推进的工作机制,中央、地方、学校各自在职责范围内同向推进改革,不断优化改革发展环境。

目前,已进入第一轮国家"双高计划"建设的197家单位,

包括 56 所高职学校入选高水平学校建设单位和 141 所高职学校入选高水平专业群建设单位，社会各界普遍认为入选的立项学校基础条件好、改革动力足、发展势头强。立项学校的布局既体现质量也兼顾均衡，与各省（自治区、直辖市）职业教育发展水平基本吻合。立项的 253 个专业群覆盖了 18 个高职专业大类，布点最多的五个专业大类分别是装备制造大类、交通运输大类、电子信息大类、财经商贸大类、农林牧渔大类。专业群服务面向的产业布局与国家和区域产业结构基本吻合，面向战略性新兴产业的专业群有 75 个，面向现代服务业的 71 个，面向先进制造业的 63 个，面向现代农业的 23 个，其他 21 个。

"双高计划"将更加突出服务发展，推动高职教育紧扣国家和区域发展战略、紧跟社会需求、紧贴行业企业，通过提高人才培养水平，服务现代农业、先进制造业、现代服务业、战略性新兴产业，助力经济社会高质量发展；更加突出国际视野，集聚中国优质职业教育资源，坚持"请进来"与"走出去"相结合，通过院校合作、校企合作、政府援外等方式，发挥和运用好比较优势，探索与中国企业和产品"走出去"相适应的职业教育国际化模式，与国际社会共享中国职业教育模式、标准和资源，推动职业教育与中国经济发展和国际地位相匹配。

## 二、专项计划：以面上改革推进整体发展

通过以上一系列先行改革项目，中国职业教育形成了一批新模式、好经验，涌现了一批好学校、好成果。但是职业教育整体"底子弱""底盘低"的问题尚未解决，"学校体系健全""办学条件达标"等兜底工程没有抓手、施工进度缓慢，一些起步晚的学校参与改革的积极性不高，部分地方主体责任落实不到位。职业教育先后以创新发展、管理水平提升、提质培优为主题开展专项

行动计划，坚持扶优扶强与提升整体保障水平相结合，推动全体职业院校积极参与，推动职业教育从点到面的整体提升。

## （一）实施高等职业教育创新发展行动计划

高等职业教育经过四十多年的蓬勃发展，已经成为中国高等教育的半壁江山，为实现高等教育大众化发挥了基础性和决定性作用，成为加快推进现代职业教育体系建设的中坚力量。在新形势下，高等职业教育的发展和管理也面临新的挑战，一方面是落实"简政放权，放管结合，优化服务"的政府职能转变、适应财税体制改革要求，需要切实加强省级教育统筹，改进对高等职业教育的管理方式。另一方面，部分高等职业院校依然存在着办学定位不清晰、培养模式不符合技术技能人才培养规律、教师队伍素质不能适应科学技术变革创新步伐、实习实训条件不足等问题，不能满足"中国制造2025"等重大国家战略对技术技能人才提出的新要求。在此背景下，教育部启动实施《高等职业教育创新发展行动计划（2015—2018年）》（以下简称《创新发展行动计划》），进一步优化高职教育培养结构，加快完善高职发展机制，保证提升发展质量，提高高职教育服务国家发展战略的能力。

《创新发展行动计划》聚焦"创新发展"，明确了扩大优质教育资源、增强院校办学活力、加强技术技能积累、完善质量保障机制、提升思想政治教育质量五大发展目标，以优质学校、骨干专业等重点项目为"支柱"重点突破，以教师队伍、优质资源等核心能力建设为"栋梁"横向支撑，架构了高职教育创新发展的主体框架，以细化的65个工作任务和22个建设项目为抓手，创新形成"教育部规划管理，省级统筹保障，院校自主实施"的高等职业教育管理模式，持续深化教育教学改革，大幅提升技术创新服务能力，实质性扩大国际交流合作，全面综合国家对高等职业教育发展的各方面要求。

《创新发展行动计划》以重点项目为引领,在发展动力、发展模式、办学状态、评价体系、教师队伍、社会服务方面,高职教育对地方和产业发展的贡献度持续提升,推动高职教育新一轮创新发展,取得了显著的成效。三年中,全国共启动建设优质学校490所,骨干专业4918个、校企共建生产性实训基地1933个、省级协同创新中心727个,27个省(自治区、直辖市)建设了855个"双师型"教师培养培训基地,立项建设了112个国家级资源库。在制造业十大重点产业相关专业新增专业点1253个,年度招生43万人。在先进制造业、战略性新兴产业和现代服务业等领域,一线新增从业人员70%以上来自职业院校毕业生,职业教育社会认可度显著提升。探索与中国企业和产品"走出去"相配套的职业教育发展模式,与"一带一路"沿线国家开展351项国际合作,学历教育学生近6000人、培训超10万人次。

《创新发展行动计划》作为教育部第一个专门针对高职教育全面系统规划改革发展的指导文件,适应高职改革发展大势,沿着既定改革方向、与示范(骨干)高职院校建设计划一脉相承、逐步推进,实现了高职教育改革从典型引路到全面质量提升的转型升级。同时,《创新发展行动计划》为高职教育战线落实《国家职业教育改革实施方案》各项任务、加快推进"双高计划"实施,凝聚了创新共识、夯实了发展基础、储备了改革动力,成为高职教育承前启后、持续提升的重要行动,在高职教育发展历史中书写了重要一页。

### (二)实施职业院校管理水平提升行动计划

提升管理水平是促进职业院校内涵发展的现实要求,是提高人才培养质量的重要保障。与加快推进依法治教和治理能力现代化的新要求相比,职业院校在管理的理念、能力和信息化水平等方面仍有差距,迫切需要围绕重点领域开展专项治理的基础上,进一步更新管理理念、完善制度标准、创新运行机制、改进方式方法、提升管理水平。教育部实施《职业院校管理水平提升行动计划（2015—2018年）》（教职成〔2015〕7号）（以下简称《管理水平提升行动计划》），着力提高职业院校管理工作的规范化、科学化、精细化水平，充分发挥管理工作对职业教育发展的推动和保障作用。

《管理水平提升行动计划》坚持问题导向，在职业院校中广泛开展突出问题专项治理、管理制度标准建设、管理队伍能力建设、管理信息化水平提升、学校文化育人创新、质量保证体系完善等有机衔接、互为贯通的六大行动、20项系列活动，对症施治、标本兼治，提高职业院校管理工作的针对性和有效性。明确责任主体，促进职业院校牢固确立以人为本管理理念，逐步完善现代学校制度，不断规范办学行为，不断增强办学活力，努力提高办学质量。强化活动设计，以活动促管理、以活动促落实，提高职业院校广大师生的参与度。注重科研引领，加强现代学校制度、章程、人才培养质量标准及监控等方面的理论与实践研究。

通过实施《管理水平提升行动计划》，职业院校管理工作取得了明显成效。一是政策法规基本落实，在招生管理、学籍管理、教学标准落地、实习管理、平安校园、财务管理等重点领域管理有效加强。二是管理能力大幅提升，管理薄弱环节显著改善，90%以上的学校制定了体现职业院校办学特点的章程和内部管理制度，管理信息化平台和运行机制进一步健全，管理信息化应用能力不断提升。三是质量意识普遍增强，人才培养保障机制基本形成，85.6%的学校建立了专门的教学质量监控与评价机构，建立健全了职业教育年度质量报告制度。

### （三）实施职业教育提质培优行动计划

党的十八大以来，党中央、国务院高度重视职业教育发展，

2019年1月出台《国家职业教育改革实施方案》（国发〔2019〕4号）（以下简称"职教20条"），明确了办好新时代职业教育的施工图，职业教育大改革大发展的格局基本形成，进入爬坡过坎、提质培优的历史关键期。围绕办好公平有质量、类型特色突出的职业教育，2020年9月，教育部、国家发展改革委、财政部等九家国务院职业教育工作部际联席会议成员单位联合印发的《职业教育提质培优行动计划（2020—2023年）》（教职成〔2020〕7号）（以下简称《提质培优行动计划》），着力系统解决职业教育吸引力不强、质量不高的问题，激发地方改革动力，下沉改革重心。

《提质培优行动计划》以提质培优、增值赋能为主线，一方面以加快体系建设解决"出身不好"的问题；另一方面从以体制机制改革解决"外部不给力"的问题，构建了"教育部宏观管理，省级统筹保障，学校自主实施"推进机制，对三年的改革任务定性、定量，对国家部门、地方、学校明确分工，通过任务驱动和契约管理，引导地方学校从"怎么看"转向"怎么干"，向改革"最后一公里"要效益。

《提质培优行动计划》聚焦体系构建、体制机制改革、内涵建设等关键领域，一体化规划设计五大工程和五大行动，共10项任务，27条举措，56个重点任务（项目）。其中，体系建设方面设计两个工程、一个行动，分别是现代职业教育体系建设工程、服务全民终身学习能力建设工程、职业教育考试招生改革行动；体制机制方面设计两个工程、一个行动，分别是职业教育治理能力提升工程、产教融合校企合作深化工程、职业教育创新发展高地建设行动；提升质量方面设计一个工程、三个行动，分别是职业教育"立德树人"铸魂工程、"三教"改革攻坚行动、信息化2.0建设行动和服务国际产能合作行动。

从2021年1月教育部公布的《提质培优行动计划》任务

（项目）承接情况看，各地以重点任务（项目）为航标，对各任务（项目）、各职业院校分类统筹，层层传导压力，蓄积发展动能，集成特色优势，有效调动了职业院校发展的主动性和积极性，各地竞相承接，省际比学赶超态势初步显现。全国共有4453家职业院校和有关单位承接了《提质培优行动计划》任务（项目），其中，中职学校3116所、高职专科学校1315所、本科层次职业教育试点学校22所。全国各地职业院校承接任务（项目）总布点128042个，拉动31个省（自治区、直辖市）和新疆生产建设兵团预计总投入经费3074.53亿元。具体到56个任务（项目）经费分配上，"遴选300所左右省域高水平高职学校"预计投入经费最多，达到714.45亿元。

下一阶段，推进《提质培优行动计划》高质量实施，需要尽快从应然的认识规划转到实然的推进落实中来，锚定高质量发展方向，在专业、教师、教材、国际化等方面打造一批职教品牌，在职业教育考试招生改革、治理能力提升、产教融合校企合作深化等方面总结一批地方经验，推动职业教育进一步夯实发展基础、增强适应性，进而焕发出更加强大的生机与活力。

## 第二节

## 从参照办学到中国特色

2019年，《国家职业教育改革实施方案》（国发〔2019〕4号）（简称"职教20条"）开宗明义强调："职业教育和普通教育是两种不同的教育类型，具有同等重要地位"，首次以国家文件形式确立了职业教育作为一种教育类型的基本定位。2021年，全国

职业教育大会强调:"优化职业教育类型定位,深入推进育人方式、办学模式、管理体制、保障机制改革",进一步明确了巩固职业教育类型地位的决策部署。同年,《中华人民共和国职业教育法修订草案》提请全国人大常委会审议通过,明确"职业教育与普通教育是不同教育类型,具有同等重要地位",确定了职业教育是类型教育的法定地位。这些政策制度和法律法规的出台,使中国职业教育的类型地位不断发展和巩固,树立了更加鲜明的类型特征,切实推进了职业教育由参照普通教育办学向树立自身类型特征的转变,职业教育面貌发生了格局性变化。

## 一、"职教 20 条":确立类型教育的基本定位

从层次教育到类型教育是职业教育理论和实践战线一直以来的呼吁与追求。"职教 20 条"明确职业教育作为一种教育类型的基本定位,是党和国家对职业教育研究与实践成果的充分肯定,是中国教育理念的一次重大变革,是对教育发展规律、职业教育办学规律、人的全面发展规律的深度把握,揭示了职业教育的独特作用和本质属性。"职教 20 条"基于类型定位,对职业教育改革发展作出了全面部署,通过近几年的改革实践,职业教育在体系建设、标准规范、办学体制机制、培养模式、招生制度等方面类型特色更加鲜明。

### (一)基本建立相对独立的现代职业教育体系

独立的教育体系是类型教育的基础特征,也是彰显职业教育中国特色和现代化水平的显著标志,有利于打通技术技能人才的成长成才通道,让"想就业上职校、抓民生办职校、兴产业找职校"成为社会共识。值得注意的是,中国职业教育体系建设的提法由来已久。1985 年出台的《中共中央关于教育体制改革的决

定》明确提出，要"逐步建立起一个从初级到高级、行业配套、结构合理又能与普通教育相互沟通的职业技术教育体系"。随后，分别于 1986 年、1991 年、1996 年、2002 年、2004 年、2005 年、2014 年召开的 7 次全国职业教育工作会议，均对职业教育体系建设作出专门规划和设计。党的十九大报告提出，要"完善职业教育和培训体系"；"职教 20 条"进一步明确，"完善学历教育与培训并重的现代职业教育体系"；全国职业教育大会强调，加快构建现代职业教育体系，巩固职业教育类型定位，推进不同层次职业教育纵向贯通，促进不同类型教育横向融通。由此可见，国家始终高度重视职业教育体系建设，但建立健全中国特色现代职业教育体系长期处于"点题"到"破题"的进程中。

在新时代背景下，现代职业教育体系的"破题"已取得重大突破，基本构建起纵向贯通、横向融通的现代职业教育体系。职业学校体系结构更加合理、定位更加清晰，职业教育的吸引力大幅提升。在纵向贯通上，巩固中等职业教育的基础地位，强化高等职业教育的主体地位，稳步推进本科层次职业教育试点。特别是 2019 年以来，教育部启动开展本科层次职业教育试点，打破了职业教育止步于专科层次的"天花板"。在横向融通上，加强职业教育、继续教育、普通教育的有机衔接、协调发展。面向在校生和全体社会成员广泛开展职业培训，促进学历教育与非学历培训衔接连通。开展职业技能等级证书制度试点，遴选了 92 个职业技能等级证书。推进社区教育、老年教育建设，确定国家级社区教育实验区 129 个、示范区 120 个，建成 28 所省级老年开放大学。加快学分银行建设，促进资源互享、课程互通、学分互认，畅通各类人才成长通道。

## （二）形成较为健全的标准和制度规范

走好类型教育之路，必须建立特色鲜明的职业教育标准制度体系。标准体系的建设水平是衡量职业教育现代化水平的重要标志。加快国家教育标准体系建设,是巩固职业教育类型地位、实现教育现代化的基础性、战略性工程。

进入新时代以来,党和国家持续推进职业教育标准体系建设,中国职业教育稳步"从笼统要求走向具体要求,从外延标准建设走向内涵标准建设,从非系统化走向系统化",[①]实现人才培养从过去的"参照普通教育做"到现在的"依据专门制度和标准办"。教育部先后发布了包括专业目录、专业教学标准、公共基础课程标准、顶岗实习标准、专业仪器设备装备规范等在内的国家教学标准,这些标准与中等职业学校设置标准、高等职业学校设置标准、本科层次职业学校设置标准、教师专业标准、校长专业标准等共同组成了较为完善的国家职业教育标准体系,涵盖了学校设置、专业教学、教师队伍、学生实习等多个方面。其中包括中职专业 368 个、高职(专科)专业 779 个、本科层次职教试点专业 80 个、修(制)订并发布 347 个高职和 230 个中职专业教学标准、51 个职业院校专业实训教学条件建设标准、136 个专业类顶岗实习标准,基本形成了一套具有中国特色的制度和标准规范,为依法治教、规范办学奠定了基础。

### (三)构建多元参与的办学体制机制

产教融合是职业教育的本质要求,是构建现代职业教育体系的关键。党的十八大以来,党和国家围绕国家发展战略,将产教融合、校企合作作为推动职业教育改革发展的着力点,加强政策供给,创新组织形式,完善运行机制,促进校企合作办学,探索构建了多元参与的办学新格局,形成了办学主体多元、办学形式

---

① 国家教育标准体系研究课题组.国家教育标准体系的发展与完善[J].教育研究,2015,(12):4.

多样、充满生机活力的办学体制机制。

企业和社会力量办学成为职业教育重要组成部分。2016年,《国务院关于鼓励社会力量兴办教育 促进民办教育健康发展的若干意见》(国发〔2016〕81号)指出,鼓励社会力量兴办教育,促进民办教育健康发展,积极引导社会力量举办非营利性民办学校。2017年,《国务院办公厅关于深化产教融合的若干意见》(国办发〔2017〕95号)强调,支持和鼓励行业企业社会力量兴办职业教育的政策导向。2018年,《教育部等六部门关于印发职业院校校企合作促进办法的通知》(教职成〔2018〕1号),通过明确职业学校校企合作的目标原则、实施主体、合作形式、促进措施和监督检查等,建立起校企合作的基本制度框架。2019年,"职教20条"要求,发挥企业重要办学主体作用,鼓励有条件的企业特别是大企业举办高质量职业教育。目前,全国共有职业院校1.14万所,其中企业和社会力量举办的职业院校约占三成,是中国现代职业教育的重要组成部分。

产教融合促进机制逐步健全。一是职业教育集团化稳步发展。集团化办学是近年来中国职业教育领域的重大改革之一,是中国职业教育办学体制机制和办学模式的创新。2015年7月,教育部印发《关于深入推进职业教育集团化办学的意见》(教职成〔2015〕4号),鼓励多元主体组建职业教育集团,深化产教融合、校企合作,激发职业教育办学活力。目前,全国已建成各类职教集团(联盟)近1500个,覆盖了90%以上的高职院校、近50%的中职学校,吸引近3万家企业参与;遴选确定两批共299家示范性职业教育集团(联盟)培育单位。积极开展国家产教融合建设试点工作。2019年,国家发展改革委、教育部等六部门启动国家产教融合建设试点工作,统筹开展产教融合型城市、行业、企业建设试点。目前,63家中央和民营企业列入国家产教融合型企业名单;21个城市申报国家产教融合型城市,

相关认定工作正在有序开展；地方同步探索开展产教融合型企业建设，各地已有 2340 家企业纳入地方产教融合型企业建设培育库。二是强化行业指导。组建新一届全国行业职业教育教学指导委员会，更好地发挥行业指导作用，促进深化产教融合、校企合作，带动更多的优秀企业、行业专家、技术骨干参与职业教育，推进职业教育教学改革，提高人才培养质量。

### （四）创新校企共育的人才培养模式

创新人才培养模式，提高人才培养水平，服务经济社会高质量发展，是国家职业教育政策供给的根本旨归。职业教育是面向人人、面向就业的类型教育，在本质属性上具有鲜明的实践性和社会性等特征，这就要求职业教育要形成符合其自身发展规律的人才培养模式。

推进现代学徒制改革。2014 年，教育部发布实施《教育部关于开展现代学徒制试点工作的意见》，开启了现代学徒制试点工作的序幕。"十三五"期间教育部分三批布局了 558 个现代学徒制试点单位，覆盖 2100 多个专业点，惠及学生超过 13 万人，参与企业 4700 多家，参与人才培养的企业师傅近 3 万人，校企共建以现代学徒制培养为主的特色学院 650 多个，有力推动了校企合作双元育人。在此基础上，教育部办公厅发布《关于全面推进现代学徒制工作的通知》（教职成厅函〔2019〕12 号），推广政府引导、行业参与、社会支持、企业和职业学校双主体育人的中国特色现代学徒制，进一步深化现代学徒制改革。从实施效果来看，现代学徒制试点工作有效整合了学校和企业的教育资源，进一步拓展了校企合作的内涵，推动职业教育和企业行业在人才培养上"捆绑发展"。

深化校企合作双元协同育人。产教融合、校企合作是职业教育的办学基本模式，企业参与办学、参与人才培养是办好职业教育的关键所在。

深化职业学校与地方园区产教协同。《国务院办公厅关于深化产教融合的若干意见》要求深化"引企入教"改革，鼓励企业依托或联合职业学校、高等学校设立产业学院和企业工作室、实验室、创新基地、实践基地；推进职业学校和企业联盟、与行业联合、同园区联结。《国务院关于促进国家高新技术产业开发区高质量发展的若干意见》（国发〔2020〕7号）提出，支持国家高新区以骨干企业为主体，联合高等学校、科研院所建设市场化运行的高水平实验设施、创新基地；支持园区内骨干企业等与高等学校共建共管现代产业学院，培养高端人才。

深化校企协同人才培养模式改革。《国务院办公厅关于深化产教融合的若干意见》要求，在技术性、实践性较强的专业，全面推行现代学徒制和企业新型学徒制，推动学校招生与企业招工相衔接，校企育人"双重主体"，学生学徒"双重身份"，学校、企业和学生三方权利义务关系明晰，实践性教学课时不少于总课时的50%。"职教20条"提出，深化复合型技术技能人才培养培训模式改革，启动1+X证书制度试点工作；借鉴"双元制"等模式，总结现代学徒制和企业新型学徒制试点经验，校企共同研究制订人才培养方案，及时将新技术、新工艺、新规范纳入教学标准和教学内容，强化学生实习实训。在国家政策支持推动下，中国职业教育人才培养路径、模式逐渐清晰，逐步探索出一条符合自身特色的产教融合、校企合作发展道路，并在走向制度化、规范化的过程中，成为中国职业教育人才培养模式的主要特征。

### （五）建立分类考试招生制度

在类型发展实践中，中国职业教育考试招生制度不断改进完善，形成了相对完整的考试招生体系，为学生成长、国家选才、社会公平作出了历史性贡献，对提高教育质量、提升国民素质、促进社会纵向流动、服务国家现代化建设发挥了不可替代的重要作用。

改革中等职业教育考试招生制度。推进中等职业学校考试招生制度改革是贯彻党的教育方针、培养适应经济社会发展的各类人才的重要举措。为推进考试招生制度改革，探索招生和考试相对分离的考试招生运行机制，2013年11月，党的十八届三中全会通过《中共中央关于全面深化改革若干重大问题的决定》，对考试招生制度改革作了全面部署，明确提出"加快推进职业院校分类招考或注册入学"①，这一政策体现职业教育作为类型教育的特色，成为新时代职业教育考试招生制度改革的工作指针。为落实好中央各项改革措施，切实做好分类考试招生政策，2014年9月，《教育部办公厅关于进一步完善招生工作机制规范中等职业学校招生秩序的通知》发布，提出"建立完善高中阶段招生工作机制，加强对中职学校的招生资格审核，建立统一的中职招生信息平台，进一步规范中等职业学校招生秩序"。2016年，印发《教育部关于进一步推进高中阶段学校考试招生制度改革的指导意见》（教基二〔2016〕4号），明确"坚持普职并重，招生规模大体相当，鼓励和支持学生选择适合自己的高中阶段教育"。此后，各省（区、市）按照普职招生规模大体相当的要求，认真开展中等职业学校招收初中毕业生工作，引导一大批动手能力强、职业倾向明显的学生选择职业教育，为培养高素质技术技能人才奠定了坚实基础。2019年1月，国务院发布实施"职教20条"，深化推进中等职业教育考试招生制度改革，明确提出要完善招生机制，建立中等职业学校和普通高中统一招生平台，精准服务区域发展需求。"职教20条"发布实施之后，为切实做好贯彻落实，

---

① 中共中央关于全面深化改革若干重大问题的决定. http://www.gov.cn/jrzg/2013-11/15/content_2528179.htm.

加快推进中等职业教育高质量发展，2019年2月发布的《教育部办公厅关于建立中等职业学校学历教育招生资质定期公布制度的通知》，通过"建立中等职业学校学历教育招生资质定期公布制度"，进一步规范中等职业学校招生和办学行为，营造公平公正、公开有序的考试招生环境。

完善高职教育考试招生制度是巩固和优化职业教育类型特征、提高职业教育人才培养水平的重要抓手。中国自2010年开始逐步建立符合高职教育类型特征的考试招生制度。2010年《国家中长期教育改革和发展规划纲要（2010—2020年）》发布实施，针对高校考试招生提出，完善高等学校考试招生制度，逐步实施高等学校分类入学考试，要求高等职业教育考试招生与普通高等教育高考分离，考试时间、考试内容、录取等独立进行。该《纲要》的实施开启了高校分类考试招生的先河，为高等职业教育分类考试招生确立了政策保障。为深入推进高职考试招生制度改革，构建现代职业教育体系和技术技能人才培养"立交桥"，2013年出台《教育部关于积极推进高等职业教育考试招生制度改革的指导意见》（教学〔2013〕3号），明确了高等职业教育考试招生制度改革的总体要求，设计了6种考试招生路径，推动中国开始逐步建立多样化的高等职业教育考试招生方式。随后，为深入贯彻落实党的十八届三中全会关于推进考试招生制度改革的要求，进一步促进教育公平，提高选拔水平，2014年9月，国务院出台《国务院关于深化考试招生制度改革的实施意见》（国发〔2014〕35号），提出加快推进高职院校分类考试，高职院校考试招生与普通高校相对分开，实行"文化素质 + 职业技能"评价方式，这标志着新一轮考试招生制度改革全面启动。

"职教20条"提出建立"职教高考"制度，完善"文化素质 + 职业技能"的考试招生办法，为学生接受高等职业教育提供多种入学方式和学习方式。随后，2020年，教育部、国家发改委等九

个部门关于印发《职业教育提质培优行动计划（2020—2023年）》（教职成〔2020〕7号），围绕健全高职分类考试招生制度、规范职业教育考试招生形式、完善"文化素质 + 职业技能"评价方式等几个方面，就贯彻落实"职教20条"关于职业院校考试招生制度改革的政策要求作出全面系统的细化部署。《提质培优行动计划》的实施进一步完善了高职教育的考试招生制度和工作机制，对规范高职教育招生和办学，完善现代职业教育体系，培养适应经济社会发展需求的多样化人才具有重要意义。

从党的十八大以来中国职业教育考试招生制度改革的政策发展可以发现，进入新时代以来，党和国家一以贯之大力推动职业教育考试分类招生制度改革，通过适度加大政策供给、深化考试招生制度改革、完善管理运行机制、扩大中等职业学校招生规模等一系列政策举措，建立了具有鲜明职业教育类型特色的考试招生制度体系，推动中国职业教育不断完善现代职业教育体系。随着一系列改革的推进，中国将建立职教高考制度，健全国家资历框架制度，稳步朝向高质量发展。

## 二、全国职教大会：优化职业教育类型定位

2021年4月，全国职业教育大会在北京召开，习近平总书记作出重要指示，强调"在全面建设社会主义现代化国家新征程中，职业教育前途广阔、大有可为"，要"优化职业教育类型定位""稳步发展职业本科教育""加快构建现代职业教育体系"。这一重要指示是习近平总书记在深刻把握实现中华民族伟大复兴的战略全局和世界百年未有之大变局的背景下对职业教育工作作出的重要判断，为新时代走中国特色的职教发展之路，加快职业教育高质量发展，助力社会主义现代化强国建设提供了根本遵循。

## （一）落实前途广阔、大有可为的战略地位

在全面建设社会主义现代化国家新征程中，中国职业教育要坚持习近平新时代中国特色社会主义思想为指引，贯彻落实好习近平总书记对职业教育的重要指示和殷切期盼，坚定不移走中国特色职业教育类型发展道路，全力以赴推动职业教育迈上特色鲜明、定位优化的发展新阶段。

新时代以来，习近平总书记十分关心职业教育发展，并多次就职业教育工作作出重要论述和重要指示。2014年，全国召开职业教育工作会议，习近平总书记对职业教育作出指示。他从实现"两个一百年"的奋斗目标和实现中华民族伟大复兴的中国梦的战略高度对职业教育作出了"必须高度重视，加快发展"的重要论断，强调"职业教育是国民教育体系和人力资源开发的重要组成部分，是广大青年打开通往成功成才大门的重要途径，肩负着培养多样化人才、传承技术技能、促进就业创业的重要职责，必须高度重视，加快发展。习近平总书记的重要指示高屋建瓴、着眼大局，深刻阐明了中国职业教育的战略地位、类型定位、根本任务、办学方向、办学格局、育人机制、价值追求等一系列重大理论和现实问题。

2017年10月，习近平总书记在党的十九大报告中强调，"坚定实施科教兴国战略、人才强国战略""完善职业教育和培训体系，深化产教融合、校企合作"。这些重要论述深刻揭示了新时代中国现代职业教育体系建设的方向和路径。2019年，习近平总书记在甘肃省考察山丹培黎学校时，又强调了发展职业教育的重要意义，他指出"实体经济是中国经济的重要支撑，做强实体经济需要大量技能型人才，需要大力弘扬工匠精神"，并作出了"发展职业教育前景广阔、大有可为"的重大论断。习近平总书记对职业教育的关心和重视，也坚定了职业教育加快实现高质量

发展，更好肩负为党育人、为国育才时代使命的信心和决心。

2021年4月，全国职业教育大会在北京召开。习近平总书记再次对职业教育工作作出重要指示。他强调，"在全面建设社会主义现代化国家新征程中，职业教育前途广阔、大有可为。要坚持党的领导，坚持正确办学方向，坚持立德树人，优化职业教育类型定位，深化产教融合、校企合作，深入推进育人方式、办学模式、管理体制、保障机制改革，稳步发展职业本科教育，建设一批高水平职业院校和专业，推动职普融通，增强职业教育适应性，加快构建现代职业教育体系，培养更多高素质技术技能人才、能工巧匠、大国工匠"。这是以习近平同志为核心的党中央在深刻把握国内、国际形势，对新时代中国职业教育深化改革创新、加快实现高质量发展的精准判断，不仅揭示了职业教育的本质特征和发展规律，明确了新时代中国职业教育的新定位，而且赋予了职业教育作为类型教育的新内涵，为新时代中国发展中国特色的现代职业教育指明了方向，提供了行动指南和根本遵循。

当前，中国已迈上全面建设社会主义现代化国家新征程，在实现这一伟大事业的历史进程中，职业教育前途广阔、大有可为。为加快实现高质量发展，实现第二个百年奋斗目标和中华民族伟大复兴的中国梦，我们必须认真贯彻落实习近平总书记关于职业教育的重要论述和指示精神，把职业教育摆在更加突出的战略位置，进一步巩固和优化职业教育类型定位，完善中国特色的现代化职业教育体系，培养更多高素质技术技能人才、能工巧匠、大国工匠，切实担负起培养社会主义现代化建设者和接班人的时代责任和历史使命。

### （二）推动现代职业教育高质量发展

为贯彻落实全国职业教育大会精神，加快推动职业教育高质量发展，2021年10月，中共中央办公厅、国务院办公厅印发了《关于推动现代职业教育高质量发展的意见》(以下简称《意见》),进一步丰富了中国现代职业教育体系的内涵特征,巩固和强化了职业教育的类型特色。

进一步丰富职业教育时代内涵。围绕贯彻落实习近平总书记重要指示,《意见》提出"在全面建设社会主义现代化国家新征程中,职业教育前途广阔、大有可为。要坚持党的领导,坚持正确办学方向,坚持立德树人,优化职业教育类型定位,深化产教融合、校企合作,深入推进育人方式、办学模式、管理体制、保障机制改革,稳步发展职业本科教育,建设一批高水平职业院校和专业,推动职普融通,增强职业教育适应性,加快构建现代职业教育体系,培养更多高素质技术技能人才、能工巧匠、大国工匠。各级党委和政府要加大制度创新、政策供给、投入力度,弘扬工匠精神,提高技术技能人才社会地位,为全面建设社会主义现代化国家、实现中华民族伟大复兴的中国梦提供有力人才和技能支撑。"这一指导思想和工作要求体现出了鲜明的时代特征。在全面建设社会主义现代化国家新征程中,发展职业教育必须以习近平新时代中国特色社会主义思想为指导,认真回答好"为谁培养人、培养什么人、怎样培养人"的时代命题,落实好立德树人根本任务,肩负好为党育人、为国育才的时代使命。

巩固和强化职业教育类型特色是当前和今后一个时期职业教育深化改革发展的主要方向,也是推动职业教育实现高质量发展的必由之路。习近平总书记指示强调,要"优化职业教育类型定位",为职业教育确立了类型战略定位,也对当前中国职业教育改革发展提出了要求。《意见》也明确提出"强化职业教育类型特色""巩固职业教育类型定位。因地制宜、统筹推进职业教育与普通教育协调发展"。这是贯彻落实习近平总书记重要指示精神的生动体现,体现了党和国家对职业教育发展规律的深刻认识和系统把握,更加坚定了职业教育战线坚持走类型发展的自信,

推动中国职业教育战线坚定不移沿着中国特色社会主义发展道路，加快推进职业教育实现高质量发展。

健全中国特色现代职业教育体系。这次全国职业教育的关键词是类型特色、现代体系和高质量发展。建立现代职业教育体系是实现职业教育高质量发展的前提和基础。类型属性要求职业教育建成具有独立形态的教育体系，当前中国正在逐步完善从中职到专业学位研究生的职业教育学制层次，必须要加快建立一体化专业教学标准体系，实现培养内容体系衔接，同时要加快建立职教高考制度，畅通技术技能人才类型化升学通道。《意见》提出"推进不同层次职业教育纵向贯通"，"大力提升中等职业教育办学质量，优化布局结构"，"推进高等职业教育提质培优"，"稳步发展职业本科教育，高标准建设职业本科学校和专业，保持职业教育办学方向不变、培养模式不变、特色发展不变"，同时"促进不同类型教育横向融通"，再次以党和国家"硬核"政策文件的形式把发展职业本科教育、推动职业教育与普通教育沟通互融作为完善现代职业教育体系的重要举措，使中国特色现代职业教育体系充分展示出强大的自我完善能力和更为旺盛的生机活力。

夯实高质量发展的组织实施保障。推动职业教育高质量发展需要坚强有力的组织领导和坚实稳固的基础保障。进入新时代，党和国家高度重视和加强对职业教育工作的领导。习近平总书记在全国职教大会重要指示中要求，"各级党委和政府要加大制度创新、政策供给、投入力度，弘扬工匠精神，提高技术技能人才社会地位，为全面建设社会主义现代化国家、实现中华民族伟大复兴的中国梦提供有力人才和技能支撑"。总书记从全面建设社会主义现代化国家、实现中华民族伟大复兴的中国梦的战略高度，对各级党委和政府提出了政治要求，为新时代发展职业教育提供了坚强有力的政治保障。为贯彻落实习近平总书记指示精神，《意见》明确要加强组织领导，强化制度保障，同时加强宣传教育,"弘扬劳动光荣、技能宝贵、创造伟大的时代风尚",为新时代职业教育高质量发展稳固了组织实施保障。

## (三)把稳步发展职业本科教育作为优化类型定位的主攻方向

从类型教育的体系构成来看,职业本科教育是中国现代职业教育的有机组成部分。发展职业本科教育是完善现代职业教育体系、优化高等教育结构的现实需要,也是推动职业教育高质量发展、更好适应经济社会发展人力资源需求的重大举措。完善现代职业教育体系,加快实现高质量发展,要把稳步发展职业本科教育作为优化类型定位的主攻方向,探索中国特色的职业本科教育发展道路。稳步是指把握好发展节奏,遵循教育发展规律,不可盲目冲动、一哄而上。发展是指拓宽发展路径,坚持"高起点、高标准、高质量"总要求,不能揠苗助长,须在正确把握三个关系中实现高质量发展。

**把握好速度与质量的关系**。凡事"欲速则不达"。当前阶段,"稳"是主基调,"稳"是大局,"稳"是用理性的思维看待发展速度与质量问题。没有质量的速度不是有效的速度,没有速度的质量不是有活力的质量,二者都经不起历史的检验。深化改革、提高质量、形成特色、树立口碑,是当前职业本科教育发展亟须解决的"主要矛盾",是发展的第一要求。这并非我们的主观选择,而是教育发展规律使然。所以,越是在这个时候,越是需要我们稳住心态、静下心来谋划发展,把握好职业本科教育发展节奏。一方面要强化顶层设计,将职业本科教育纳入教育事业整体规划,明确定位、清晰路径、有序发展;另一方面落实职业本科学校和专业设置标准,严格依规依标、把好"入口关",推进试点、提质存量,打造示范、提优增量,努力形成一批可复制、可推广的经验模式,切实做到稳中求质。

**把握好规模与效益的关系**。规模指的是职业本科学校和专业数量,效益指的是职业本科教育人才培养的社会效益,对职业教育体系发展的引领作用。两者既相互促进又相互制约,是职业本科教育稳步发展的两个方面。当前,有序合理扩大职业本科教育规模,对于职业教育优化体系结构、稳定基本盘、补齐短板至关重要。但与此同时,要避免低水平重复建设,摆脱靠规模上效益的思维定式和路径依赖,避免"大而不强、大而不优"。要把优质职教资源优先投向高端产业亟须领域,优先投向新技术革命领域,优先投向高水平职业专科学校和高水平专业,实现专业性技术技能人才的优质供给,用效益保证规模有效做大,用有效规模实现最大效益,实现规模与效益的良性互动。"十四五"期间的职业本科学校设置,主要面向优质高职院校,设置数量将达到高职院校的15%左右,在校生规模大体控制在高职教育的10%,并着力做好学校数量、专业设置、招生规模和区域布点的统筹协调。在办学条件达标上,对民办试点学校设置两年过渡期,两年后仍不达标的,将调减招生计划、暂停新专业备案,直至暂停本科招生。在专业备案上,已批准专业不增不减,新增专业备案,向高端产业、产业高端、行业亟须倾斜。明年初,会对备案专业再次核查,仍不符合条件的,将压减招生计划,甚至停止专业招生。总体来说,职业本科学校在起步阶段,要推进稳规模和增效益的统筹发展,努力实现稳中求好。

**把握好守正与创新的关系**。职业本科教育稳步发展是守正与创新的辩证统一。这里,"守正"是根基,就是要坚持职业教育类型定位,遵循职业教育办学规律;"创新"是关键,就是要率先推进育人方式、办学模式、管理体制、保障机制改革,发挥引领作用。职业本科学校既要"升本不忘本",又要"升本达本"。一方面,坚持在"守正"中"创新",坚持技术技能培养方向、工学结合培养模式、校企合作办学机制不动摇,在创新中不断强化职业教育类型特色。另一方面，坚持在"创新"中"守正"，以提高人才培养能力为核心，带动专业、课程、师资、条件、平台和文化建设，推动形成高水平人才培养体系；以提高治理能力为牵引，在深化治理改革、释放办学活力上下功夫，在深化产教融合、构建"双元"育人机制上下功夫，在深化评价改革、不拘一格降人才上下功夫，激发内生发展动力，努力实现稳中求进。

## 三、职教法修订：明确类型教育法律地位

《中华人民共和国职业教育法》（以下简称《职业教育法》）是中国法律体系的基本法律，是实施依法治教、推进规范办学的根本依据。在中国职业教育正处在提质培优、增值赋能机遇期和改革攻坚、爬坡过坎关键期"双期叠加"的关键节点，1996年实施的《职业教育法》完成首次大修，恰逢其时、意义重大、影响深远。准确把握新修订的《职业教育法》（下称《职教法》）的内涵特征，深刻理解法律赋予政府、学校、社会、教师、学生等不同主体的责、权、利，依法调整关键政策、实施改革举措，全面展望依法治教的发展愿景，对深入贯彻落实《职教法》，提升现代职业教育治理能力，加快职业教育高质量发展意义重大。

### （一）充分认识《职业教育法》修订的时代意义

立法的重要作用是统筹、表达、平衡、调整社会利益。此次修法不仅关照了各方利益诉求，解决人民群众最关心、最直接、最现实的利益问题，体现了职教战线广大师生、院校和社会各界的共同意愿和现实关切，而且充分反映了职业教育特色需要和现实需求，有利于提升职业教育的认可度，塑造社会共识，为发展中国特色现代职业教育夯实法治基础。

**1.《职业教育法》修订是推进全面依法治教，提升治理体系和治理能力的必然要求**

教育法治在教育现代化进程中具有引领性、基础性、规范性、保障性的重要地位和作用。目前，中国已构建了以8部教育法律为统领，包括16部教育法规和一批部门规章、地方教育法规规章在内的较为完善的教育法律制度框架，为教育发展提供了法治保障。但我们也必须清醒看到，在教育现代化和教育强国的前进道路上，我们面临的大环境已经且持续发生深刻变化，人民群众的思想观念也在深刻调整，民主意识、法治意识和权利意识日益增强，对教育公平、制度公正和受教育权高度关注。此次新修订的《职业教育法》，将进一步提高职业教育运用法治思维和法治方式抓治理的能力，用法治来引领、以法治为保障、靠法治来奠基，大力推进职业教育治理体系和治理能力现代化，为职业教育改革发展开拓道路、保驾护航。

**2.《职教法》是增强职业教育适应性，加快建设技能型社会的根本之法**

全国职业教育大会创造性地提出了建设技能型社会的理念和战略，明确要高举"技能型社会"这面旗帜，加快构建面向全体人民、贯穿全生命周期、服务全产业链的职业教育体系，加快建设国家重视技能、社会崇尚技能、人人学习技能、人人拥有技能的技能型社会。《职教法》首次以法律形式提出"建设技能型社会"愿景，对技能型社会建设的路径作出系列规定和安排，重新审视职业教育在经济社会发展中的功能与作用。这既为新时代职业教育明确了目标与方向，也把建设技能型社会的理念和战略转化为法律规范，为技能型社会建设提供了法律基础和法治保障。

**3.《职业教育法》修订是确定职业教育类型地位，推动现代职业教育体系建设进入法治化阶段的有力体现**

改革开放以来，追求与普通教育同等重要地位，构建独立的职业教育体系，实现职业教育现代化，是职业教育发展的核心任务与逻辑主线，其根本目的是使人们能够平等地看待职业教育、接受职业教育，从而使职业教育能够在经济社会发展中充分发挥作用。体系建设无疑是近几十年职业教育发展的伟大成就之一，职业教育从仅有中等职业教育的"断头"教育到发展成一个"中职—专科—本科"相互衔接，又与普通教育相互融通、协调发展的基本体系框架，改变了职业教育在整个"大教育"体系中的定位，形成了教育体系典型的"双轨制"结构。《职教法》从体现经济发展的需求性、体现终身学习的开放性、体现职业教育的系统性等方面，对现代职业教育体系建设作出规范，标志着现代职业教育体系建设进入法治化阶段，也意味着职业教育"类型"地位的法律稳固，为构建现代职业教育体系，推动职业教育与普通教育既自成体系又相互融通，推进建设"一体两翼"的高质量教育体系提供了法理依据。这必将从认识上有力破除"重普轻职"的传统观念，从制度上为学生搭建起升学的"立交桥"，从行动上践行类型教育的理念。

**4.《职业教育法》修订是巩固职业教育改革成果，把成熟改革举措上升为法律制度的战略之举**

改革开放以来，特别是党的十八大以来，职业教育在固本培元、守正创新中着力固根基、补短板、强弱项、扬优势，整体面貌发生格局性变化。实践迫切需要将党中央决策部署转化为法律规范、把成熟的改革举措上升为法律制度，为职业教育的制度供给提供法治保障，推动职业教育在正本清源和守正创新中行稳致远。《职教法》充分融入了习近平总书记关于职业教育重要指示精神和党中央、国务院关于职业教育改革发展的政策举措，凝聚着我党发展职业教育的理论成果和实践经验，是推动实现职业教育制度之治最基本、最稳定、最可靠的保障，保证职业教育重大改革于法有据，确保职业教育改革在法治的轨道上推进。

**5.《职业教育法》修订是清除体制机制障碍,凝聚职业教育发展合力的有力保证**

随着职业教育改革进入攻坚期和深水区,职业教育改革发展中存在着一些亟待研究解决的问题,前进道路上还有一些困扰职业教育的顽瘴痼疾,比如职业教育主体权责利不清、人才评价中的"唯学历"、职业教育管理中的越位缺位错位不到位等问题,亟须从法律层面来革新破除。此次修法以保障人民根本权益为出发点和落脚点,直面职业教育改革发展中的关键问题,不仅从制度、体制、机制上进一步破除阻碍或者不利于职业教育发展的限制性、歧视性规定,更重要的是行业、企业、学校以《职教法》颁布为契机,以构建现代职业教育体系为目标,加强产教融合、校企合作,内优结构、外强特色,提高吸引力和贡献力,真正把职业教育办出与普通教育同等水平,让职业教育从法律形式上的同等地位转化为人们心目中的同等地位。

## (二)科学把握《职业教育法》修订的内涵特征

推进教育法治就是要通过教育法律引导和规范各类主体行为。《职教法》围绕"职业教育与普通教育同等重要"这个基本定位,明确划分政府、学校、社会、教师、学生的教育权利、义务和责任,通过法治全面监督各类主体的履职尽责行为,通过法治有效调整和平衡职业教育改革发展中的各种矛盾,努力构建政府依法治教、学校依法办学、社会依法参与、教师依法执教、学生依法受教的职业教育法治格局。

### 1. 政府依法治教,理顺管理体制机制

职业教育办学类型多样、举办主体多元、涉及群体广泛,需要加强统筹。政府是职业教育管理的核心主体,通过依法行政,各自定位、各司其职、各尽其责,形成宏观有序、微观合力的体制机制,提高治理效能,为职业教育发展注入不竭动力。

**一是国家层面加强工作协调**。发展职业教育是一个复杂的社会系统工程,需要强化统筹协调,避免各部门各自为政、政策割裂、多头管理。2018年,国务院批复同意建立国务院职业教育工作部际联席会议制度,在国家层面建立起职业教育工作的统筹协调机制,汇聚各部门推动职业教育发展的工作合力。《职教法》明确"国务院建立职业教育工作协调机制,统筹协调全国职业教育工作",把国务院职业教育工作部际联席会议制度法定化。同时,明确教育部负责职业教育工作的统筹规划、综合协调、宏观管理,人力资源和社会保障部及其他有关部门在国务院规定的职责范围内,分别负责有关的职业教育工作。

**二是省级层面强化统筹管理**。中国幅员辽阔,区域间发展不平衡不充分,不同地区之间产业结构和劳动力市场结构差异较大。因此,改革开放以来,中国逐渐形成中央地方分级管理、以地方为主统筹的职业教育治理机制。《职教法》进一步强化了省级政府的统筹权,规定省级人民政府可以依法整合、优化设区的市、县人民政府职业教育工作职责,统一管理部门,统筹区域内职业教育发展。此外,发展高质量的职业教育不能仅停留在口头上、纸面上,新法明确职业教育经费投入要与职业教育发展需求相适应,要求省级人民政府制定本地区职业学校生均经费标准或者公用经费标准,职业学校举办者按照生均经费标准或者公用经费标准按时、足额拨付经费,不断改善办学条件,形成重点支持、地方主责的保障机制。

**三是社会层面厚植发展土壤**。在法治政府建设过程中,把握好行政立法的价值导向尤为重要。《职教法》围绕构建技能型社会,厚植职业教育改革发展的土壤,明确提出国家建立健全各级各类学校教育与职业培训学分、资历以及其他学习成果的认证、积累和转换机制,推进职业教育国家学分银行建设,促进职业教育与普通教育的学习成果融通、互认,把学业证书、培训证书、

职业资格证书和职业技能等级证书作为受教育者从业的重要凭证，强调提高技术技能人才的社会地位和待遇，营造人人努力成才、人人皆可成才、人人尽展其才的良好社会氛围。

**2. 学校依法办学，扩大自主办学权重**

学校是职业教育的办学主体，是推动职业教育改革的核心单元。《职教法》对职业学校的办学基本条件、设立标准、领导体制、管理方式、校企合作等均提出明确要求，为职业学校依法办学指明了路径。

一是在办学方向上，《职教法》强调必须坚持中国共产党的领导，坚持社会主义办学方向，贯彻国家的教育方针。办好职业教育必须要回答好培养什么人、怎样培养人、为谁培养人这个根本问题。职业学校要把党的领导作为高质量办学的根本保障，把社会主义办学方向作为根本要求，全面贯彻党的教育方针，培养德智体美劳全面发展的社会主义建设者和接班人，确保中国特色职业教育沿着正确方向不断开拓创新，不断坚定中国特色职业教育发展的道路自信。

二是在育人模式上，《职教法》强调坚持立德树人、德技并修，坚持产教融合、校企合作，坚持面向市场、服务发展、促进就业，坚持面向实践、强化能力，坚持面向人人、因材施教。坚持立德树人、德技并修，就是要坚定不移用习近平新时代中国特色社会主义思想铸魂育人，推进思想政治教育与技术技能培养融合统一。"坚持产教融合、校企合作"，就是要创新体制机制、完善治理结构，与行业组织、企业等深度合作，共同推进专业建设、课程改革、实训基地建设、专业教材开发等，形成教育和产业良性互动、学校和企业优势互补的发展格局。"坚持面向市场、促进就业"，就是要突出市场需求的引导作用，推动学校专业设置、人才培养与市场需求精准对接，采取多种形式为学生提供职业规划、职业体验、求职指导等就业创业服务，增强学生就业创业能力。坚持面向实践、强化能力，就是要把工学结合作为职业教育人才培养的基本方式，强化教学、学习、实训相融合，落实育训并举、践行知行合一，拓宽职业视野、增长社会经验，让更多青年能凭一技之长实现人生价值。坚持面向人人、因材施教，就是要把职业教育作为服务全民终身学习的重要途径，为不同群体先学习再就业、先就业再学习、边就业边学习、学习与就业相互促进提供支持服务。

三是在自主管理上，《职教法》强调职业学校要依据章程自主管理，规定学校可以依法自主设置专业、选编教材、设置学习制度、调整修业年限、选聘教师等，推动职业学校适应市场需求、更加灵活地进行办学，增强学校办学的内生动力和积极性，着力提高职业教育人才培养的适应性。

### 3. 社会依法参与，建立多元办学格局

职业教育与经济社会发展联系最紧密、最直接。办好职业教育，必须充分发挥社会力量在职业教育发展中的重要作用。《职教法》规定，国家鼓励发展多种层次和形式的职业教育，着力构建社会力量深度参与的多元办学格局。

一是在办学主体上，《职教法》规定教育部门、行业主管部门可以举办，社会力量也可以广泛、平等参与职业教育，群团组织、行业组织、事业单位等也应当履行实施职业教育的义务，参与、支持或者开展职业教育。新法特别强调要发挥企业的重要办学主体作用，推动企业深度参与职业教育，鼓励企业举办高质量职业教育。

二是在办学形式上，可以独立举办，可以参与举办，还可以按照岗位总量的一定比例设立学徒岗位，对新招用职工、在岗职工和转岗职工进行学徒培训，或者与职业学校联合招收学生，以工学结合的方式进行学徒培养。新法鼓励和支持有技术技能人才培养能力的企业特别是产教融合型企业与职业学校、职业培训机

构开展合作，共同建设高水平、专业化、开放共享的产教融合实习实训基地。

三是在参与内容上，《职教法》提出企业可以设置专职或者兼职实施职业教育的岗位，促进行业企业深度参与职业学校专业设置、教材开发、培养方案制订、质量评价、实习实训基地建设全过程。鼓励行业组织、企业等参与职业教育专业教材开发，将新技术、新工艺、新理念纳入职业学校教材，并通过活页式教材等多种方式进行动态更新。

四是在社会责任上，《职教法》强调将企业开展职业教育的情况纳入企业社会责任报告，企业应有计划地对本单位的职工和准备招用的人员实施职业教育，按照国家有关规定实行培训上岗制度。行业主管部门和行业组织开展人才需求预测、职业生涯发展研究及信息咨询，引导学校紧贴市场、紧贴产业、紧贴职业设置专业，按照产业体系和市场体系规律办学。

五是在激励引导上，强化企业办学权利，企业可以利用资本、技术、知识、设施、设备、场地和管理等要素办学。强化对企业的政策激励，对深度参与产教融合、校企合作的企业，按照规定给予奖励，对符合条件认定为产教融合型的企业，给予金融、财政、土地等支持，落实教育费附加、地方教育附加减免及其他税费优惠等。

### 4. 教师依法执教，完善师资保障体系

教师队伍是发展职业教育的第一资源，是支撑新时代国家职业教育改革的关键力量。《职教法》强调，国家保障职业教育教师的权利，提高其专业素质与社会地位。

一是在素质提升上，不仅要求县级以上人民政府及其有关部门应当将职业教育教师的培养培训工作纳入教师队伍建设规划，加强职业教育教师专业化培养培训；而且提出国家层面建立健全职业教育教师培养培训体系，鼓励设立专门的职业教育师范院

校,支持高等学校设立相关专业,培养职业教育教师,鼓励行业组织、企业共同参与职业教育教师培养培训。

二是在教师配备上,建立职业学校教职工配备基本标准和教师岗位设置、职务评聘制度,专门提出公办职业学校可拿出教职工人员中一定比例用于招聘专业技术人员、技能人才担任专职或者兼职教师,鼓励聘请技能大师、能工巧匠、非物质文化遗产代表性传承人等担任专兼职教师。职业学校的专业课教师(含实习指导教师)应当具有一定年限的相应工作经历或者实践经验,达到相应的技术技能水平。具备条件的企业、事业单位经营管理和专业技术人员,以及其他有专业知识或者特殊技能的人员,经教育教学能力培训合格的,可以担任职业学校的专职或者兼职专业课教师;取得教师资格的,可以根据其技术职称聘任为相应的教师职务。取得职业学校专业课教师资格可以视情况降低学历要求。

三是在待遇激励上,职业学校、职业培训机构开展校企合作、提供社会服务或者以实习实训为目的举办企业、开展经营活动取得的收入,其一定比例可以用于支付教师、企业专家、外聘人员和受教育者的劳动报酬,也可以作为绩效工资来源,符合国家规定的可以不受绩效工资总量限制。从事残疾人职业教育的特殊教育教师按照规定享受特殊教育津贴。

### 5. 学生依法受教,维护学生合法权益

长期以来,职业教育被认为"低人一等",初中毕业选择读中职后升学通道狭窄、机会成本高,职业学校毕业生在考公务员、事业单位招聘、考研时遭遇学历歧视等。这些问题背后折射的是职业教育学生权益的保护问题。《职教法》直面问题,明确职业学校学生的合法权益受法律保护,让学生通过接受职业教育能够实现就业有能力、升学有优势、发展有通道。

**一是实习权益**。参加实习实训是职业学校学生的特别要求

与义务，针对实践中存在的将学生作为廉价劳动力、侵害学生实习期间合法权利等问题，《职教法》规定学生有在实习期间按照规定享受休息休假、获得劳动安全卫生保护、参加相关保险、接受职业技能指导等权利，明确对上岗实习的学生应当签订实习协议，给予适当的劳动报酬。

**二是升学权益。**《职教法》明确高等职业学校教育由专科、本科及以上教育层次的高等职业学校和普通高等学校实施。这表明，职业学校的学生不仅可以读大专，还可以上本科，甚至能读研究生，从法律层面畅通了职业学校学生的发展通道。新法还规定国家建立符合职业教育特点的考试招生制度，高等职业学校和实施职业教育的普通高等学校应当在招生计划中确定相应比例或者采取单独考试办法，专门招收职业学校毕业生，在法律上保障了职业学校学生接受高层次职业教育的权利。

**三是发展权益。**《职教法》明确提出职业学校学生在升学、就业、职业发展等方面与同层次普通学校学生享有平等机会，规定各级人民政府应当创造公平就业环境，用人单位不得设置妨碍职业学校毕业生平等就业、公平竞争的报考、录用、聘用条件，事业单位公开招聘中有职业技能等级要求的岗位，可以适当降低学历要求，让职业学校的毕业生有地位、有发展。

### （三）在贯彻落实《职教法》中依法推进职业教育高质量发展

法律的生命力在于实施，法律的权威也在于实施。《职教法》是国家的法，是全社会的法，在落实中需要国家各个部门的协同推进，需要中央地方的联动落实，还需要社会各界积极参与。教育系统更要先学起来、先动起来，提高运用法治思维和法治方式推动改革的意识和能力，凝聚各方支持职业教育发展的合力。

### 1. 研判形势，调整关键政策

"研"就是要用辩证的方法和观点找到事物的主要矛盾和矛盾的主要方面，看大局、看大势、看方向；"判"就是要判出形势变化、矛盾转换、阶段特征、趋势方向。我们要以《职教法》中的精神内涵为指引，把职业教育放在国内外形势深刻复杂变化的大背景下来谋划，放在更好服务经济社会发展的大格局下来推动，力求在更高层次上把形势分析透、把阶段判断清、把定位把握准、把问题研究深。随着中国经济社会高质量发展和人民群众高品质生活时代的来临，我们研判，职业教育层次结构重心上移是一个必然趋势，以高等职业教育为主将成为中国职业教育发展的方向和结果。换句话说，中国职业教育发展重心应由中等职业教育上移到高等职业教育，在打通职业教育体系通道、为更多中职毕业生提供升学发展路径的前提下，推动职业教育体系内部的主体向专科、本科层次转移，为经济社会转型升级输送更多中高端技术技能人才。为此，我们要按照法律要求调整完善以下三个方面关键政策：

**一是职普教育由强制分流转向协调发展**。《职教法》规定：国家优化教育结构，科学配置教育资源，在义务教育后的不同阶段因地制宜，统筹推进职业教育与普通教育协调发展。推动职普协调发展要尽快作出两方面调整：一方面，允许各地根据区域经济社会发展及教育需求情况，科学制定区域高中阶段教育结构发展规划，合理规划中职学校和普通高中的招生规模，避免"一刀切"式的硬性分流。另一方面，尽快补上职业本科教育短板，增加中职学生升本机会，提高职业教育吸引力，引导学生、家长主动选择职业教育，走技能成才之路。

**二是中职教育定位从就业导向转向"就业 + 升学"**。1999年，高等教育扩招后，中职教育招生快速下滑，此后就一直处于"地位不稳、招生困难、质疑不断"状态。近年来，随着有些省市或明或暗推出弱化中等职业教育政策,中等职业教育的办学困境再次进入大众视野。中等职业教育走出困境的核心思路是实现办学的基础性转向,人才培养定位从原来"以就业为导向"调整为"就业与升学兼顾",走多样化发展之路,功能多元化,模式多样化,突出中等职业教育的教育功能,使其既为高等职业教育输送具有基础职业能力和基本文化素养的合格生源,又为社会培养基础性技术技能人才,还为不同禀赋学生提供多样化成才通道。

**三是职业教育办学从依赖政府指导转向市场办学**。职业教育是直接服务于产业经济的教育类型,天然具有"市场"的属性。但目前,职业学校的办学还主要依靠政府,在进行专业布局和人才培养调整时缺少市场需求信息的及时有效指导,校企合作的有效模式和良性互动机制尚未形成。此次修法在深化校企合作,搭建产教融合路径、构建多元办学格局上提出了新要求。要依法扩大开放水平,丰富办学形态,引导企业参与职业教育,充分发挥企业主体作用。加强与发改、财政、国资、工信等部门的协调沟通,就企业尤其是国企举办职业教育的问题进行专业研究,落实《职教法》对企业举办职业教育的政策导向、学校属性、财政投入、收费标准、师资建设等规定。研究制定举办股份制、混合所有制职业学校的具体办法。落实"金融+财政+土地+信用"组合式激励政策,探索建立产教融合政策执行落地情况的监测机制。探索建设产教融合型服务组织。

### 2. 以法为据,推进重点改革

《职教法》通过法治从根本上厘清关系、划定边界、保障到位。我们要强化法治思维,用法治的方式抓落实,找准工作的结合点、切入点和着力点,坚持面上推进与重点突破相结合,整体谋划、系统重塑中国职业教育高质量发展的新生态。

**一是把构建现代职业教育体系作为首要任务**。新法着力建立健全服务全民终身学习的现代职业教育体系，实现职业教育与普通教育相互融通，不同层次职业教育有效贯通。一方面，加快健全一体化的职业学校体系。中职要以多样化发展为抓手，办学定位实现基础性转向，建立中职教育专业大类培养模式，筑牢学生知识和技能基础。专科高职要提质培优，现阶段重点就是要在做好国家"双高计划"中期绩效评价的同时，推动省级"双高计划"建设，加快构建以"双高计划"为引领，区域内高职学校协调发展的格局。职业本科要稳步发展，进一步加强对职业本科教育的指导，明确办学定位、发展路径、办学机制、教育教学模式、质量管理、生均拨款标准等办学要求；支持一批优质专科高职学校独立升格为职业本科学校，支持优质专科高职学校内产教深度融合、办学特色鲜明、培养质量较高的专业，实施职业本科教育。另一方面，加快建立"职教高考"制度。目前，在职业教育分类考试的基础上，形成了一种符合职业教育特点的考试评价方式，已经具备建立"职教高考"制度的制度基础和实践经验。下一步，要持续深化"文化素质＋职业技能"考试招生制度改革，扩大职业本科、应用型本科在"职教高考"中的招生计划，使职业学校学生在升学方面与普通学校学生享有平等机会。

**二是把提高教育教学质量作为立身之本**。这些年，中国职业教育的规模有了很大发展，但质量一直被诟病，家长不愿意让孩子选择职业学校，与教育的质量有很大关系。我们要按照《职教法》相关要求，加快推进职业教育改革，提高职业教育质量。其一，实施办学条件达标工程。加大经费投入力度，按照今年政府工作报告要求，扎实推进中高职办学条件达标工程，确保2023年基本达标，2025年全面达标。进一步落实新增教育经费向职业教育倾斜的要求，加大政府主导的各级财政投入，建立与办学规模、培养成本、办学质量等相适应的财政投入制度，建立健全政府、行业、企业及社会力量多元投入机制，加快改善职业教育

的办学条件，让职业教育更优质、更公平。其二，深化教育教学改革。建立健全"双师型"教师引进、培养、使用机制，推动企业工程技术人员、高技能人才和职业学校教师双向流动。将新技术、新工艺、新理念纳入教材，把企业的典型案例及时引入教学，把职业资格证书、职业技能等级证书内容及时融入教学。借助信息技术重塑教学形态，从教师教学方式、学生学习方式以及教学内容呈现方式等方面着手，改革教学模式，打破课堂边界，广泛应用线上线下混合教学，促进合作学习、有效学习、自主泛在个性化学习等。其三，优化职业学校学习环境。新法明确规定职业学校应当加强校风学风、师德师风建设，营造良好学习环境，保证教育教学质量。要坚持立德树人根本任务，推动职业学校做好文化育人顶层设计，凝练校训、校风、教风、学风，构建凸显地域文化特色、突出专业办学特点以及学校优良传统的精神文化体系，进一步强化制度规范和监督约束，加强学生学习习惯养成教育，帮助学生塑造阳光自信、团结协作、遵规守纪的品格，不断提升职业学校的管理水平，为学生提供良好的学习成长环境。

**三是把优化管理体制机制作为发展之基。** 体制机制事关内生动力、发展活力。我们要按照《职教法》要求，进一步破除阻碍职业教育发展的体制机制障碍，为落实职业教育各项改革任务提供坚实保障。一方面，优化协同联动的管理机制。用好国务院职业教育工作部际联席会议制度，协调好教育、经济、劳动、就业等领域，建立教育部统筹管理、各部门分工合作、共同治理的工作机制。央地之间建立健全联动机制，进一步深化和扩大部省共建职教高地改革，给地方赋予更多自主权，激发地方改革活力，并及时把地方的好政策、好办法提炼转化为国家制度，加快中国特色职业教育制度标准模式创新。另一方面，完善多元质量评价机制。职业教育的质量评价要体现自身特点，强调多元评价、就业导向。建立健全教育质量评价制度，完善政府督导评估制度，吸纳行业组织、企业等参与评价，开展多元内容、多方参与的现代职业教育评价方式改革，及时公开相关信息，接受教育督导和社会监督。引导和支持学校全面建立常态化的教学工作诊断与改进制度。突出就业导向，把学生的职业道德、技术技能水平、就业质量作为评价的重要指标，引导职业教育走有特色、高质量发展的路子。

《职教法》的实施，是新时代社会主义法治建设方针在职业教育领域的具体体现，是全面推进依法治教的内在要求，集中反映了新时代以来中国职业教育实践和理论探索的经验成果，确立了职业教育作为国家一种基本教育制度的地位，对中国职业教育的未来发展具有划时代的深远意义。

## 第三节
## 从学校教育到大职业教育体系

全国职业教育大会创造性提出了建设"技能型社会"的理念和战略，并将职业教育作为支撑"技能型社会"的重要力量。改革开放以来，职业教育通过强化自身建设，为经济社会发展提供了有力的人才和智力支撑，现代职业教育体系框架全面建成，具备了进一步提升服务发展能力的有利条件和良好基础。党的十八大以来，职业教育更加聚焦社会需求，融入经济社会发展大局，陆续推进高职扩招、全面开展培训、推行部省共建等重大改革举措，切实提升了服务发展能力和社会吸引力，成为"技能型社会"建设的重要推动力量。

## 一、高职扩招：让更多青年凭借一技之长实现人生价值

2019年3月，李克强总理做政府工作报告时提出高职院校大规模扩招100万人的任务要求。同年5月，教育部等六部门关于印发《高职扩招专项工作实施方案》（教职成〔2019〕12号），统筹做好计划安排、考试组织、招生录取、教育教学、就业服务及政策保障等工作。实施高职扩招专项行动，就是要以现代职业教育的大改革、大发展，加快培养国家发展急需的各类技术技能人才，让更多青年凭借一技之长实现人生价值，让三百六十行人才荟萃、繁星璀璨。

### （一）高职扩招是抓"六稳"促"六保"的重要举措

党的十九大报告指出，就业是最大的民生，要坚持就业优先战略和积极的就业政策，实现更高质量和更充分就业。[1] 无论从社会稳定还是经济发展的角度，在中国经济进入新常态下，坚持就业优先战略和积极就业政策都是正确的选择。稳定是最大的政治，根据中央经济工作会议精神，稳就业、保居民就业分别位于"六稳""六保"之首。从2019年和2020年的《政府工作报告》看，高职扩招均被列入"稳定和扩大就业"部分，纳入国家宏观政策之中。因此，我们需要跳出教育视角，更多地从经济社会发展对技术技能人才的需求，从缓解特定经济形势和就业环境下的压力、从抓"六稳"促"六保"的视角加以认识和统筹考量。[2]

---

[1] 习近平.决胜全面建成小康社会 夺取新时代中国特色社会主义伟大胜利——在中国共产党第十九次全国代表大会上的报告［N］.《人民日报》，2017—10—28（01）.

[2] 周建松，陈正江.高职百万扩招的战略意义与实现路径——基于全纳教育视角的分析［J］.《江苏高教》，2020（2）：114.

"十三五"以来，中国产业转型升级不断加速，经济发展已由高速增长阶段转向高质量发展阶段，国内外环境正经历深刻变化，全球产业链供应链由于非经济因素而面临深刻调整，随之而来的是各行各业对初级技能劳动者的需求逐步减少，对高技能人才的需求急剧增加。作为人口大国，中国劳动力市场上并不缺乏劳动者，但目前劳动人口的素质、结构还难以适应高端制造业和现代服务业发展需要，劳动者技能水平与岗位需求不匹配的就业结构性矛盾越来越突出。据人力资源社会保障部统计，2018年中国共有技能劳动者1.65亿人，仅占就业人员总量的21.3%，其中高技能人才4791万人，仅占就业人员总量的6.2%，占技能劳动者总量的29%。与此同时，近年来技能劳动者的求人倍率一直在1.5以上，高级技工的求人倍率甚至达到2以上的水平，技工紧缺现象逐步从东部沿海扩散至中西部地区，从季节性演变为经常性。[①]技能劳动者比例偏低且结构不合理，高技能人才严重匮乏，已成为制约中国产业发展和企业竞争力提升的重要瓶颈。

加强技能人才队伍建设，是解决就业矛盾特别是结构性矛盾的根本举措。职业教育坚持面向市场、服务发展、促进就业的办学方向，是培养技术技能人才、促进就业创业创新、推动中国制造和服务上水平的重要基础。有数据表明，职业教育招生数占比每提高1个百分点，二、三产业吸纳就业的比重就相应上升约0.5个百分点。2019年1月，国务院印发《国家职业教育改革实施方案》（国发〔2019〕4号），明确要把发展高等职业教育作为优化高等教育结构和培养大国工匠、能工巧匠的重要方式，使城乡新增劳动力更多接受高等教育。随后，国务院又提出实施高

---

① 人社部就《技能人才队伍建设工作实施方案（2018—2020年）》答问［EB/OL］.（2018—10—29）. http://www.gov.cn/zhengce/2018-10/29/content_5335465.htm.

职扩招，鼓励更多退役军人、下岗失业人员、农民工和新型职业农民报考，就是要充分发挥职业教育功能，帮助他们提升学历层次和技术技能水平，拥有更多职业发展机会，实现更高质量更充分就业。

### （二）高职扩招面向社会大众打开学校大门

《高职扩招专项工作实施方案》明确针对退役军人、下岗失业人员、农民工、高素质农民等群体单列计划，一部分面向退役军人，另一部分面向下岗失业人员、农民工和高素质农民；对于中职毕业生采取现行的"文化素质＋职业技能"考试方式，其他社会人员可免于文化素质考试，由招生学校组织与报考专业相关的职业适应性测试或职业技能测试；针对不同群体考生特点，各地综合考虑计划安排、专业培养要求和考生成绩，分类确定录取标准，确保有升学意愿且达到基本培养要求的考生能被录取。这种"分列招生计划、分类考试招生、分别选拔录取"的模式为社会各类群体接受职业教育提供了灵活多样的升学和培养模式。教育部后续两年相继下发专门通知要求延续该招考模式。值得关注的是，教育部办公厅等六部门发布《关于做好2021年高职扩招专项工作的通知》明确在鼓励退役军人、农民工、下岗工人、高素质农民等人群和基层在岗群体报考的基础上，还要积极动员符合条件的灵活就业人员报考。高职扩招畅通社会大众报考渠道，增加其接受高等职业教育的机会，帮助提高技术技能水平和就业创业本领。

在中国的教育制度中，也始终存在着面向社会大众的部分。早在二十世纪六十年代，"半天工作，半天读书"的理想，就曾付诸实践。改革开放后，又发展出电大、夜大、职工大学、成人教育、开放教育等多种形式。每种教育形式的背后，都有着时代的特点和需要。① 在新时代背景下，高职扩招有效促进了学习型社会的构建，人们在完成高中阶段学业后，"先升学再就业，先就业再升学，边工作边学习"将成为常态；高职院校也将逐渐成为社会大众的终身学习场所。特别是对于从事技术技能岗位的人员，高职扩招为满足其个性化、多样化、终身化的学习需求畅通了渠道，使人们获得自身发展和造福社会的能力，过上有尊严的幸福生活。

## （三）高职扩招为社会生源提供适合的教育

经过两年的高职扩招，2020年退役军人、下岗失业人员、农民工、高素质农民和企业在职员工等社会生源数量达到122.6万，占比23.38%，已成为高职院校的重要生源。社会生源的教育背景、学习习惯、方式能力、需求等与应届高中毕业生相比存在较大差异，社会生源之间在成长背景、从业经历、学习基础、年龄阶段、认知特点、发展愿景等方面亦有不小的差异性，原有专业人才培养方案在教学内容、方式方法和课程教材等方面已不适用，高职生源结构"多元化"和"适需性"的特征越发明显。

为适应高职扩招后生源多元化、发展需求多样化对教育教学的新要求，保障质量型扩招，2019年12月，教育部印发《关于做好扩招后高职教育教学管理工作的指导意见》（教职成厅函〔2019〕20号），明确坚持标准不降、模式多元、学制灵活，坚持因材施教、按需施教，坚持宽进严出，严把毕业关口；要求系统开展学情分析，结合实际分类制订专业人才培养方案；提出采取集中教学与分散教学相结合、校内教学与校外教学相结合、线

---

① 高靓.走，我们读书去！——高职院校面向社会实施百万扩招计划观察［N］.《中国教育报》，2019—11—07（1）.

上教学与线下教学相结合等方式,针对社会生源群体实施弹性学习。高职人才培养将从原先的划一性走向更加丰富多元,服务对象从以往的单一群体转向多类群体,学制体系从固化走向弹性,课程设置从"大锅菜"式统一供给趋向"自助餐"式多元选择,评价考核也将从唯一标准导向多维标准等,撬动原先参照普通教育模式办学的形式,形成面向每个人、适合每个人、更加开放灵活的教育教学模式,逐渐办成"适合的教育"。

## 二、职业培训:全面提高劳动者职业技能水平和就业创业能力

2019年10月,教育部办公厅等十四部门关于发布《职业院校全面开展职业培训促进就业创业行动计划》(教职成厅〔2019〕5号),发挥职业院校培训重要阵地作用,推动职业院校敞开校门,面向城乡全体劳动者广泛开展培训,助力提高劳动者素质和职业技能水平,提升职业教育服务发展,促进就业创业能力。

### (一)落实教育与培训并举的法定职责

学历教育和职业培训并举并重是现代职业教育的鲜明特征。1996年颁布实施的《职业教育法》第十二条明确提出:"国家根据不同地区的经济发展水平和教育普及程度,实施以初中后为重点的不同阶段的教育分流,建立、健全职业学校教育与职业培训并举,并与其他教育相互沟通、协调发展的职业教育体系",首次在法律层面规定了职业学校实施职业培训的职责。2021年《中华人民共和国职业教育法(修订草案)》延续了职业学校举办职业培训的定位,重申"职业学校教育与职业培训并重"。党的十九大报告指出,要"完善职业教育和培训体系""大规模开展职业技能培训,注重解决结构性就业矛盾,鼓励创业带动就

业"①，这为新时代背景下进一步落实学历教育与培训并举的法律职责指明了方向、规划了前景。紧接着，党中央、国务院将职业教育与培训纳入了教育现代化的规划部署，在《中国教育现代化2035》及其配套文件《加快推进教育现代化实施方案（2018—2022年）》中分别提出，要"强化职业学校和高等学校的继续教育与社会培训服务功能，开展多类型多形式的职工继续教育""构建产业人才培养培训新体系，完善学历教育与培训并重的现代职业教育体系，推动教育教学改革与产业转型升级衔接配套"。②③《国家职业教育改革实施方案》提出"完善学历教育与培训并重的现代职业教育体系，畅通技术技能人才成长渠道""落实职业院校实施学历教育与培训并举的法定职责，按照育训结合、长短结合、内外结合的要求，面向在校学生和全体社会成员开展职业培训"，在新时代职业教育的顶层设计和施工蓝图中，再次强调职业院校实施学历教育与培训并举的法定职责。

## （二）针对重点群体开展职业技能培训

职业技能培训是全面提升劳动者就业创业能力、缓解技能人才短缺的结构性矛盾、提高就业质量的根本举措，是适应经济高质量发展、培育经济发展新动能、推进供给侧结构性改革的内在要求。2018年5月，印发《国务院关于推行终身职业技能培训制度的意见》（国发〔2018〕11号），提出要构建以职业院校为主要载体的培训组织实施体系，强调要围绕就业创业重点群体

---

① 习近平.决胜全面建成小康社会　夺取新时代中国特色社会主义伟大胜利——在中国共产党第十九次全国代表大会上的报告［N］.《人民日报》，2017—10—28（1）.

② 中共中央、国务院印发《中国教育现代化2035》［EB/OL］.（2019—02—23）. http://www.gov.cn/zhengce/ 2019—02/23/content_5367987.htm.

③ 中共中央办公厅、国务院办公厅印发《加快推进教育现代化实施方案（2018—2022年）》［EB/OL］.（2019—02—23）. http://www.gov.cn/zhengce/2019—02/23/content_5367988.htm.

广泛开展就业技能培训。《职业院校全面开展职业培训 促进就业创业行动计划》明确提出，职业院校要面向全体劳动者特别是重点人群及技术技能人才紧缺领域开展大规模、高质量的职业培训，鼓励开发培训项目、承担政府群团组织培训任务，与行业企业合作开展培训等，为实现更高质量和更充分就业提供有力支持。党的十八大以来，职业院校广泛开展各类职业技能培训，每年培训上亿人次。不仅为国家的工业化、城市化建设作出了重要贡献，而且有效增强了重点群体特别是贫困劳动力和退役军人的知识、技能和素质。

在建档立卡贫困劳动力的教育培训上精准发力。2015年10月，习近平总书记在减贫与发展高层论坛上首次提出"五个一批"的脱贫措施，为打通脱贫"最后一公里"开出破题药方。随后，"五个一批"的脱贫措施被写入《中共中央 国务院关于打赢脱贫攻坚战的决定》，经中共中央政治局会议审议通过实施，《决定》强调要发挥职业教育在脱贫攻坚中的作用。2016年，教育部、国务院原扶贫办联合印发《职业教育东西协作行动计划（2016—2020年）》（教发〔2016〕15号），以职业教育和培训为重点，以就业脱贫为导向，启动实施三大行动：一是实施东西职业院校协作全覆盖行动，实现东部地区职教集团、高职院校、中职学校对西部地区的结对帮扶全覆盖；二是实施东西中职招生协作兜底行动，"东部地区兜底式招收西部地区建档立卡贫困家庭子女接受优质中职教育，毕业后根据学生意愿优先推荐在东部地区就业"，实现就业脱贫；三是支持职业院校全面参与东西劳务协作，帮助每个有劳动能力且有参加职业培训意愿的建档立卡贫困人口，都能接受适应就业创业需求的公益性职业培训。据统计，职业院校已累计投入帮扶资金设备超过18亿元，就业技能培训14万余人，岗位技能提升培训16万余人，创业培训2.3万余人。"职教一人，就业一人，脱贫一家"斩断了贫困代际传递的根子，正让越来越多的家庭日子越过越红火，职业教育也为完成"发展教育脱贫一批"重要任务、打好教育脱贫攻坚战奠定了坚实基础。

在退役军人的教育培训上加强优抚优待。做好退役军人教育培训是保障退役军人合法权益，是维护社会大局和谐稳定的重要举措。2018年3月，十三届全国人大一次会议表决通过了关于国务院机构改革方案的决定，批准成立中华人民共和国退役军人事务部，4月正式挂牌成立，随后中央又成立了退役军人事务工作领导小组。伴随着退役军人事务机构组建，依托国民教育开展退役军人教育培训的工作也提到了新的高度，将退役军人培训正式纳入职业教育"大盘子"，搭上推进退役军人优待工作的"直通车"，有力保障了退役军人的培训权利。2018年7月，退役军人事务部等军地12部门联合印发《关于促进新时代退役军人就业创业工作的意见》（退役军人部发〔2018〕26号），对新阶段退役军人教育培训和就业创业工作进行总体设计，通过建立多层次、多样化的退役军人教育培训体系，完善退役前技能储备培训、加强退役后职业技能培训、推行终身职业技能培训等保障措施，明确"引导退役军人积极参加职业技能培训，退役后可选择接受一次免费（免学杂费、免住宿费、免技能鉴定费）培训，并享受培训期间生活补助。教育培训期限一般为两年，最短不少于3个月"。在实施过程中，为保证培训质量，教育部门督促指导承训机构特别是职业院校，要突出提高社会适应能力和就业所需知识及技能，按需求进行实用性培训，开展"订单式""定向式""定岗式"培训，推进培训精细化、个性化。

## （三）加强对职业技能培训的引导激励

职业院校开展职业培训的重点难点在于通过政策引导激励，发动劳动者和培训主体大规模参与职业技能培训活动。2019

年 5 月，国务院办公厅印发《职业技能提升行动方案（2019—2021 年）》（国办发〔2019〕24 号），提出将从失业保险基金结余中拿出 1000 亿元，结合其他就业补助资金等，统筹用于职业技能提升行动。该《方案》提出了多项突破创新举措，加大对培训主体政策激励和支持力度，健全完善培训补贴政策，支持职业院校开展补贴性培训，扩大面向职工、就业重点群体和贫困劳动力的培训规模，对积极承担培训工作的单位在核定绩效工资总量时核增总量；注重灵活分配，职业院校可将一定比例的培训收入纳入学校公用经费，内部分配时向承担培训任务的一线教师倾斜，培训工作量可按一定比例折算成学历教育工作量。这些政策举措大大激发了职业院校积极性，推动自主开展职业培训。

为了让没有技能的劳动者具备一技之长，让技能不足的劳动者实现职业技能提升，促进职业技能提升和就业能力增强，更好地适应经济社会发展需要，大力鼓励和支持劳动者参加培训，实现"要我学"到"我要学"的转变，《职业院校全面开展职业培训 促进就业创业行动计划》提出全面落实职业培训补贴、生活费补贴政策，确保符合条件的参训人员应享尽享。同时，国务院办公厅印发《职业技能提升行动方案（2019—2021 年）》（国办发〔2019〕24 号）设计的多项培训均由政府直接给参训者发放资金补助，符合条件的劳动者都可以参加培训并获得补贴。2021 年 5 月，人力资源社会保障部、财政部、教育部联合印发《关于扩大院校毕业年度毕业生参加职业技能培训有关政策范围的通知》，将职业技能提升行动专账资金补贴性培训对象扩大到普通本科高校、中高职院校（含技工院校）毕业年度毕业生，支持帮助更多院校应届毕业生参加职业技能培训，支持职业院校紧密结合市场需求，按规定开展相关职业技能培训、项目制培训等多种形式的就业创业培训。

## 三、部省共建：让职业教育更好适应并促进区域经济社会发展

2020年1月，教育部、山东省人民政府印发《关于整省推进提质培优建设职业教育创新发展高地的意见》，首个部省共建国家职业教育创新发展高地在山东正式启动。随后，教育部陆续确定了甘肃、江西、天津、辽宁、河南、湖南等6个整省（市）试点，江苏（苏锡常）、浙江（温台）、广东（深圳）、福建（厦门）、四川（成都）等8个城市试点。部省双方以共建为契机，通过加大制度创新和政策供给，增强职业教育适应性，切实提升了服务区域经济社会发展的能力和水平。

### （一）推动职业教育成为经济活动的内生变量

职业教育作为一种比较复杂的公共物品，天生就具有经济、社会和教育的多重属性，与经济社会发展有着紧密的联系。推进部省共建国家职业教育创新发展高地建设，就是要着力推进职业教育区域化、区域职业教育产业化、产业职业教育集群化，走与当地产业需求对接的路子；以职业教育支撑产业链发展，让职业教育内生于经济社会，形成教育链、人才链与产业链、创新链共生共荣的生态系统。[①]12个部省共建国家职业教育创新发展高地聚焦区域经济社会发展，建设内容各有侧重、各有特色。

整省试点方面，山东在建设国家新旧动能转换综合试验区和自由贸易试验区框架下，把职业教育作为推进"两区建设"的重要支撑，深入推进供给侧结构性改革，服务经济转型升级。甘肃

---

① 陈宝生.办好新时代职业教育　服务技能型社会建设［N］.《光明日报》，2021—05—01（07）.

抢抓"一带一路"建设和新一轮西部大开发机遇，将职业教育作为建设丝路桥头堡的重要支撑，探索"地方政府＋职业院校＋企业＋乡村"发展模式，建立"体育＋文化＋旅游＋康养＋多种商业"一体化产业集群孵化器，着力打造技能甘肃。江西服务江西内陆开放型经济发展战略和革命老区建设，对接江西产业规划，推动就业、职业、产业、行业和企业"五业联动"，打造服务经济社会发展的支撑高地。天津坚持行业办学特色，在国有企业混合所有制改革背景下，对接经济结构优化和新动能引育需要，确立行业、企业办学主体地位，共建共享各类资源，打造服务人工智能、先进制造、信息通信等产业的职业教育技术创新服务平台，推进产教城融合建设。辽宁围绕推进沈阳经济区、沿海经济带、辽西北、县域经济、沈抚新区等"五大区域发展战略"，聚焦产业转型升级和重点人群就业能力提升需要，依托职业教育加快人力资源开发，服务辽宁振兴。河南紧扣河南省县域经济主体功能定位，以推进技能社会建设为主线，探索职业院校专业集群与县域产业集群协同发展的服务机制，支撑河南走出强县富民的新路子。湖南围绕"三高四新"发展战略，对接湖南新兴优势产业链，构建"院校集群＋功能板块""专业集群＋产业链"两大引擎，绘制职业教育功能布局地图，服务区域产业升级和产业梯度转移。

  城市试点方面，江苏（苏锡常）聚焦都市圈"一体化"和"高质量"，瞄准先进制造业产业链，进一步整合都市圈职业教育资源、平台等要素，通过苏锡常"三驾马车"合力共治，全面提高都市圈职业教育的供给能力、创新能力和服务能力。浙江（温台）以推进职业教育与温州、台州民营经济深度融合发展为重点，打造创新创业服务平台，助推民营企业"走出去"，激发民营经济发展活力。福建（厦门）聚焦助力两岸融合，围绕自贸区、两岸合作示范区建设和产业急需，以职业教育为载体，建设一批产教融合园区、产教融合型企业、产教融合实训基地和产业学院，探索两岸合作特色模式。广东（深圳）突出职业教育"高端发展"和"世界一流"，探索智能时代职业教育新生态，助力产业向更高端化发展，服务粤港澳大湾区和中国特色社会主义先行示范区"双区"建设。四川（成都）紧扣成都电子信息、装备制造、医疗健康、新型材料、绿色食品等先进制造业，会展经济、金融服务业、现代物流业、文旅产业、生活服务业等现代服务业和新经济等"5+5+1"重点产业，优化职业教育布局，推进职业教育与区域产业共生共长，打造产教城融合园区。

## （二）压实地方主体责任，营造职业教育融入地方发展的制度环境

中国职业教育实行在国务院领导下，分级管理、地方为主、政府统筹、行业指导、社会参与的管理体制。推进部省共建国家职业教育创新发展高地建设，就是要充分调动地方党委和政府积极性、主动性与创造性，充分发挥职业教育作用，更好服务地方经济社会发展。部省共建职业教育的发展模式并不是新生事物，自2005年起，教育部就先后与天津、河南、四川、三峡库区、广西、辽宁、山东潍坊、安徽皖江、黑龙江、浙江宁波、重庆、甘肃共建了12个国家职业教育改革试验区，目的就是鼓励地方在职业教育与地方产业融合发展方面改革创新、先行先试，推动职业教育与经济社会同步发展。

12个部省共建国家职业教育创新发展高地，均以教育部、省人民政府名义出台了建设文件，明确教育部支持政策、省（市）工作任务及责任主体，推进各级党委和政府把职业教育纳入规划、政策体系、议事规则、预算保障，加大有效制度供给，优化技能型社会的建设环境。如山东14部门联合印发全国首个职业院校混合所有制办学政策文件，拆掉了职业教育和市场之间

的"隔墙",全面推进面向市场开放办学,一批职业院校成为区域产业转型升级的技术高地和面向中小微企业的技术服务中心,以及培训培养紧缺技能人才的实践中心;甘肃出台提升技术技能人才地位、服务高层次人才发展的系列制度,畅通企业高层次技术技能人才从教渠道,打破技能人才职称评聘"天花板",营造重技强技的浓厚氛围,一批产业工人破格获正高级工程师职称,成为名副其实的"工人教授"。

| 第三章 |

# 正本清源

## 本章概要

步入新发展阶段,党和国家对职业教育重视程度前所未有,国家推动职业教育改革发展的力度之大前所未有,经济社会发展对职业教育的需求前所未有,职业教育迎来重大发展机遇前所未有。然而,国家战略、社会需求、个人意愿三者还存在错位,老百姓对职业教育的认可度依然不高,职业教育吸引力、软实力、硬实力、影响力依然不足。这亟待在学理层面正本清源,廓清职业教育的内涵与外延,把握职业教育体系结构、特殊规律以及其在国民教育体系中的重要地位,进而为现代职业教育高质量发展奠定学理基础。

从高质量现代国民教育体系来看,中国教育包括初等、中等和高等各层级,也包括普通教育、职业教育、特殊教育各类型,是一个级中有类、类中有级的现代国民教育体系框架结构。在初等教育阶段,既包括适龄儿童的初等教育,也包括青年、成人的初等教育,以普通教育为主,其中也植入了职业教育元素,比如劳动教育、技能教育、职业生涯教育。中等教育阶段包括初中和高中,初中阶段主体为普通教育,高中阶段实行职、普两类教育分流,在职业教育里是中等职业教育,在普通教育里是普通高中教育。在高等教育阶段,也是职业教育和普通教育两类教育并行,普通高等教育从专科到本科再到研究生结构完整,职业高等教育以专科为主体,本科刚刚起步。中国国民教育体系的内涵与外延在发展中不断丰富,其中,职业教育在国民教育体系中的重要地位与作用也得以不断凸显。职业教育是国民教育体系的重要组成部分，是建设高质量教育体系的应有之义，职业教育类型发展是实现更高质量教育的重要支撑，是实现更加公平教育的必然选择。

社会对人才结构的需求决定教育供给结构，人才类型划分决定教育类型发展。研究型人才与应用型人才"两分法"的人才类型理论为职业教育的类型地位、类型发展奠定了学理基础。作为一种类型教育，职业教育是培养技术技能人才、促进就业创业创新、推动中国制造和服务上水平的重要基础，有着其他教育无法替代的人才培养定位与功能定位。从职业教育人才培养定位、培养规格来看，职业教育自身既有"类"也有"级"。从具体办学功能角度看，职业教育可划分为三个基本的类型：技工教育、技能教育和技术教育。三类教育功能定位不同，分别由不同的主体实施。从学历层级角度看，中国学校职业教育包含着三个层级，其中基础部分是中等职业教育，主体和骨干部分是专科高职教育，具有引领带动作用的是本科职业教育，未来或将包括专业硕士及更高层次的职业教育。中职、专科高职、本科职业教育的一体化发展正逐步成为现代职业教育高质量发展的新形态，不同层次职业教育贯通、融合发展也必将为中国职业教育发展探索出新路径、新模式。

职业教育是面向市场的就业教育、面向能力的实践教育、面向社会的跨界教育、面向人人的终身教育，具有与普通教育不同的教育规律、教育性质、培养目标和培养方式。准确把握职业教育"四个面向"的科学理念，对促进职业教育理论创新和实践发展的良性互动具有重要意义。职业教育最突出、最显性的特征在于坚持产教融合、校企合作的办学体制，坚持德技并修、工学结合的育人机制，坚持政行企校多方参与的办学格局，其关键要素在于"双师型"教师队伍。办好职业教育，既要遵循教育的一般规律，也要遵循职业教育自身的独特办学规律。

中国职业教育从规模扩张到内涵提升、从参照办学到类型发展，从强大自身到面向社会，逐步确立了自身的地位与定位，同时也为经济社会发展和产业转型升级提供了有力的人才和智力支撑，职业教育自身发展能力和服务经济社会发展水平不断增强。然而，进入新的发展阶段，伴随中国产业结构、教育结构的调整优化，职业教育在满足国家、社会、个人发展需求方面还存在错位，老百姓对职业教育的认可度依然不高，职业教育吸引力、软实力、硬实力、影响力依然不足。这亟待在学理层面正本清源，廓清职业教育的内涵与外延，把握职业教育体系结构、特殊规律以及其在国民教育体系中的重要地位，进而为现代职业教育高质量发展奠定学理基础。

第三章　正本清源

## 第一节
## 职业教育是国民教育体系的重要组成部分

国民教育体系确立了一个国家教育发展的基本指标，是一个现代国家教育发展水平的综合反映，关系到国家的命运和前途。[①]中国国民教育体系的内涵与外延在发展中不断丰富，职业教育在其中的重要地位与作用得以不断凸显，已成为其重要组成部分。我们要在厘清国民教育体系框架结构的基础上，明确职业教育的类型地位，把准职业教育类型发展对实现更高质量、更加公平教育的重要作用与价值。

### 一、国民教育体系的内涵与外延

厘清国民教育体系内涵与外延，正确认识国民教育体系发展历程及未来走向，对我们进一步优化教育结构、办高质量的教育具有重要现实意义，也是我们实施教育优先发展和教育强国战略、推进实现教育现代化的必要前提和重要基础。

#### （一）国民教育体系的内涵

中国"国民教育"的概念产生于顾明远先生主编的《教育大辞典》，其中指出"国民教育（national education）亦称公共教育，指国家为本国国民（或公民）举办的学校教育。一般为小学

---

[①] 季海菊.现代国民教育体系的构建［J］.《学海》，2009：06.

和初中教育，有的国家还包括幼儿教育和高等教育"①，同时指出"中华人民共和国成立后，不再沿用国民教育名称"。②但是，受国际教育环境和中国教育历史沿革的影响，"国民教育"的名称和概念并没有退出历史舞台，尤其是到了二十世纪末，随着教育学术界对中国教育改革和发展的认识，"国民教育"体系逐步向系统化、整体化的方向深入和升华。根据《教育大辞典》对国民教育的解释，国民教育体系具有明显的阶段性、制度化等特点，中国《教育法》规定的九年制义务教育制度、职业教育制度和成人教育制度、国家教育考试制度、学业证书制度以及学位制度亦从不同侧面支撑了中国国民教育体系的发展。

## （二）现代国民教育体系的发展

党的十六大报告首次明确提出要"形成比较完善的现代国民教育体系""加强职业教育和培训，发展继续教育，构建终身教育体系"。③"现代国民教育体系"与"终身教育体系"共同作为党的十六大报告关于教育要担负"构建体系""培养人才""知识贡献"的历史任务被提出，并被列入"全面建设小康社会的奋斗目标"④之一，被置于教育优先发展的基础性、前提性地位。自此，中国正式开启了建设现代化国民教育体系的新征程。时任中国教育学会会长顾明远介绍，"现代国民教育体系"这一概念的提出也经历了较为曲折的过程，他在中国教育学会教育学分会第五届会员代表大会暨学术研讨会开幕式上的讲话中谈道："同志们看到这个报告的时候，一开始是国民教育体系，后来文件发表的时候加上'现代'两个字。报告还讲到要建立一个学习型社

---

①② 顾明远.教育大辞典［M］.上海：上海教育出版社，1990：01.
③④ 中央政府门户网站.江泽民在中国共产党第十六次全国代表大会上的报告［EB/OL］.［2008—08—01］.http://www.gov.cn/test/2008-08/01/content_1061490_7.htm.

会，也就是要建设一个终身教育体系。"由此可见，这一概念的提出不仅汲取了教育学术界的理论探讨成果，同时还在更高层面上考虑了中国教育问题的实际情况，赋予了"国民教育"更为全面、深广的内涵。

党的十六大召开后，2002年，时任教育部部长的陈至立提出要"分三步走"，建立比较完善的现代国民教育体系。即"……到2010年，普及九年义务教育，职业教育和成人教育有更大发展，人口中接受高等教育的比重更接近中等发达国家水平；到2020年，在高质量普及九年义务教育的基础上，基本普及高中阶段教育，形成规模适当、结构合理的高等教育和职业教育体系"。[①]从陈至立同志的论述中可以发现，职业教育彼时已然成为现代国民教育体系的重要组成部分。

2004年10月出版的《〈中共中央关于完善社会主义市场经济体制若干问题的决定〉辅导读本》，对"现代国民教育体系"的概念作出了明确界定，即"是指由五个方面教育和三项保障机制所构成的整个教育事业。包括义务教育、基础教育、高等教育、职业教育和成人教育，国民教育经费保障机制、国民教育教师保障机制和国民享受教育权利保障机制"。[②]2005年，时任总理温家宝在全国职业教育工作会议上的讲话中对"现代国民教育体系"作出了进一步的论断，指出"要把基础教育、职业教育和高等教育放在同等重要位置，统筹兼顾，协调推进。这三个方面相辅相成，共同构成中国的现代国民教育体系"。中国现代国民教育体系"一体两翼"的发展格局开始初步显现。

---

[①] 李伦.陈至立提出：分三步走建立现代国民教育体系[J].人民教育，2003（2）：2.

[②] 本书编写组.《中国中央关于完善社会主义市场经济体制若干问题的决定》辅导读本[M].北京：人民出版社，2003：488.

"十一五"期间，教育部进一步明确了现代国民教育体系的基本概念，即在现代社会中，以现代教育理念为指导，由正规学校教育构成的国民基本教育制度和体系。一般包括学前教育、小学教育、初中教育、高中阶段教育和高等教育等层级，类型分为普通教育和职业教育。在此基础上，《现代职业教育体系建设规划（2014—2020年）》提出："到2020年，形成适应发展需求、产教深度融合、中职高职衔接、职业教育与普通教育相互沟通，体现终身教育理念，具有中国特色、世界水平的现代职业教育体系，建立人才培养立交桥，形成合理教育结构，推动现代教育体系基本建立、教育现代化基本实现"①，并绘制了"教育体系基本框架示意图"。

从以上国家政策文件关于"现代国民教育体系"的论述可以看出，中国现代国民教育体系的构建是党和国家基于经济与社会发展和全体公民自身发展的需要而作出的战略考虑、战略谋划，涵盖了各级各类教育。相对于传统国民教育体系而言，现代国民教育体系更加强调教育资源的优化配置，更加"注重体系完整、结构合理、机会公平、区域均衡，注重各级各类教育相互衔接，正规与非正规教育相互沟通，提倡学历本位与能力本位并重，学校教育与社区教育结合"②；更加要求适应人才需求的多样性，突出以构建全民学习、终身学习的学习型社会为目标。

---

① 教育部.教育部等六部门关于印发《现代职业教育体系建设规划（2014—2020年）》的通知［EB/OL］.［2014—06—23］.http://www.moe.gov.cn/srcsite/A03/moe_1892/moe_630/201406/t20140623_170737.html.

② 中国教育与人力资源问题报告课题组.从人口大国迈向人力资源强国.北京：高等教育出版社，2003：332.

## 二、现代国民教育体系的框架结构

国家"十四五"规划及 2030 远景目标纲要对中国教育发展作出"建设高质量教育体系"①的战略部署。从高质量现代国民教育体系来看，中国教育既包括初等、中等和高等各层级，也包括普通教育、职业教育、特殊教育各类型，是一个级中有类、类中有级的现代国民教育体系框架结构。

### （一）纵向的教育等级

中国现代国民教育体系的教育级别大体是从低到高，分为初等教育、中等教育和高等教育。中等教育进一步分为初中阶段教育和高中阶段教育，高等教育进一步分为高等专科教育、高等本科教育和研究生学位教育。

#### 1. 初等教育

在现代国民教育体系中，初等教育有着独特、不可替代和不可或缺的价值和意义，是十分重要的基础和组成部分。初等教育是指教育系统中最基础的部分，也是学校教育最初始的阶段。在广义上，初等教育是相对中等及高等教育来说的，包括中等教育以前的教育阶段，涵盖学前和小学教育，既包括适龄儿童的初等教育，也包括青年、成人的初等教育。初等教育的对象范围是全民，是一种适合所有人，包括儿童、青年和成人的基础教育。学前教育是为了能够让我们国家年龄较小的适龄儿童逐渐熟悉学习模式和养成学习习惯，形式一般包括幼儿园、学前班等，该阶段为孩子在小学阶段教育以及成长方面起到了很重要的铺垫作

---

① 中华人民共和国教育部.《中华人民共和国国民经济和社会发展第十四个五年规划和 2035 年远景目标纲要》[EB/OL].[2021.03.13]. http://www.moe.gov.cn/jyb_xwfb/xw_zt/moe_357/2021/2021_zt01/yw/202103/t20210315_519738.html.

用。狭义的初等教育主要是指对适龄儿童实施的小学教育。小学教育具有最大的普及性、广泛性，现实行 6 年学制，少数地方是 5 年，都属义务教育阶段。"造就新人的基础正是在小学里奠定的，进一步掌握知识和技能的基础，也是在小学里建立的。学生在以后能否卓有成效地掌握知识和技巧，其发展的速度和质量究竟怎么样，在许多方面都取决于如何安排小学阶段的教学及教育工作。"[1] 截至 2020 年，全国共有普通小学 15.80 万所，在校生 10725.35 万人，小学学龄儿童净入学率 99.96%[2]。初等教育是推动我们国家教育发展的基石，只有加快推进初等教育优质均衡发展，才能更好地提升国民素质，为社会培养各类人才奠定坚实基础。

### 2. 中等教育

中等教育是指在初等教育基础上，在高等教育之前实施的教育。中国的中等教育主要包括初中阶段义务教育、中等职业教育、普通高中教育。目前中国中等教育为普通教育和职业教育并行发展的二元结构。中等教育在整个教育体系中起着承上启下的重要作用，这一阶段对学生的教育主要侧重于提升学生的基础知识和职业技能，为日后从事学业和工作奠定坚实的基础。截至 2020 年，中国共有初中 5.28 万所（含职业初中 10 所），在校生 4914.09 万人，初中阶段毛入学率 102.5%[3]。

习近平总书记在 2018 年全国教育大会上强调，要努力构建德智体美劳全面培养的教育体系，形成更高水平的人才培养体系。理解总书记关于教育的这一重要论述，涵盖了两个方面，一

---

[1] 赞可夫. 论小学教学［M］. 俞翔辉，译. 北京：教育科学出版社，2001.
[2] 教育部 2020 年全国教育事业发展统计公报［EB/OL］.［2021-08-27］. http://www.moe.gov.cn/jyb_sjzl/sjzl_fztjgb/202108/t20210827_555004.html.
[3] 教育部 2020 年全国教育事业发展统计公报［EB/OL］.［2021-08-27］. http://www.moe.gov.cn/jyb_sjzl/sjzl_fztjgb/202108/t20210827_555004.html.

方面是更加全面的教育体系；另一方面是更高质量的人才培养体系。随着我们国家教育的不断发展，普通高中的办学理念发生了变化，不再简单地追求入学率和升学率也就是传统的所谓学历教育，而是站在更高角度更好地提升国民素质，为国家培养各类人才打下坚实的基础。中国要实现从制造业大国向提升自主研发能力的制造业强国转变，需要数以万计的科研和工程技术人员以及拥有熟练、精湛的操作技术的高素质劳动者，所以国家越来越重视职业教育的发展。中国产业的飞速发展，对技术人才需求的层次性，决定了中国高中阶段教育需要兼顾学历教育和职业教育，在发展普通高中教育的同时也要发展中等职业教育。基于此，中国中等职业学校担负着培养技术性人才和普及高中阶段教育的双重任务。因此，加快发展中等职业教育，是教育为社会主义现代化建设服务的必然要求，是教育为人民服务的必然要求。

### 3. 高等教育

高等教育是在完成中等教育的基础上进行的专业教育和职业教育，其实施主体通常包括以高层次的学习与培养、教学与研究以及社会服务为主要任务和活动的各类教育机构。高等教育包括学历教育和非学历教育，学历教育主要指取得学历证书，包括专科、本科、硕士研究生、博士研究生的教育；非学历教育主要包括各类技能培训和企业培训等。截至2020年，中国各类高等教育学校，包括普通高等学校、成人高等学校共计2738所[1]。高等教育同文化、政治、经济一样都是社会的重要组成部分，与社会的经济基础和上层建筑都有密切关系。

高等教育是社会发展的重要依靠，是社会发展的动力之源，社会发展离不开高等教育。高等教育应当具有自己完善的功能体

---

[1] 教育部2020年全国教育事业发展统计公报[EB/OL].[2021-08-27]. http://www.moe.gov.cn/jyb_sjzl/sjzl_fztjgb/202108/t20210827_555004.html.

系。第一，应包括对经济与社会发展的适应性、拉动性和贡献率。国家和社会投资办大学，并非仅仅为了高等教育自身的发展，而主要是为了满足经济与社会发展的需要。这就决定了高等教育一定要具有对经济与社会发展的适应性。此外，高等教育作为国家创新体系的重要组成部分和人才培养中心，处于知识创新、技术创新和人才培养的前沿和高端水平，应当以源源不断的创新成果和人才后援作用于经济与社会，从而促进其向前发展。第二，应具有对各类高中阶段教育的覆盖性和带动性。中国高中阶段教育从大的类别上说分为普通高中教育和中等职业教育两大类。在传统国民教育体系中，高等教育通过传统高考招收普通高中毕业生，只对普通高中教育具有拉动性，导致其成了单纯的"升学教育""应试教育"，而其他高中阶段教育则成了"终结性教育""断头教育"。现代国民教育体系应当拆掉"独木桥"，建立各类教育内部纵向贯通、横向互连的教育通道，构筑人才成长的"立交桥"，使高等教育全面覆盖各类高中阶段的教育，拉动其及其以下层次的教育深化改革，全面推进素质教育。第三，应具有对适龄青年学习深造的兼容性。一般来说，18—22岁这个年龄段的青年多在各类高中上学，所以高等教育具备了对各类高中阶段的学校毕业生的涵盖性。但是，社会上还有一些具有接受高等教育的学习能力而未能接受高中阶段教育的人，他们也应当成为高等教育的生源之一。这要求高等教育在体制上具有更高的兼容性，通过改革和完善，由于种种原因失学但具有相应学习能力的人能够获得求学深造机会。第四，应具有对广大社会成员接受高等教育需求的接纳性。在中国国民教育体系中，改革开放以来成年人接受高等教育的途径已明显增多和拓宽，但是基本上局限在非全日制、非正规化教育领域，全日制和正规化高等教育对社会成员的接纳性远远不够，这种状况应当改变。现代国民教育体系中的全日制和正规化高等教育在侧重于18—22岁青年的同时，应当建立严格、规范、科学、合理、公平、公开的接纳机制，尽可能接纳各类符合条件的成年学生，为高等教育的大众化打开更为广阔的空间。

### （二）横向的教育类型

从横向来看，中国教育主要分为普通教育、职业教育两种类型，其中每种教育类别内部都有其各自等级通道。也就是说，普通教育有初等、中等、高等之分，职业教育同样如此。

#### 1. 普通教育

就教育类型的对应性而言，普通教育是"以传授普遍性、通用性知识和培养相应能力为主的教育"。[1]普通教育是中国教育发展的一条主线，是中国现代教育体系的重要组成部分，承担了重要的历史和现实的使命，满足了多数社会成员的教育需求，适应了人类社会历史发展的基本教育需要，具有巨大的、不可替代的作用和价值。

普通教育自古以来就是一种"全程教育"，是迄今为止，层次最完备、衔接最严密、结构最严谨的教育。从古代"蒙学"开始，直至学问的最高层次，占主流的都是普通教育。普通教育具有从小学至博士研究生各个层次的完整教育体系，分别培养了小学生、初中生、高中生、大学生、硕士研究生、博士研究生，在整个教育系统中具有原生性、普遍性、基础性。但是需要注意的是，与职业教育相比，普通教育的"重心"就是小学、初中阶段的基础教育，除非有特殊的职业需要，公民都应接受小学和初中阶段的普通教育。对此，中国的《职业教育法》作了明确规定，强调中国的学校教育"实施以初中后为重点的不同阶段的教育分流"。从普通教育类型的功能特点来看，普通教育的专业主要在

---

[1] 张振元.现代国民教育体系中的普通教育[J].中国教育学刊，2005，(5).

学科性领域，主要培养从事自然科学和人文社会科学领域基础理论研究和科学文化传承方面的人才，并且为其他种类专业的应用性、实践性研究奠定基础。

### 2. 职业教育

职业教育是以传授谋生性、职业性、专业性的知识、经验和培养相应技能、能力为主的教育。[①] 从定义来看，职业教育是指"职业教育者按照一定社会的要求和教育规律，为引导学生掌握在某一特定的职业、行业或某类职业、行业中从业所需要的实际技能、知识和认识，通过一定的职业教育方式对有关资源进行有效利用，达到为促进社会生产方式发展和人类自身再生产的一种实践活动"。[②] 通常，我们说的职业教育是个统称，它包括技术教育和技术培训、职业教育和职业培训、中等职业教育和高等职业教育。从职业教育的内容以及目的来看，职业教育通过教授从事特定职业所必需的相关知识、技能与技术，甚至还有职业道德和态度，同时包括必要的普通基础知识来直接培养特定职业所需的高级、中级、初级技术、管理人才，在层次上分为初等、中等、高等职业教育。

职业教育是教育内部的结构与分工，是整个现代国民教育体系的重要的有机构成部分。我们要认识到，普通教育以传授知识和培养相应能力为主，不能承载全面培养各类人才、适应现代社会教育类型多样性需要的使命。为满足中国经济社会发展对人才的需求，职业教育应处于与普通教育同等重要的地位，中国应逐步建立普通学校教育和职业学校教育互相衔接、并行发展的教育体系和人才培养体系，使教育供给更好地满足社会需求。提高劳动者素质需要发展职业教育，职业教育为社会培养了许多有知识、有职业技能、有道德的高素质劳动者，使中国劳动

---

[①] 张振元.现代国民教育体系中的普通教育[J].中国教育学刊,2005,(5).
[②] 林宁.职业教育学[M].北京:清华大学出版社,2019.

力队伍的素质结构、知识结构和技能结构得到显著改善，在各行各业的发展中起到积极作用，促进了劳动就业和社会稳定。因此，大力发展职业教育，是完善现代国民教育体系的必然要求。

## 三、从现代国民教育体系看职业教育的重要地位

中国现代国民教育体系将普通教育和职业教育分为两翼。职业教育作为与普通教育具有同等重要地位的一种教育类型，培养适应经济与社会发展的技术技能人才，满足现代社会对人才需求的多样性，促进人的全面发展和全体人民共同富裕。其类型发展是实现教育更加公平、更有质量的必然选择和重要支撑，在现代国民教育高质量发展中具有不可或缺、不可替代的重要地位。

### （一）职业教育类型发展是实现更加公平教育的必然选择

习近平总书记在 2017 年 10 月 18 日党的十九大报告指出："努力让每个孩子都能享有公平而有质量的教育。"保证教育公平是办好人民满意教育的前提，也是实现社会公平的重要基础。职业教育面向市场，肩负着培养多样化人才、传承技术技能、促进就业创业的重要职责，其独特的类型和功能是实现教育公平的有力支撑。

#### 1. 职业教育是对"有教无类"的生动诠释

《论语·卫灵公》写道："子曰：有教无类。"[1]在教育对象问题上，孔子认为人皆可以通过教育成才成德，提出了"有教无类"的思想，其本义是不分贵族与平民，不分国界与华夷，只要有心向学，都可以入学受教。"有教无类"思想在教育发展史上

---

[1] 孔子，先秦，《论语·卫灵公篇》：子曰：有教无类。https://so.gushiwen.cn/guwen/bookv_46653FD803893E4F0A67CCCD1BEF2DEF.aspx.

具有划时代的意义，其精神实质就是教育的平民化。"有教无类"教育思想的实施，为封建社会的平民打开了一扇通往知识与理性的大门，也为扩大教育的社会基础和人才来源、提高全体社会成员素质起到积极的推动作用。

现代社会，特别是二十世纪后，教育成为社会全体公民的需要和共享的权利，教育的全民性和普及性显得更为鲜明迫切，并纳入国家法律范畴。《中华人民共和国教育法》明确提出"中华人民共和国公民有受教育的权利和义务"①，规定中国公民不分民族、种族、性别、职业、财产状况、宗教信仰等，依法享有平等的受教育机会，从法律层面保证了"有教无类"教育思想实施的政策依据。职业教育正是在此背景下对各种生源兼收并蓄，比如高职院校通过职教高考制度、高职百万扩招等措施，招收不同区域、不同类型、不同层次的人员，实现了生源地域和生源类型的多样化，让更多社会群体有了接受教育的机会，这正是职业教育践行"有教无类"教育思想的生动体现。

### 2. 职业教育是对"因材施教"的现实演绎

早在中国古代，孔子就提出"因材施教"的教育方法，即从学生实际出发，循序渐进，充分发挥学生学习的积极性、主动性和创造性，以实现教育培养目标。"因材施教"教育思想和实践不仅对中国古代教育的发展产生了积极作用，而且对现代教育也具有重要的指导意义。在强调有教无类、全民教育、终身教育的背景下，职业教育生源数量不再是困扰职业教育发展的瓶颈，但随着生源结构的变化尤其是退役军人、下岗职工、农民工等非传统应届生源比例的提高，生源素质的差异化给职业教育带来了新的课题。职业教育的对象知识基础和智力类型不同，对知识获取

---

① 《中华人民共和国教育法》第九条，2021年4月29日第十三届全国人民代表大会常务委员会第二十八次会议通过．

的指向性也不同。职业院校作为职业教育的办学主体，全面开展"因材施教"教育实践，突出实战和应用的办学路子，从基于学科知识体系的课程设置和教学实施，逐步转向基于职业工作过程的模块化课程设置和项目化的教学实施，探索适应生源多样性教育需求和学习方式的人才培养模式，强化工作本位和能力本位，形成了产教融合、校企合作、工学结合、知行合一的育人机制。职业教育通过"因材施教"，数理化不够好的学生，可能成不了钱学森、华罗庚、屠呦呦等这样的大科学家，但可以操作最复杂的机器、制作最漂亮的衣服、烹制最可口的饭菜，可以成为推动中国制造和服务上水平的高素质技术技能人才、能工巧匠、大国工匠。

### 3. 职业教育是实现"人人出彩"的成才通道

从中国职业教育发展来看，"职业学院""技术学校"曾在国人的眼里成了考不上"正规"好大学的学生归宿。每年有数以万计的学生奔赴在高考这座决定他们命运的"独木桥"上，最终很大一部分人只能无奈选择职业院校。实际上，不能上普通高校，不代表失去了今后求职的竞争力，并不意味着毕业只能做一个"普通工人"，相反只要拥有一技之长，同样可以成为国家有用人才，享有人生出彩的机会。因此，培养一大批专业型、技能型人才，努力让每个孩子都有人生出彩的机会，这正是职业教育的使命所在、职业院校的实践方向所在。

2014年6月23日，习近平总书记在全国职业教育会议中指出："营造人人皆可成才、人人尽展其才的良好环境""努力让每个人都有人生出彩的机会"。让每个人都有人生出彩的机会，是经济社会发展对教育特别是职业教育提出的新要求，也是广大人民群众对教育公平的新期待。近年来，职业教育通过完善夏季统招、春季统招、单考单招、自主招生、贯通培养等多种录取模式，使高考录取由竞争激烈的"独木桥"变为多元选择的人才成

长的"立交桥",为各类学生提供不同的评价方式和多样化的成长成才路径。同时,职业教育通过拓宽社会成员终身学习通道、建立多种形式学习成果的认证、积累和转换制度,实现了不同类型教育、学历与非学历教育、校内与校外教育之间互通衔接,畅通终身学习和人才成长成才渠道。

2019年8月20日下午,习近平总书记在甘肃张掖市山丹培黎学校考察时说:"三百六十行,行行出状元。"现如今,从举办各类技能比武,让优秀人才脱颖而出;到开展青少年职业启蒙、职业体验,播下"技能梦想"的种子,政府部门、企业、院校正在协力同行,激励更多劳动者特别是青年一代走技能成才、技能报国之路。中国每年平均有280万个家庭通过高职实现拥有第一代大学生的梦想,每年职业教育都会为全社会输出约1000万的人才。可以说,职业教育为广大劳动者和青年学生打开通往成功成才的大门,实现了精彩人生。

### (二)职业教育类型发展是实现更高质量教育的重要支撑

十三届全国人大四次会议通过的《中华人民共和国国民经济和社会发展第十四个五年规划和2035年远景目标纲要》明确提出要"建设高质量教育体系"。进入新发展阶段,建设高质量教育体系是坚持以人民为中心的必然要求,也是提高人民思想道德素质、科学文化素质和身心健康素质的可靠保证,更是办好人民满意教育、满足人民日益增长的美好生活需要。建设高质量教育体系需要不断完善教育理论、深化教育改革和提升教育现代化水平。从现实看,职业教育作为现代国民教育体系的重要组成部分,其类型定位的确立进一步丰富了中国教育理论,体系发展成为教育综合改革的重要突破口,"信息技术+职业教育"更是教育现代化的生动体现。由此可见,职业教育类型发展是建设高质量教育体系的强力支撑。

## 1. 职业教育类型定位确立是对丰富中国教育理论的重大贡献

职业教育与普通教育"不同类型，同等重要"的类型定位是中国教育理念的一次重大变革，也是党和国家把握教育发展规律、职业教育办学规律、人的全面发展规律作出的一个重大判断。从"不同层次"到"不同类型"，在政策上和法律上真正巩固了职业教育的类型定位。这一重要定位，不仅是对职业教育的重大理论贡献，还有重要的政策指导和实践意义，为发展中国特色职业教育指明了方向。同时，随着职业教育顶层设计完成，继"职教20条"、职业教育提质培优三年行动计划之后，全国职业教育大会配套主文件《关于推动现代职业教育高质量发展的意见》也印发实施，立起了职业教育改革发展的"四梁八柱"。

职业教育类型定位为发展现代职业教育提供了新的逻辑起点。构建纵向贯通、横向融通的现代职业教育体系使职业学校体系结构更加合理、定位更加清晰，职业教育的吸引力大幅提升，巩固中等职业教育的基础地位，强化高等职业教育的主体地位，稳步推进本科层次职业教育试点，打破了职业教育止步于专科层次的"天花板"。在横向融通上，推动职业教育与普通教育、继续教育、社区教育等融通发展，加快构建国家资历框架，推进学分银行落地，充分发挥了职业教育在建设服务全民终身学习教育体系中的重要作用。

## 2. 职业教育是深化教育综合改革的重要突破口

党的十八大以来，以习近平同志为核心的党中央站在党和国家发展全局的高度，把职业教育摆在了前所未有的突出位置。在全国职业教育大会上，孙春兰副总理强调，要把职业教育作为教育综合改革的突破口。但是全社会的认识还不到位，还只把职业教育当作教育体系的补充部分。中国教育的根子问题是教育结构不合理，教育供给结构单一，普教"一头独大"，大家只能去挤

"普通高考"的独木桥,导致教育焦虑不断向基础教育延伸,中考压力已经大于高考。虽然我们及时"双减",阶段性成效也很显著,但教育结构不改变、教育供给方式不改变,这个焦虑恐难以根治。因此,办好职业教育是解决教育焦虑、优化教育结构、丰富教育供给、满足人民群众期待的优质均衡教育需求的有效途径。

### 3. 职业教育现代化是教育现代化的重要内容

教育现代化是全面建设社会主义现代化强国的重要基石。立足新发展阶段,提高职业教育现代化是加快推进教育现代化的重要推手,进而实现教育现代化支撑国家现代化。当今世界正进入数字经济快速发展的时期,5G、人工智能、智慧城市等新技术、新业态、新平台蓬勃兴起,深刻影响全球科技创新、产业结构调整和经济社会发展,教育信息化成为教育现代化的重要方面。随着中国制造 2025 以及工业 4.0 的出现,人工智能、云计算、大数据、互联网、物联网、移动计算等新技术与职业教育深度融合,职业教育现代化的前瞻性、先进性、时代性特征更加鲜明。基于信息技术和大数据的现代化背景,职业教育只有及时转化思想观念,适应时代的发展潮流,在人才强国、创新发展的战略中发挥职业教育培养人才的优势,支持经济社会发展,才能实现中国从"人才大国"向"人才强国"的跨越。

职业教育现代化的最终表现形式主要包括教育思想的现代化、人才培养的现代化、就业保障的现代化以及教师队伍的现代化。这就决定职业教育现代化以现代化的教育内容及教育手段为平台,为国家培养大批适应企业、适应现代社会市场经济的,有知识、懂技术的人才,进而增强国家品牌质量和经济水平,加快国家现代化进程。职业学校要有先进的办学理念、鲜明的办学特色、灵活的办学机制以及完善的人才培养模式,以自身的高质量发展助力构建高质量教育体系。

## 第二节
## 职业教育有"类"也有"级"

作为一种类型教育，职业教育是培养技术技能人才、促进就业创业创新、推动中国制造和服务上水平的重要基础，有着其他教育无法替代的人才培养定位与功能定位。从职业教育人才培养定位、培养规格来看，职业教育自身既有"类"，也有"级"。职业教育的"类"包括了技工教育、技能教育、技术教育，未来随着技术的变革、时代的发展，可能还会衍生出其他类别的职业教育；职业教育的"级"包括了中等职业教育、专科高职教育、本科职业教育，未来可能还会有更高层级的职业教育。

### 一、人才结构划分为职业教育类型发展奠定学理基础

社会对人才结构的需求决定教育供给结构，人才类型划分决定教育类型发展。人才类型理论以及社会人才结构划分为职业教育的类型地位、类型发展奠定了坚实的学理基础。

#### （一）人才两分法：研究型人才与应用型人才

2021年年初，习近平总书记在闽江学院考察时指出："社会需要的人才是金字塔形的。高校不仅要培养研究型人才，也要树立应用型办学理念，培养青年一代适应社会需要的技能。"所谓研究型人才，顾名思义是指从事学术研究、理论研究的人才，是

发现和研究客观规律的人才，与运用客观规律来为社会谋取直接利益的应用型人才概念相对。从知识结构来看，研究型人才以学科体系为本位，注重学术性，重视学科知识本身的系统性、整体性和理论性，因而研究型人才往往都经过系统的学科理论教育和专业的思维训练，具有一定的科研能力和创新能力，且具有较强的批评意识、创新精神和辩证思维能力。与研究型人才相比，应用型人才在知识结构上具有较强的复合性和跨学科性特点，更加突出知识和能力的复合性、交叉性和应用性，强调运用所学理论和技术技能解决实践问题。

美国、欧盟高校毕业生中80%是应用型人才，20%是研究型人才。而中国高校毕业生中，长期以来都是研究型人才居多，应用型人才不足。潘懋元先生指出："应用型人才主要是在一定的理论规范指导下，从事非学术研究性工作，其任务是将抽象的理论符号转换成具体的操作构思或产品构型，将知识应用于实践。但是，应用型人才并非只'应用'知识和理论，不进行研究。恰恰相反，应用型人才不仅在知识的应用方面发挥作用，而且在理论的创新方面常常给人们以启发，特别是应用型人才所开展的应用性研究，更具有广泛的意义与作用。"[1] 总的来看，我们认为应用型人才是具备一定的专业知识和专业技能，能够将学术研究成果转化为社会生产力或将这种社会生产力运用到社会生产实践当中并直接创造出社会物质财富的人才。从宏观层面把人才划分为研究型人才和应用型人才，也是高等教育普及化背景下，社会对人才需求的一种反应。目前，中国已进入高等教育普及化阶段，但存在着高等教育结构和产业人才需求结构不适配的现象，应用型人才缺口大，这也就导致教育结构调整优化工作迫在眉睫。我们不仅需要爱因斯坦，同时也需要爱迪生，更需要鲁班。

---

[1] 潘懋元，石回霞.应用型人才培养的历史探源[J].《江苏高教》，2009（1）：7—10.

## （二）技术技能人才是应用型人才的重要组成部分

无论是研究型人才，还是应用型人才，都各有层级之分。不可能所有的研究型人才都研究顶尖理论问题，也不可能所有的应用型人才都从事复杂应用技术研究与开发。应用型人才可以进一步划分为工程型人才、技术型人才和技能型人才，这种划分也符合企业人才结构布局及分工实际。总体来说，工程型人才培养的逻辑起点是面向行业领域，尤其是行业领域前沿的发展，遵循着多学科和交叉学科体系的逻辑，其对应的职业类型多为工程型职业，主要是通过理论应用、产教联合研发等形式，进行科学应用、工程研究、工程规划、工程决策等工作；技术型人才和技能型人才培养的逻辑起点是面向职业和岗位群发展，遵循工作体系的逻辑，其对应的职业类型多为技术技能型职业，主要是通过产教融合、工学结合的模式来进行技术创新、技术应用、技能训练和技能迭代。技术型人才是产业技术传承、优化、创新和积累的重要承担者，是具有一定的理论知识水平、高超技艺，能解决本职业（工种）高难度技术操作和生产工艺难题的人才。技能型人才更多是直接面向生产、建设、管理、服务第一线，具备基本知识素质要求，掌握简单或综合操作技能的人才。在人才金字塔中，其主体就是融入实体经济、扎根一线、能干实干的大量技术型和技能型人才。

## （三）职业教育致力于培养高素质技术技能人才

职业教育作为教育发展中的一个类型，是直接面向产品生产和服务提供的教育，所培养的就是国家亟须的爱迪生、鲁班，就是具有扎实的理论知识水平、高超技艺和综合操作技能，能解决实际技术操作和生产工艺难题的高素质技术技能人才，具体来说，就是从事产品生产和服务的应用设计、实验检验、生产开发、质量管理等工作的人才。改革开放以来，中国职业教育培养培训了大批中高级技术技能人才，为提高劳动者素质、推动经济社会发展和促进就业作出了重要贡献。"十三五"期间，全国职业学校开设 1200 余个专业和 10 余万个专业点，基本覆盖了国民经济各领域，每年培养 1000 万左右的高素质技术技能人才；在先进制造业、战略性新兴产业和现代服务业等领域，一线新增从业人员 70% 以上来自职业院校毕业生；此外，高职用三年时间扩招 300 万人，在服务"六稳""六保"、促进高等教育普及化方面发挥了重要作用。①

## 二、职业教育类中有"类"

结合中国职业教育发展历程及发展现状，从具体办学功能角度，中国职业教育可划分为三个基本的类型：技工教育、技能教育和技术教育。三类教育功能定位不同，分别由不同的主体实施。

### （一）技工教育

《教育大辞典》（顾明远主编，1998 年版）将技工教育表述为"以培养技术工人为目标的专门教育"。《国情教育大辞典》（向洪主编，1990 年版）将技工教育表述为"中国职业技术教育的一个组成部分。它是一种为国民经济各部门培养和输送具有社会主义觉悟、能够掌握现代生产技术、身体健康的中级技术工人的教育"。上述两个定义表明，技工教育的基本功能是培养技术工人，在类型属性上隶属于职业教育。这与技工教育相关政策文件表述一致。如 1986 年印发的《技工学校工作条例》（劳人培

---

① 教育部.介绍"十三五"期间职业教育改革发展情况［EB/OL］.［2020.12.08］.http://www.moe.gov.cn/fbh/live/2020/52735/.

〔1986〕22号，2012年修改名称为《技工学校工作规定》）第一章第二条指出"技工学校是培养技术工人的中等职业技术学校，是国家职业技术教育事业的重要组成部分，属于高中阶段的职业技术教育"。因而，可以明确的是，技工教育是职业教育的组成部分，这与中国职业教育发展实际与现状也相符。根据教育事业统计报告，截至2020年年底，中国共有中等职业学校9865所，其中技工学校2392所，占总数的24.25%；中等职业学校在校生1628.14万人，其中技工学校360.31万人，占总数的22.13%。

技工教育在功能定位上致力于培养直接就业、直接服务生产一线的技能型人才，实施主体是人力资源社会保障部门举办的技工学校，技工学校属于中等职业学校，学生注册中职学籍，享受国家规定的中职免学费资助，学生毕业后取得中等职业教育学历文凭。尽管部分技工学校更名为高级技工学校和技师学院，实施中高级职业培训，但依据职业教育学历管理规定，其仍属于中等学历教育。

## （二）技术教育

技术教育与职业教育的关系，一直是中国职业教育领域学者们争论的话题之一。其原因在于，在1996年《职业教育法》颁布实施以前，中国相关政策以及学术研究上，"职业和技术教育""职业教育"两种表述长期并用，时有争论，而《职业教育法》最终使用了"职业教育"一词。联合国教科文组织对职业教育的全称是TVET（Technical and Vocational Education and Training，技术和职业教育与培训），也就是说，在学校职业教育中，包含了技术教育和职业教育，这里的技术教育培养的是技术型人才，职业教育（狭义）培养的是技能型人才。在中国，人们长期以来形成的共识也是"职业教育"包括职业教育（狭义）和技术教育。

技术教育是指有组织、有计划、有目的地对受教育者进行

的从事某种职业或劳动所需要的理论知识和技术能力的教育，既包括必要的专业知识和原理的教育，也包括完成某工种技术必备的实际操作技能和解决技术问题能力所进行的教育。职业学校是进行技术教育的主阵地，主要由高等职业学校，包括本科职业学校来实施。技术教育人才培养定位是以智慧技能为其能力结构核心的技术型人才，主要岗位是负责设备的安装、调试、维护、维修以及解决一线生产中的技术难题，既可以从事企业一线生产工作，也可以从事企业工程师岗位工作。

## 三、职业教育类中有"级"

中国学校职业教育包含着不同的学历层级，其中基础部分是中等职业教育，主体和骨干部分是专科高职教育，具有引领带动作用的是目前刚刚开始发展起来的本科职业教育，未来或将再包括专业硕士及更高层次的职业教育。中职、专科高职、本科职业教育的一体化发展正逐步成为现代职业教育高质量发展的新形态，不同层次职业教育贯通、融合发展也必将为中国职业教育发展探索出新路径、新模式。

### （一）中等职业教育

中等职业教育致力于培养具有扎实技能基础和文化基础的技能型人才，是整个技术技能人才培养体系乃至应用型人才培养体系的基础工程。截至2020年，中国有中职学校9865所，年招生627.56万人，在校生1628.14万人，招生和在校生分别占高中阶段教育的41.73%、39.44%。伴随国民教育结构的逐步优化，中职将在现代国民教育体系中发挥着更加重要、更加凸显的作用。但当前的办学实际表明，中国中职教育还存在办学定位不适配、办学规模大而不强、办学条件多半不达标的问题。

2021年，中共中央办公厅、国务院办公厅印发《关于推动现代职业教育高质量发展的意见》（以下简称《高质量意见》）明确提出要推进不同层次职业教育纵向贯通，其中关于中等职业教育发展的战略导向是"大力提升中等职业教育办学质量，优化布局结构，实施中等职业学校办学条件达标工程，采取合并、合作、托管、集团办学等措施，建设一批优秀中等职业学校和优质专业，注重为高等职业教育输送具有扎实技术技能基础和合格文化基础的生源"[①]。理解这一政策部署，即无论是对于现代职业教育体系构建，还是对于职业教育的高质量发展而言，中职都是基础，要切实筑牢中职的基础性地位，人才培养定位从原来单纯"以就业为导向"调整为"就业与升学兼顾"，既为高层次职业教育输送具有基础职业能力和基本文化素养的合格生源，又为社会培养基础性技术技能人才，还为不同禀赋学生提供多样化成才通道。

## （二）专科高职教育

专科高职是中国职业教育的骨干。截至2020年，中国有高职专科院校1468所，年招生524.34万人，在校生1459.55万人，招生和在校生分别占普通本、专科的54.2%、44.43%，占据全国高等教育的"半壁江山"。构建纵向贯通、横向融通的中国特色现代职业教育体系，必须进一步夯实高职专科的主体地位。对此，《高质量意见》也有明确部署，要求"推进高等职业教育提质培优，实施好'双高计划'，集中力量建设一批高水平高等职业学校和专业"。结合当前专科高职发展实际，实现高等职业教育提质培优的总体目标，一方面，要指导各高职学校应对

---

[①] 新华网. 中共中央办公厅 国务院办公厅 印发《关于推动现代职业教育高质量发展的意见》[EB/OL]. [2021—10—12]. https://xhpfmapi.xinhuaxmt.com/vh512/share/10313266?channel.

大规模扩招带来的办学形态变革、办学资源稀释、人才培养针对性不够、社会认可度不高等现实挑战，切实深化改革、提高内涵质量，在新一轮改革浪潮中形成新的核心竞争力。另一方面，要以国家"双高计划"建设为引领，打造一批高水平高职学校和专业，带动各地各高职学校进一步健全制度与标准体系、改革治理模式、完善育人机制，在对接和服务区域经济社会发展过程中办出特色、办出水平，形成并固化独具特色、不可模仿、不可替代的发展道路与模式。

## （三）职业本科教育

2021年习近平总书记对职业教育工作作出重要指示，明确要求要"稳步发展职业本科教育"。中国"十四五"规划和2035远景目标纲要以及教育部"十四五"高校设置规划也分别就稳步发展职业本科教育作出了明确规划和具体安排。《高质量意见》则对职业本科教育发展的定位与规模作出了顶层设计，即"高标准建设职业本科学校和专业，保持职业教育办学方向不变、培养模式不变、特色发展不变"，①确保到2025年，"职业本科教育招生规模不低于高等职业教育招生规模的10%"。

发展职业本科教育，从教育层面，可以完善中国特色现代教育体系，优化人才培养结构，树立职业教育作为类型教育的地位；从社会层面，可以解决高层次技术人才的短缺，更好适应产业基础高端化、产业链现代化发展要求；从学生层面，可以畅通职业教育层次提升渠道，拓展成长和发展空间，极大增强职业教育吸引力。

---

① 新华网. 中共中央办公厅　国务院办公厅印发《关于推动现代职业教育高质量发展的意见》[EB/OL].[2021—10—12]. https://xhpfmapi.xinhuaxmt.com/vh512/share/10313266?channel.

## 第三节
## 职业教育遵循独特的办学规律

作为一种面向市场的就业教育、面向能力的实践教育、面向社会的跨界教育、面向人人的终身教育，职业教育既遵循教育的一般规律，也遵循自身独特的办学规律。其最突出的、最显性的特征在于坚持产教融合、校企合作的办学体制，坚持德技并修、工学结合的育人机制，坚持政行企校多方参与的办学格局，其关键要素在于"双师型"教师队伍。

### 一、教育理念：四个面向

职业教育是与经济社会发展联系最紧密、最直接的教育类型，是国民教育体系中最为复杂又自成体系的一个教育类型，具有与普通教育不同的教育规律、教育性质、培养目标和培养方式。准确把握职业教育"四个面向"的精神实质和丰富内涵，明确职业教育定位，锚定职业教育方向，对促进职业教育理论创新和实践发展的良性互动具有重要意义。

#### （一）职业教育是面向市场的就业教育

职业教育直接对接科技发展趋势和市场需求，承担着培养高素质劳动者和技术技能人才，为促进经济社会发展和提高国家竞争力提供优质人才资源支撑的重要职责。因而，职业教育的专业设置要与产业需求对接、课程内容要与职业标准对接、教学过程要与生产过程对接，这从学理上突出强调了职业教育的就业导向。2021年3月24日，李克强总理主持召开国务院常务会议审议《中华人民共和国职业教育法（修订草案）》，强调"办好职业教育要适应社会主义市场经济发展要求，坚持改革创新，突出就业导向，缓解就业结构性矛盾和促进就业质量提升"①，这更是从法律与政策层面保障了职业教育的就业属性。由此可见，职业教育就是一种面向市场的就业教育。就业是民生之本。习近平总书记指出，"一个贫困家庭的孩子如果能接受职业教育，掌握一技之长，能就业，这一户脱贫就有希望了"②。改革开放四十余年来，职业教育在促进就业创业、服务脱贫攻坚、阻断贫困代际传递等方面发挥了不可替代的重要作用。中国职业院校70%以上的学生来自农村，千万家庭通过职业教育实现了拥有第一代大学生的梦想，"职教一人，就业一个，脱贫一家"③，正让越来越多的家庭日子越过越红火。步入新发展阶段，就业导向的职业教育还必将在服务乡村振兴、助力共同富裕等方面发挥更加突出、更加不可替代的重要作用。这里值得我们思考的是，如何遵循职业教育的"职业"属性，来优化专业设置、完善课程体系、创新人才培养模式、改革教学方法，进而让职业教育培养的人才更加适应市场需求、实现更高质量就业。高职扩招政策实施以来，生源结构的变化正催生职业院校办学形态变革；中等职业教育办学功能转型、本科职业教育逐步发展，也同步带来职业教育供给结构的调整，职业教育适应这一系列变革，为多样化人才提供多样化教育，助力不同受教育者更好实现高质量就业，成为新时期检验职

---

① 中国政府网.李克强主持召开国务院常务会议 部署实施提高制造业企业研发费用加计扣除比例等政策［EB/OL］.［2021—03—24］. http://www.gov.cn/premier/2021-03/24/content_5595379.htm.

②③《人民日报》.张烁.职教一人 就业一个 脱贫一家［EB/OL］.［2021—02—28］. http://paper.people.com.cn/rmrb/html/2021-02/28/nw.D110000renmrb_20210228_1-05.htm.

业教育就业导向成效的重要评价指标。

### （二）职业教育是面向能力的实践教育

相比于普通学术教育，职业教育最大的特点就在于强调理实一体、工学结合，其核心特色在于使学生掌握必需的文化和专业知识的同时，掌握熟练的职业技能和适应职业变化的能力，这就决定了职业教育必须是一种面向能力的实践教育。从德国的"双元制"教学模式，到美国、加拿大推行的能力为基础的教学模式，都突出实践教育的特点。实践教育是职业教育区别于其他类型教育的显著特征。实习实训是实现职业教育培养目标、锻炼学生实践技能的必要途径，越接近真实的工作环境、越接近生产一线、越接近实际操作过程，职业教育培养的人才质量就越高。实践教育，可以使学生初步养成诚实守信、积极进取、精益求精、爱岗敬业的职业品质和职业意识，同时在实践过程中激发其创新意识、培养其创新能力。实践教育是实现职业教育服务发展的根本要求，也是深化改革、促进内涵建设的必然选择。

### （三）职业教育是面向社会的跨界教育

职业教育与经济社会发展联系最为紧密，跨越了职业与教育、跨越了企业与学校、跨越了工作与学习的界限，职业教育与其他社会组织、机构的高度关联与协同，致使其具备明显的跨界性，是一种面向社会的跨界教育。职业教育的跨界属性同样体现在其内部要素上，尤其是在教师组成、培养内容、教学过程与方法，乃至生源构成等方面，都具有明显的跨界性。职业学校的教师不仅要具备专业学科和教育学科理论知识，还要具备特定专业技术实践能力和教育教学实践能力；职业学校的课程开发与教材建设必须基于专业知识和工作岗位两重逻辑；职业学校的教学过程兼顾学生知识学习与技能获得相结合；职业学校的生源越来越多样兼容，同时涵盖适龄生源及社会人员。所以，要发展好职业教育，必须跳出教育看教育，跳出学校看学校，用系统思维建立职业教育统筹发展机制，把企业、院校、行业和政府的各类资源有效整合起来，推动职业教育由政府举办为主向政府统筹管理、社会多元办学的格局转变，由参照普通教育办学模式向企业社会参与、专业特色鲜明的类型教育转变，使其层次结构、规模结构、专业结构、办学结构及其各个分系统，与社会、经济、人力资源需求结构相匹配。

### （四）职业教育是面向人人的终身教育

"三百六十行，行行出状元。"人人皆可成才是职业教育坚守的基本人才观、育人观，尤其是在高职扩招带来职业学校生源结构变化，以及职业学校信息化程度越来越高的背景下，职业教育面向人人的终身教育功能越发凸显。职业教育坚持面向人人、服务人人，其使命是要让每一个学习者有"人生出彩的机会"，为人人尽展其才创造条件。相对于普通教育来说，职业教育从专业、学制、学习形式等方面都更具开放性、灵活性。因此，在一定程度上，职业教育与终身教育两者之间存在着协调点与契合度，职业教育为终身教育的实现提供了可能与保障，为人人重返校园进行全日制或非全日制、学历或非学历学习创造了条件，可帮助社会人员结合自身需求，自主选择多种受教育形式，满足不同个体多样学习需求。此外，服务终身教育体系构建是现代职业教育高质量发展的必然要求，在终身教育体系建设背景下，职业教育也将迎来更为广阔的发展空间，可在服务全民终身学习、建设技能型社会、畅通面向人人的职业教育和培训渠道等方面发挥普通教育不可替代的作用。

## 二、办学体制：产教融合、校企合作

办学体制涉及教育体制及教育管理体制改革问题，是关于教育事业的机构设置、隶属关系和职责、权益划分的体系和制度的问题。"办学体制主要回答由谁举办学校，即由'谁投资，谁办学，谁管理'的问题。"[①]办学体制并不等于办学模式，办学模式是在某种办学体制导向下教育的范式，在某种办学体制之下，可能会出现几种不同的办学模式。同时，一个国家在一定时期内的教育供求情况，决定了其在某一时期的办学体制问题。职业教育面向市场、面向能力、面向社会、面向人人的本质属性，决定了其基本办学体制必须是产教融合、校企合作。

### （一）产教融合是职业教育的最大优势

从马克思提出的"教育与生产劳动相结合"，到早期的产教结合，如今，产教融合已经成为中国职业教育改革发展的基本战略，是职业教育的基本办学体制。目前，对产教融合的理解与实践有两方面，一方面是指教育与产业的融合，涉及教育发展与产业升级的问题；另一方面是教学过程与生产过程的融合，涉及学校与生产组织协调育人的问题。近年来，国家先后出台了《关于深化产教融合的若干意见》《国家职业教育改革实施方案》《国家产教融合建设试点实施方案》等系列文件，对产教融合作出顶层设计与制度优化。现实办学中，产教融合也在国家政策的强力推动下，得到一定发展。

作为基本办学体制，产教融合是职业教育的本质属性决定

---

[①] 朱静.试论办学体制与教育供求的关系［J］.《教育与经济》，2001（1）：49—51+34.

的。产教融合的起点是"产",落点是"教",是产业与教育的深度对接与交叉融合。职业教育产教融合将人才培养、科学研究、社会服务与产业系统进行对接,形成"教育—产业—教育"双向支持的螺旋机制,最大限度地解决数字化人才培养和供给不足与产业人才需求之间的矛盾,让人才供给侧与需求侧、教育链与产业链的衔接更有效。

### (二)校企合作是职业教育的必然路径

职业教育培养技术技能人才,企业是主体,学校教育是基础,学校和企业二者缺一不可。[①]职业教育要想实现理实一体、工学结合,要想培养出高素质的技术技能人才,必须坚持走校企合作的办学路径。校企合作可以充分发挥市场在职业教育资源配置中的决定性作用,真正实现职业教育从职业出发,让企业有充分的发言权,让学校人才培养与产业人才需求实现适切性发展。在市场经济背景下的开放办学时代,人才培养体系封闭化是职业教育的显性弊端。封闭化将使职业教育与经济发展脱节,将职业院校圈定于"围墙"内办学,面对激烈的人才市场竞争,学校将孤立无助,在空间上与社会隔离、与企业隔膜,学校与职业的内在联系受到忽视或破坏,将导致职业教育局限于教育自身,无法彰显其"职业化"特征。坚持校企合作,有助于打破封闭的闭环链条,使职业教育的教育资源供给更加多元化,在既有专任教师的理论知识又有企业兼职教师的知识供给,既有学校实训基地的基本保障又有企业实训的设备供给基础上,实现学校和企业优势互补,真正构建起校企合作发展的命运共同体。

此外,校企合作是相关利益主体的共赢选择。校企合作实质

---

[①] 陈子季. 坚定不移实施好教育强国战略[M]. 上海:华东师范大学出版社,2021.

上是各主体基于不同的利益诉求寻求合作共赢的过程，各主体基于利益诉求参与合作，寻求自身利益的最大化。对于政府而言，校企合作可以提高职业教育人才培养的质量，提高劳动者素质；对于企业而言，参与办学过程是企业生存与发展的客观要求，也是企业内部技能型人才成长的现实需要，是实现人才培养和经济效益的双赢模式；对于职业院校而言，通过校企合作，可利用企业资源解决学生实习、实践教学的场地问题，利用企业的信息优势和人才质量标准，调整专业设置，解决适应性问题。由此可见，校企合作是职业教育实现多元办学、双主体育人的重要桥梁和纽带。

## 三、育人机制：德技并修，工学结合

"机制"最早是指机器的构造和运动原理。育人机制是指组成教育主体之间的各要素，基于共同的培养目标，针对人才培养的具体问题，在办学体制的框架下，实现学校各个部门在人才培养、课程设置、教学模式之间有效运行的机制。中国职业教育坚持实施以"德技并修，工学结合"为核心特征的育人机制，重点在于以德为本、寓德于技，将职业素养形成与技术技能习得相融合。

### （一）立德树人是职业教育的根本任务

教育的根本任务是立德树人，职业教育也不例外，而且相对于普通教育来说，职业教育的立德树人意义更为深远、需求更为迫切。立德树人，立德是根本，树人是核心。1935年初秋，在中华民族危急存亡之际，南开大学校长张伯苓在开学典礼上向全体师生问了三个问题："你是中国人吗？""你爱中国吗？""你愿意中国好吗？"这著名的"爱国三问"，实质上是在追问教育要培养什么人这一首要问题。职业教育突出学生实践能力培养，

但决不能忽视学生思想政治教育和道德品质教育。职业教育领域的立德树人应针对职业学校学生的学习特点、行为习惯、思维模式等，建立区别于普通高校、体现职教特色的育人体系。

职业教育培养的是直接参与、服务经济社会发展的技术技能人才，对"树人"的要求就更高也更紧迫。立德回答的是"怎么培养人"的问题，就是要用德的概念筑牢学生价值理念、道德品质、理想信念的思想根基，让学生成为有大爱大德、有家国情怀的人。树人回答的是"培养什么人"的问题，就是要在授业过程中注入道德精神，使学生能在清晰认知道德的基础上，对自身道德品性进行自我审视、自我要求和自我成长，从而使学生全面发展。德技并修是职业教育落实立德树人根本任务的独特机制，职业教育要积极贯彻党的教育方针和政策，既要培养具备专业技能的后备人才，更要培养立志于中华民族伟大复兴的时代新人；要进一步探索立德树人的新路径、新方式，让更多学生通过职业教育的德技并修，成为德才兼备的优秀人才。

## （二）传承技术技能是职业教育的重要职责

素质是立身之基，技能是立业之本。传承技术技能，职业教育使命在肩。党的十八大以来，党中央、国务院高度重视职业教育。习近平总书记强调，"职业教育是国民教育体系和人力资源开发的重要组成部分，是广大青年打开通往成功成才大门的重要途径，肩负着培养多样化人才、传承技术技能、促进就业创业的重要职责，必须高度重视、加快发展。"技术技能的学习与传承是培养高素质技术技能人才的重要方式之一。

能力是基础素养的核心，区别于普通教育类型下的学生，职业教育学生的职业技能学习和基础素养培养应相辅相成。职业教育最早就是手艺传授，典型的实施方式是师傅带徒弟，是一种技能掌握或经验的感知。进入工业化社会后，不断复杂化的科学技术也在呼唤职业教育从原本的知识学习向专业教育转变。作为对比，专业教育则需要应对更多的变化和更多的思考内容，要求学生要善于学习新知识，学会用新一代信息技术、数字化转型所需要的新知识，重构职业教育知识体系，让职业院校培养的技术技能人才具有适合数字经济发展需要的知识基础。此外，就技术传承本身而言，传统产业中的传统知识、传统技术、传统技能对职业教育而言亦十分重要，需要充分发挥传统产业在带徒传技、技艺传承、技能推广等方面的重要作用，从而在新技术变革中，使传统技术技能得到有益实践。

## （三）工学结合是职业教育的基本培养方式

工学结合是职业教育的基本育人模式，是职业学校人才培养的总体要求和基本特征，是一种"在学中做，在做中学"的人才培养模式，这种模式彰显了职业教育的特色和生命力。办好新时代职业教育，不能简单地参照普通教育的体制、标准和办法，职业教育的教学过程需要将"工学结合"的理念贯穿到具体的教育教学过程中。

在相当长的时期内，"以学科为中心""以知识为本位"的传统学科教育一直主导着中国职业教育的发展，模糊了职业学校与普通学校的差别，淡化了职业学校的职业属性。从知识特性上看，职业学校教育与普通学校教育的根本不同在于前者以传授"实践（经验）知识""隐性（默会）知识"为主，后者以传授"科学知识""显性知识"为主，技术技能人才培养需要广泛开展实践性教学。以工学结合为培养方式的职业教育为学生提供适当的实践机会，注重学生在操作实践中对知识和技能进行领悟和掌握，让学生在实践过程中体会探索的意义。工学结合，可以促进学生综合能力的培养，将学校的理论学习和技能训练方法与企业的工作任务相结合，同时也可为企业的生产与服务提供人力和智

力支持。工学结合还是中国特色现代学制的本质要求和重要实现方式。

## 四、办学格局：政行企校多方参与

格局是规格、样式的书面统称，将格局的概念延展至教育层面，特别是职业教育层面，即为多元办学主体合力参与办学的过程和形态。职业教育的办学格局，反映了一定历史阶段政治、经济体制，并与之呼应。中国职业教育从新中国成立到十一届三中全会以前，实行的是国有资产通过教育行政部门和行政区划的行业企业办学，[①]体现了政治意识与教育的嫁接，具有行政指导的色彩。进入二十一世纪，随着经济发展方式的转型升级，教育呼唤与经济发展的同频共振。"职教 20 条"提出，"经过 5—10 年左右时间，职业教育基本完成由政府举办为主向政府统筹管理、社会多元办学的格局转变"[②]。在中国职业教育的发展中，职业教育与政府、企业、行业的关系定位愈加清晰。

在职业教育的发展中，需要多个参与主体充分认识并参与职业教育的办学过程，准确定位主体间的权责关系，从完善与建设自身方面入手，克服自身的不足，多主体协同推进职业教育的发展，探索切实可行的职业教育实施路径，从而促进职业教育的深化发展。

### （一）政府是统筹管理者

政府在职业教育发展过程中扮演着起承转合的重要角色，承

---

① 周凤华. 职业教育多元办学格局的现状与发展策略[J]. 中国职业技术教育，2021（12）：75—81.

② 教育部. 国家职业教育改革实施方案[EB/OL].［2019—01—24］. http://www.gov.cn/zhengce/content/ 2019-02/13/content_5365341.htm.

担着把握职业教育发展方向的关键职能,在职业教育发展的各个阶段都具有重要的位置。可见,政府是职业教育发展的统筹管理者。

基于职业教育多元主体共同治理的思想,分级管理、政府统筹、地方为主及社会参与是中国现行的职业教育管理体制。政府在职业教育发展过程中,不直接参与具体的运行和项目实施,是职业教育办学运行的推动者,通过法律完善、政策制定等方式对职业教育产生重大影响。因此,在职业教育中,政府是统筹管理者,其政治制度的供给是职业教育保证正常教学过程的关键要素,并主导着相关制度创新的方向和路径。政府通过职业教育法规、发展规划、政策制定为政行企校多元化办学搭建平台,总体把握职业教育发展方向,提升职业教育与产业对应,积极适应社会发展现状,为产业升级改造及社会发展培养需要的技术技能型人才。在政府统筹管理下的职业教育,能够解决因多元主体间存在的固有矛盾与利益分歧,职业教育的整体性及可持续性得到保障,保证职业教育的公平性。

## (二)行业企业重要的是举办者和参与者

与普通教育相比,职业教育的特殊性在于离不开企业、行业的深度参与。行业企业参与职业教育过程,采取"多元治理"的保障机制,保障企业作为职业教育重要办学主体作用的发挥,且满足政府、行业企业、职业学校等多元主体的利益诉求。

行业企业参与职业教育办学过程,是连接教育与产业,促进产教融合的桥梁和纽带。企业为学校教育提供资本、技术、知识、设施、设备和管理等物质支持,行业为学校提供行业职业教育发展规划、人才需求预测、专业建设标准、教材课程体系创新、教师和学生企业实践等方面的信息服务,全面参与学校的教育实践活动,形成三方互治的教育结构,为企业可持续发展及产

业升级提供人才支撑，为行业组织协调搭建了友好合作和资源共享的平台。从政行企校四方关系来说，行业企业是加强产业与学校联系的桥梁，具有协调组织的作用，密切政府、行业、企业、学校之间的关系，产生无形"立交桥"，从而理顺合作关系。

### （三）学校是办学主体

职业教育落脚点最终是回归到学校本身，学校是职业教育办学理所当然的主体。学校既要坚持一般现代化学校制度的共同原则，也要强调职业院校的特色。其一，学校能够持续稳定地提供高质量技术技能型人才，企业的一线人才是由学校培养出来的，经过职业教育技能性、职业性与应用性的教育后，学生可以在学校课堂中习得相关的技术技能基础知识和理论，同时在学习过程中提高自身知识和能力素养，自觉形成自主学习意识，为之后的实践奠定基础。其二，学校是技术技能知识与人才的集聚地，通过知识与人才的充分应用，其智力优势可以最大限度展现，得以充分利用，与企业的具体实践应用形成呼应。其三，学校是推动政行企校合作的主要力量，在政行企校四方主体中，学校发挥着桥梁与纽带作用，通过与政府、行业和企业之间的密切沟通，推进外部力量的协调，同时在内部理顺四方关系，保证学校自身人才培养的主动性与外部经济产业链接的协调性，推动各方力量有效合作，进而推动职业教育与经济产业及社会发展之间的互动。

## 五、关键要素："双师型"教师队伍

在构成教育的整体过程中，教育者、受教育者以及教育要素是构成教育活动三大要素以及决定教育发展的内在条件。其中，教育者是教育实践活动的主体，是教育事业的第一资源和核心要素。职业教育培养的是实践性强的高素质技术技能人才，与普通教育相比，职业教育的教师具有天然的"跨界"属性，教师需要具备理论与实践的"双"能力：胜任专业理论教学能力和指导专业实践的能力。另外，部分"双师型教师"来自一线企业，企业成为"双师型"教师的重要来源，为职业教育提供了一批符合兼职教师任职条件的能工巧匠、高级技术人员和管理人员到校担任教师，建起了企业到学校交流的桥梁，为学校建立素质优良、结构合理的"双师型"教师队伍提供保障。

## （一）教师的双师素质是基本要求

改革开放以后，中国职业教育逐步恢复和发展，但也随着职业教育规模的扩大，师资问题越来越突出，如教师的增长数量不能满足职业教育规模扩张的需要，而且教师普遍缺少在行业实践一线工作的经验。2019年国务院印发"职教20条"，明确界定"双师型"教师是指"同时具备理论教学和实践教学能力的教师"，这在内涵上赋予了新时代职业院校教师新的要求。"双师型"教师的典型特征是由职业教育及教学特殊性决定的。这种特殊性集中体现在教育与职业的紧密关联性，即职业教育的教学内容从职业中来，教育成果到职业中去。"双师型"教师不仅应具备普通高校教师所需的职业素质，还应具备相关行业从业人员所需的基本素质，即掌握相关行业基础知识和实践技能。

"双师型"的内涵要求，对于职业教育的教师个体而言，既要掌握相关的基础理论知识，又要拥有较强的职业实践经验，并逐步发展复合型教师；从职业院校的师资结构上看，既有来自高校本身的专职教师，也有来自企业的兼职教师。在当前中国的职业教育教师队伍中，一部分教师侧重基础理论教学；另一部分教师侧重实践技能教学，但即便是从事文化基础教学的教师，也需要参加社会实践，了解企业生产运营情况，注重理论联系实际，

而实践技能教学的老师也不能局限于专业技能水平的提升，也需要不断学习和丰富自身的基础理论知识，这样教学内容才能融会贯通。

### （二）结构化教师教学创新团队是必要保障

高水平结构化教师教学创新团队是职业教育的主体和关键，是高职院校培养高素质复合型技术技能人才的根本保证。《国家职业教育改革实施方案》提出探索组建高水平、结构化教师教学创新团队，教师分工协作进行模块化教学。这就要求职业教育整合校内外优质人才资源，选聘企业高级技术人员担任产业导师，组建校企合作、专兼结合的"双师型"团队。

"双师型"教师队伍建设对培养高质量技能型人才具有举足轻重的意义，特别是随着社会经济的转型和产业结构的调整，职业院校中新专业建设与区域性经济发展紧密联系的新技术、新工艺的专业教师短缺的矛盾会更加突出。职业院校自身很难解决这一矛盾，因为"双师型"教师不是教师和工程师的简单叠加，而是知识、能力、态度等方面的有机融合，将生产、管理、服务方面的实践能力吸收并内化，有效地再现并传授给学生。

### （三）校企人员双向交流协作是常态机制

校企人员双向交流是优化结构化教学团队的有效途径，也是实现校企合作的重要手段。来自企业的兼职教师正是联系学校和企业的纽带，他们可以把企业最为先进的技术和理论带到学校课堂；同时，通过学校教学还可以促进兼职教师进一步深入学习专业理论知识，以及通过教学相长实现自身能力和水平的提高，反过来也可以促进企业发展，实现校企双赢。

学校教育承担着"人才培养、科学研究、社会服务、文化传承"的职责，就必须与现实社会接触。校企人员双向交流协作，可以更好地在"人"的层面深化学校与企业的合作,推进教育与产业的融合,从而推动职业教育走出教育系统圈内循环,更直接、广泛、深入地服务经济社会发展。这种服务主要体现在两个方面:一是通过开展学历教育和职业培训,源源不断地培养、输送符合经济社会发展要求的技术技能人才;二是充分把握区域和行业发展要求,发挥人才和技术领先优势,逐步实现从跟跑到并跑,再到领跑产业发展的跨越。

|第四章|

# 他山之石

## 本章概要

进入二十一世纪，第四次工业革命掀起的数字化浪潮正席卷全球，产业发展的新变革对技术技能人才的需求也随之发生了根本性变化。中国职业教育应不断学习其他国家和地区先进的职业教育经验，把握世界职业教育发展的基本规律和未来趋势，从"他者"镜像中审视自身、博采众长，为形成中国特色的职业教育发展模式提供启示与借鉴。

德国"双元制"职业教育享誉全球，一直被视为国家经济腾飞的秘密武器。"双元制"职业教育是青少年接受职业教育主途径，是高等教育的重要组成部分，其最大的优势在于人才培养过程中的"双元"互动，学生身份、学习场所、学习课程、师资结构以及资格考试都具有十分典型的"双元"特征。在德国大力推进"工业4.0"战略背景下，以"双元制"为核心的德国职业教育体系积极应对，提出了"职业教育4.0"发展战略，发展"双元制"高等教育，推进职普体系融合与衔接，积极推进技能补偿教育，扩大"双元制"覆盖范围，加大培养学生的核心素养，应对劳动力市场新变化。借鉴德国经验，中国应以产教融合为逻辑主线构建职业教育制度体系，以工作本位学习为引领确立实践导向人才培养模式，以信息化素养提升为核心强化学生职业核心素养养成。

澳大利亚 TAFE（技术和继续教育，Technical and Further Education）职业教育是其教育体系的羽之一翼，是终身教育与学习体系的重要支柱，也是政府调节社会关系的"杠杆"。在制度支撑上，强调"资格认证，体系完善"；在运行管理上，坚持"行业主导，政府协作"；在办学机制上，采用"一校多制、形式多样"；在课程体系上，突出"市场导向，能力本位"。随着全球经济的萎靡下行和人口老龄化的加剧，澳大利亚TAFE职业教育面临新的挑战，在服务全民终身学习、质量提升、国际化发展等方面日益呈现出诸多新变化、新趋势。借鉴澳大利亚经验，中国应加快构建"国家资格框架"，坚持学历教育与培训"两条腿走路"，打造职业教育国际化发展"创新地"。

美国社区学院是国家开展职业教育的主阵地，也是该国教育体系中最具职教特色的一部分。一方面，社区学院作为中等职业技术教育的延续以及开展补偿教育、社区培训的重要平台，发挥了极为重要的核心枢纽作用，沟通串联了美国各级各类职业教育。另一方面，经百年发展，社区学院逐渐形成了扎根社区、专注职教的特点。在此基础上，社区学院当前正通过实施加大政府资助、强化路径引导等措施朝着高质量、高层次方向发展。借鉴美国经验，中国职业教育应不断提高区域服务能力，深化产教融合，通过开展指导路径项目等方式加强对学生的学习路径引导。

日本多元、开放的高等职业教育在职业教育体系中独具特色。外部形态上，实施高等职业教育的学校类型多样，不同学校既适应了不同的学习需求，又适应了产业、社会的各种需要，都在市场中找到了属于自身的独特位置；内部特征上，日本高等职业教育官民并立、学制衔接开放畅通、办学定位各具特色，形成了与普通高等教育不同的独有特点。近年来，日本政府积极发展实践型的高等职业教育，推进职业学校高层次化改革，通过职业教育整体质量的提升来推动劳动者作为经济主体的职业实践能力的提高。借鉴日本经验，中国应坚持类型定位，不断强化高职教育办学特色，优化层次结构，稳步发展职业本科教育。

台湾技职教育曾为台湾经济的复苏与升级、人才结构的重组与调整以及专业技能的提升和整合作出了不可磨灭的贡献。但

在亚洲金融危机之后，受岛内经济低迷、升学主义泛滥等多重因素的影响，台湾技职教育发展遭遇了来自社会、学校、生源、教师以及企业多个层面的压力，台湾技职教育发展所遭遇的困境和挫折为其发展带来了巨大挑战，值得我们反思。中国职业教育正处于构建现代职业教育体系的关键时期，要强化普通教育和职业教育同等重要的社会共识，巩固中等职业教育的基础地位，加快"双师型"教师队伍建设，整体提升职业教育办学水平，避免走台湾的弯路。

他山之石，可以攻玉。作为世界上最大的发展中国家，中国要在职业教育上取得长足进步，则要以更加开放的姿态融入国际职业教育改革发展之中，坚持一切从中国实际出发，继承而不守旧，借鉴而不照搬，追赶而不追随，走符合中国国情的职业教育道路，探索具有中国特色的职业教育模式，构建现代化的职业教育体系。

经过几十年的探索与发展，世界各国和地区的职业教育取得了显著的成就，并形成了各具特色的模式，其中较为典型的有德国"双元制"、美国社区学院、澳大利亚TAFE等。这些职业教育模式立足本国国情，从市场需求出发，为社会发展培养了大批高素质的应用型人才，成为本国经济发展的"助推器"。进入二十一世纪，世界各国经济社会发生了根本性变化，第四次工业革命掀起的数字化浪潮正席卷全球，新的产业和新的岗位不断涌现，产业发展的新变革对技术技能人才的需求也随之发生了根本性变化。中国要应对经济全球化的挑战并在竞争中取得优势，要以更加开放的姿态融入国际职业教育改革发展之中，瞄准现代职业教育发展趋势，以海纳百川的胸怀，学习借鉴世界上的先进职业教育模式，认真吸取他人的教训与不足，从"他者"镜像中审视自身、博采众长，继承而不守旧，借鉴而不照搬，追赶而不追随，走出一条真正具有中国特色的职业教育发展道路。

## 第一节
## 德国：面向工业 4.0 的"双元制"职业教育变革

"双元制"职业教育一直被视为德国经济腾飞的秘密武器而享誉全球。德国人认为："'双元制'职业教育是保持和增强德国经济竞争力和创新力的支柱，也是社会稳定团结和谐的核心。"[①] 尽管德国"双元制"职业教育因其卓越的人才培养质量而受到社会各界的认可与欢迎，但随着德国"工业 4.0"战略的提出，技术革命、产业变革的步伐不断加快，智能化时代的正式开启，德国"双元制"职业教育正面临着新的时代挑战。为了能够持续提升生命力与竞争力，德国"双元制"职业教育面对挑战积极应对，紧跟时代发展步伐，采取了一系列重要变革举措，尤其在职业教育数字化、技能补偿、学生职业核心素养培养等方面积极变革，取得了较为显著的改革成效，"双元制"职业教育正焕发出新的时代风采。

### 一、"双元制"职业教育是德国经济腾飞的秘密武器

德国职业教育以中等职业教育为主，高等职业教育为辅，同时还包括了类型多样的职业继续教育。德国职业教育中最具特色的核心部分是"双元制"职业教育，德国前总理科尔称"双元

---

[①] 刘立新. 德国 2017 年职业教育报告强调双元制职业教育依然是保持德国经济竞争力和创新力的支柱 [EB/OL]. [2017—05—11]. https://www.sohu.com/a/139793591_497872.

制"职业教育为战后德国经济发展崛起的"秘密武器",发展至今,德国"双元制"职业教育发展正呈现新的时代特征。

### (一)"双元制"职业教育是青少年接受职业教育的主途径

在德国,中等职业教育可以分为两个阶段,分别在初中段和高中段开展。在第一个阶段,学生可以在第一次教育分流(小学四年级)中通过考试、推荐、试读等方式到主体中学、实科中学等开设职业教育课程的学校学习。从中等教育第二阶段开始,来自所有学校(主体中学、实科中学和文法中学)的学生都可以进入"双元制"职业教育,接受职业培训,除了大部分文法学校的学生继续升入文法中学外,其他学生还可以进入全日制职业学校、专科高中、职业提高学校、职业中学等除"双元制"职业学校外其他类型的职业学校。"双元制"职业教育是青少年接受职业教育的主要途径,具有较强的吸引力。开展"双元制"的职业学校大概占据到中等职业学校总数的70%。在德国,"三分之二的专业人才经历了技术工人、技师或工匠师傅级别的'双元制'职业教育"。[1] 德国联邦政府发布的《2020年职业教育报告》显示,"2018年年底,'双元制'职教新学习者人数为49.03万,占同龄人口54.5%,连续两年上升,同时保持近年来高于德国高校新生同龄人口占比(45.6%)态势。'双元制'职教学习者总数2018年为133.39万人,比上年增加6900人,增幅0.5%,实现连续两年比上年增加。"[2]

---

[1] 刘立新. 德国发布《2020年职业教育报告》职教发展态势良好[EB/OL]. [2020—06—10]. https://www.sohu.com/a/ 40640 41 41_229991.

[2] 刘立新. 德国发布《2020年职业教育报告》职教发展态势良好[EB/OL]. [2020—06—10]. https://www.sohu.com/a/ 40640 41 41_229991.

## （二）"双元制"职业教育成为高等教育的重要组成部分

在德国，"双元制"职业教育已经不再局限于中等职业教育层面，伴随着经济社会发展对高素质应用型人才的需求，"双元制"职业教育逐渐与高等教育融合，并逐步成为高等教育一个重要的组成部分。最早在高等教育层面开展"双元制"职业教育的是巴登—符腾堡州职业学院（如今的巴登—符腾堡州"双元制"大学）。二十世纪七十年代，位于巴登—符腾堡州的戴姆勒奔驰股份有限公司、博世有限公司、洛伦茨标准电力股份有限公司三家著名企业和巴登—符腾堡管理经济学院共同开发了一种基于"双元"学习的高等教育人才培养模式。该模式试图将"大学学业和职业教育培训"结合起来，毕业生可以获得和普通大学毕业生同样的待遇和晋升机会，但学制却更短，而且学生毕业后可以获得工商业协会（IHK）所颁发的职业资格认证，这一模式被称为双元学习课程的"斯图加特模式"，该模式一经诞生就得到快速推广。"截至2021年1月，德国高校共开设1989个"双元制"专业，包括1960个"双元制"学士和硕士专业，占大学所有20635个专业的9.5%。在各州当中，巴伐利亚州的大学共开设527个"双元制"专业，占该州大学开设专业的18.9%，位居第一。"①

## （三）"双元制"职业教育是德国经济竞争力提升的动力

德国著名的职业教育专家菲利克斯·劳耐尔（Felix Rauner）认为"'双元制'职业教育是德国经济竞争力的提升动力"。"双元制"职业教育最大的优势在于其始终将企业作为技术

---

① 刘靓、黄伟. 德联邦政府发布高校双元制教育状况中期调查报告［EB/OL］.［2021—10—13］. https://dserver.bundestag.de/btd/19/312/1931267.pdf.

技能人才培养的重要场所，人才培养定位贴合企业的实际需求，能够实现人才供给与需求的精准对接，从而源源不断地为德国产业发展提供合格的高素质技术技能人才。在德国，大约三分之二的专业人才经历了技术工人、技师或工匠师傅级别的"双元制"职业教育。"德国工业的强大竞争力和创新力在很大程度上由其所拥有的能力支撑着，这些能力一方面是从'双元制'职业教育体系中产生的；另一方面是由长期形成的工程师传统而来的，即德国的工程师们常常在接受学术型教育之前先完成技术工人的培训。"[①]德国"双元制"职业教育不仅是德国经济竞争力和创新力的支柱，也是社会稳定团结和谐的核心。德国青少年失业率一直低于欧洲各国的平均水平，而且在受到金融危机冲击后最先摆脱困境，都同"双元制"职业教育在经济社会中所发挥的作用有着紧密的关联。

## 二、德国"双元制"职业教育发展的基本特征

所谓"双元制"，"指青少年既在企业里接受职业技能和与之相关的专业知识培训，又在职业学校里接受职业专业理论和普通文化知识教育。这是一种将企业与学校、理论知识与实践技能紧密结合，以培养高水平的专业技术工人为目标的职业教育制度。"[②]"双元制"职业教育作为一种校企紧密合作开展人才培养的教育制度，最大的优势在于人才培养过程中的"双元"互动，学生身份、学习场所、学习课程、师资结构以及资格考试都具有十分典型的"双元"特征。

---

[①] 菲利克斯·劳耐尔.双元制职业教育——德国经济竞争力的提升动力[J].《职业技术教育》，2011，32（12）：68—71.

[②] 吴雪萍.国际职业技术教育研究[M].杭州：浙江大学出版社，2004：101.

## （一）两个主体：企业与职业学校

"双元制"职业教育实施主要有两个基本场所，分别是企业和职业学校，企业培训和职业学校培养相互补充，以企业培训为主。企业作为"双元制"职业教育实施的主要学习场所，必须要按照德国《联邦职业教育法》的相关规定，与参与"双元制"职业教育的学生/学徒签订培训合同，并根据培训条例的相关规定开展基于工作场所的学习，着重培养学生专业技能的训练，主要以职业技能和与之相关的专业知识培训为主。职业学校作为"双元制"职业教育实施的另外重要"一元"，必须按照各州《教育法》和德国各州文教部长联席会议与联邦政府签署的各项框架教育协议开展教育教学活动，主要传授与职业相关的专业理论知识和普通文化知识。一般情况下，受教育者每周 4—5 天在企业接收技能培训，1—2 天在职业学校接受理论知识和普通文化课的学习，企业和学校相互配合，共同完成人才培养。

## （二）两种身份：企业学徒和职校学生

接受"双元制"职业教育的学习者具有双重身份，一种是培训企业的学徒，一种是职业学校的学生。"双元制"职业教育的生源主要来自结束普通学校义务教育的各类学校的毕业生，他们接受"双元制"职业教育必须要经过企业的招聘与遴选。企业通过多种途径招收学徒，然后举行能力测试，从而通过对申请者技术理解和动手能力的测试以遴选合适的学徒。通过企业遴选后就可以和企业签订职业培训合同，培训合同详细规定了学习的目的、性质、内容、时间、期限、达到标准、培训双方的责任义务和权力等内容，合同签订后企业学徒的身份便基本确立。在正式成为企业学徒后，这些学生才能够到相应的职业学校入学就读，成为职业学校的学生。因此，接受"双元制"职业教育的学生/

学徒具有双重身份，同时也享有双重的权利和义务，教育法、劳动法同时保护学生/学徒的合法权益。

### （三）两类课程：企业实践课与学校理论课

"双元制"职业教育课程内容可以分为两大板块，分别是企业实践课程和学校理论课程，企业实践课程主要在企业内进行，而理论课程则主要在职业学校完成，但并不绝对，职业学校也会开设部分实践课程。企业内培训按照全国统一的《职业教育条例》实施，主要开展基于工作过程导向的职业实践学习，企业培训场所主要有实训工场、工作岗位、企业内部教学课堂以及跨企业培训中心，实训工场的任务是要把在工作岗位上无法传授或训练的技能传授给学徒，工作岗位学习则要求学徒在真实职业环境中遵从企业师傅的指导习得相关技能，企业内部课堂主要负责传授更加综合、复杂的知识，跨企业培训中心则是帮助中小企业训练学徒技能的场所。职业学校则按照《职业教育框架教学计划》开设相关课程，三分之二的课程是基于工作过程的专业知识学习，三分之一的课程为普通文化知识的学习。

### （四）两类师资：企业师傅与学校教师

"双元制"职业教育师资队伍主要由理论课教师和实践教师构成，理论课教师主要在职业学校实施教学，负责传授普通文化知识和专业理论知识；实践教师可以被分为企业师傅和学校实训教师，德国对上述三类教师的任职资格都做了较为明确的规定。理论课教师包括专业理论课教师和普通文化课教师，其任职资格明确规定了该类教师必须接受大学本科以上的专业学习并且通过国家考试后再进入师范院校学习两年才能够获得任教资格。企业师傅和职业学校实训教师在任职资质上较为一致，必须具备5年以上的工作经验而且要接受过职业教育学和劳动教学的培训。

### （五）两种考试：理论考试与实践操作考试

"双元制"职业教育学生要经历两次重要考试，分别是中间考试和毕业考试，两次考试的形式和内容较为一致，都包括理论考试和实践操作考试两个部分。两次考试都由行业协会组织的考试委员会主持实施，全国统一命题，同一专业的考试在同一天进行，两次考试都包含笔试和实践操作。笔试（6个小时）主要考查专业理论知识水平，操作（12小时）则主要考查学生实践操作技能，两次考试都以企业成绩为主，职业学校成绩作为参考。通过考试的学生可以获得行会颁发的资格证书和学校颁发的毕业证书。

## 三、面向工业4.0的德国"双元制"职业教育变革趋势

2011年1月，由德国联邦政府教育和研究部（BMBF）发起成立的"工业—科学研究联盟"率先提出把工业4.0（Industry4.0）作为德国推进高科技战略的"未来工程"（Future Project）。2013年4月在德国汉诺威博览会上，正式推出了"工业4.0"概念，这一概念提出后，迅速获得了世界范围内的响应，被人们视为第四次工业革命的标志。"'工业4.0'主要指将CPS（Cyber-Physical Systems）技术广泛运用到工业生产过程和物流领域，同时通过网络将物品或者服务进行全方位连接的智能化的新型工业生产模式。"① 在大力推进德国"工业4.0"战略背景下，以"双元制"为核心的德国职业教育体系积极应对，提出

---

① 陈莹. "工业4.0"时代德国职业教育与高等教育融通研究［J］.《比较教育研究》, 2018, 40（4）: 94—100.

了"职业教育 4.0"发展战略,全力推进职业教育数字化发展,德国"双元制"职业教育正迎来新一轮的发展变革。

## (一)实施职业教育 4.0 战略,培养学生数字化世界的能力

工业 4.0 实现的关键就是要将 CPS(Cyber-Physical Systems)技术应用到生产过程中,从而将生产中的供应、制造和销售信息数据化、智慧化,旨在提升整个制造业的智能化水平。随着"工业 4.0"战略的不断推进,智能化生产技术的广泛应用将会改变工作世界的运行模式和对技术技能人才的需求。对于职业教育如何应对工业 4.0,在德国,普遍的观点认为,职业教育要培养劳动者理解智能化生产原理并能够驾驭智能化生产设备的数字化能力。2016 年 1 月,德国联邦教育与研究部印制的宣传册《职业教育中的数字媒体:联邦教研部资助项目》第一次出现了《"职业教育 4.0"框架协议》。这一概念提出以后,"职业教育 4.0"成为德国社会各界的广泛共识,并转化为政府、行业协会、企业、职业学校、研究机构的联合行动。为了能够落实职业教育 4.0 发展战略,德国深入开展工业 4.0 背景下德国职业教育人才需求的研究,开展职业资格需求的监测,联邦政府确定职业教育 4.0 战略实施的行动框架,州政府积极响应,确立职业教育数字化的共同实施战略。

围绕"职业教育 4.0"战略,德国颁布了一系列重要的政策法规,将培养学生"数字化世界的能力"作为整个发展战略的核心,提出了职业学校培养学生"数字化世界的能力"基本框架,明确了职业学校能力培养的基本标准与要求。所谓"数字化世界的能力",就是要让学生学会在数字化世界中学会搜索、加工、处理与保存数字化信息,能够利用数字化工具进行沟通交流与合作,在进行生产与提供服务的过程中运用数字化技术解决问题并

展开行动。<sup>①</sup>为了能够落实这一理念，德国政府确立了职业教育要加强在数字化环境中培养学生职业能力，转变职业教育人才培养目标，实现人才培养定位从工作流程的操作者、执行者向工作过程的设计者、监管者、创新者转变。与此同时，德国政府联合行业企业和科研界共同分析数字化对职业资格要求在数量和质量上的影响，建立职业教育4.0的职业资格监测与预测系统，预测未来资格需求，并及时开发和更新现有的教育职业以及人才培养的相关标准。

### （二）发展"双元制"高等教育，推进职普体系融合与衔接

随着德国劳动力市场需求的变迁，学生个体的教育选择正在发生新的变化，学生开始追求更高的资质、更高的学历，这已经成为一种趋势。自2011年开始，德国接受高等教育的人数首次超过了接受职业教育的人数，在德国劳动力市场大约有一半人接受过高等教育。[②]为了能够应对工业4.0时代对从业者能力的更高要求，也为了满足家长学生对更高学历的追求，德国将中等教育"双元制"延伸至高等教育层次，积极发展高等教育"双元制"。2009年，巴登—符腾堡州将职业学院正式更名为巴登—符腾堡州"双元制"大学，该校在校生超过了3万人，被视为德国"双元制"大学的典型代表，除此之外，应用科技大学、职业学院、普通大学以及其他高等教育机构同样提供基于双元学习的课程，"双元制"职业教育已经同高等教育实现了深度的融合。

高等教育"双元制"延续了中等教育"双元制"的基本办学模式，学生在学校和企业进行交替学习，企业在整个人才培养

---

① Federal Institute for Vocational Education and Training（BIBB）. VET Data Repore Germany 2014［R］. Germany：Bundesinstitut fur Berufsbildung，2015：33.

② 陈莹."工业4.0"时代德国职业教育与高等教育融通研究［J］. 比较教育研究，2018，40（4）：94—100.

过程中发挥了主导作用,以企业工作本位学习为引领,将大学理论学习与工作世界中的实践学习紧密结合起来,毕业时通常可以获得学士学位和职业资格证书。除了在高等教育积极发展"双元制",在 2014 年,德国进一步完善国家资格框架(DQR),建立普职等值资格体系。"职业教育和普通教育等值的资格体系、人才考评标准和制度将被纳入国家资格框架。这些措施将提高职业教育的社会地位,拓宽职业教育与普通教育间的转换通道,促进职业教育向更高层级发展。"[①] "2016 年,德国当年获得高等教育入学资格共 45.33 万人,其中,通过职业教育途径获得高校入学资格共 15.06 万人,占据高校入学资格人数的 34.41%。"[②]

### (三)积极推进技能补偿教育,扩大"双元制"覆盖范围

德国"工业 4.0"战略的实施对德国劳动力市场中高层次技术技能人才的需求日益旺盛,而现在德国职业教育所培养的人才数量远不能满足产业发展的需求。2014 年,德国的一项调查就显示,"'工业 4.0'正面临着一系列的挑战,包括企业对于经费投入与效益产出的担忧,人才数量不能满足企业需求等。其中,调查的公司中有 30% 的企业认为目前人才数量不能满足企业的需求,而且该报告还预测,2012—2030 年间,将有约 1046 万接受过'完整职业培训'的人才离开劳动力市场,而补充进来的人才数量仅为 755 万,劳动力缺口达到了 290 万人。"[③] 与此同时,德国"双元制"职业教育新增学生数呈现了下降趋势,但普通高

---

[①] 胡茂波,王运转,朱梦玫.德国职业教育契合"工业 4.0"发展的策略及启示[J].《现代教育管理》,2016(10):92—97.

[②] 刘立新.工业 4.0 背景下德国职业教育 4.0 发展述评及启示——基于德国联邦政府《2017 年职业教育报告》[J].《中国职业技术教育》,2017(18):5—12.

[③] 胡茂波,王运转,朱梦玫.德国职业教育契合"工业 4.0"发展的策略及启示[J].《现代教育管理》,2016(10):92—97.

等教育新增学生数则在逐年递增。

在德国人口负增长、老龄化趋势以及职业教育新增学生数量持续下滑的背景下，德国"双元制"职业教育试图扩大"双元制"职业教育覆盖范围，将移民人口、辍学人口、家庭妇女都纳入其中。德国联邦政府逐步开放其"双元制"职业教育资源，对移民、辍学人口进行职业教育再培训，帮助他们掌握新技能。2015年，德国联邦政府建立了针对辍学者的"职业教育咨询服务网络平台"，以及针对移民的"移民办公室"和"青年事务所"，从而帮助移民、学业失败的青少年及其父母能够有机会和途径接受合适的职业教育。联邦教育研究部还联合联邦劳动署以及德国手工业中央联合会于2016年启动了"难民通往职业教育之路"项目，针对难民开展职业咨询，支持难民与企业直接联系并接受相关职业培训。

### （四）加大培养学生的核心素养，应对劳动力市场新变化

"工业4.0"战略在工作领域的广泛应用将会极大地改变劳动力市场、企业组织结构、工作运行模式以及劳动者对技能的需求。传统上，德国"双元制"职业教育在培养确定职业领域的技能人才上具有较大的优势，但随着工业4.0的到来，将会对员工的专业能力、社会能力、方法能力和个人能力的要求增加，更加强调从业人员在多样化的工作环境中具有不断适应变化、学习新技能和手段的能力。培养学生胜任某一特定职业领域的专业技能对职业教育机构来说将不再是重要的，重要的是如何培养学生解决复杂问题的能力、批判思维能力、创造能力、人际协调能力以及胜任多变工作世界的判断决策能力。

二十世纪七十年代，德国职业教育专家梅尔滕斯（Mertens）提出了"关键能力"这一概念，随后德国职教专家劳耐尔又提出了"广义的现代职业性"，这两个概念的内涵实质都是一致的，

都强调在变化的劳动力市场环境下不能将学生发展限定于某一特定职业领域上,要培养学生应对职业世界不断变化的能力。要适应"工业 4.0"时代劳动力市场灵活化的关键就是要以职业素养或者专业素养为基础,将很多内容关联度较高的职业进行合并,再通过工作过程导向的教学方式培养学生的职业行动能力,这一理念成为当前德国职业教育变革的主导思想。

## 四、德国"双元制"职业教育变革的启示

对标德国工业 4.0 发展战略,中国提出了"中国制造 2025"发展战略,制造业转型升级的步伐正逐步加快,中国职业教育发展同样面临着智能化时代带来的全新挑战,借鉴德国"双元制"职业教育改革发展经验,中国职业教育发展应从以下几个方面深化改革。

### (一)以产教融合为逻辑主线构建职业教育制度体系

"双元制"能够成功运行的关键在于行业企业的广泛参与,而且在人才培养过程中起到了主导作用,企业不但为学生/学徒提供实践岗位和技能培训场所,而且提供了非常细致科学的培训规划,并配备了经验丰富的专职实习教师。德国人普遍认为,企业参与是决定"双元制"命运的关键。为了能够激发企业参与"双元制"职业教育的积极性,德国政府通过颁布《职业教育法》《企业基本章程法》《劳动促进法》等一系列法律法规来保障企业参与"双元制"职业教育的合法权利,积极发挥行业协会在企业内培训上的协调、监督与保障作用,并且出台了较为详细的培训条例来规范企业内培训的实施,较好地维持了行业、企业、学生、政府以及职业学校之间的利益均衡,为"双元制"实施创造了良好的产教融合环境。

对于中国而言，产教融合、校企合作、工学结合依然是当前中国职业教育改革发展面临的最为紧迫的难题，应基于产教融合理念对中国职业教育制度体系进行顶层规划设计，为职业院校与行业企业在实践层面的运行提供稳定的制度环境。尤其要发挥行业企业在职业教育办学中的主体地位，积极探索混合所有制办学，建立基于产权制度和利益共享机制的校企合作治理结构与运行机制，为企业参与职业院校人才培养和技术研发提供稳定的制度保障。应抓紧建立职业教育与产业发展深度融合、学校与企业协同育人的新机制，遴选产教融合型企业，激发行业企业深度参与职业教育的内生动力，让行业、企业从培养目标定位、专业设置与布局、课程开发、实习实训、师资培养、人才培养质量评估等多维度全程参与其中。

## （二）以工作本位学习为引领确立实践导向人才培养模式

德国"双元制"职业教育人才培养高质量的一个重要原因便是其企业实践教学的高质量规范化运行，政府、行业协会以及职业学校从多个方面保证企业实践教学与学校理论教学的交替运行、理实互融，从而保证了学生／学徒能够在交替学习中实现职业能力的系统培养与提升。早在1996年，德国各州文教部长联席会议就颁布了职业学校使用的"学习领域"课程指南，该课程方案是德国"双元制"职业教育面向二十一世纪的一种新的课程方案，该课程方案取代了以学科分类为基础的综合课程方案，特别强调工作过程系统化的思想。"学习领域最大的特征在于不是通过学科体系而是通过整体、连续的'行动'过程来学习。与专业紧密相关的职业情境成为确定课程内容的决定性的参照系。"[①]

---

① 姜大源. "学习领域"——工作过程导向的课程模式——德国职业教育课程改革的探索与突破［J］.《职教论坛》，2004（24）：63—66.

该课程非常强调以典型工作任务为核心来组织、建构课程体系结构，强调工作过程中实践知识习得的重要性，而且整个教学过程应该按照行动导向的教学方式组织实施，人才培养的核心目标是建构学生的职业行动能力。

中国职业教育课程体系亟待确立以工作本位学习为核心的实践导向人才培养模式，应积极吸取德国学习领域课程改革的宝贵经验，以工作本位学习为引领确立实践导向的人才培养模式，将工作本位学习作为课程实施的主导模式，强调将真实的工作过程转变并设计为学生的学习过程，并在工作实践的情境中开展学习过程，学生必须能够在真实或仿真的工作情境中进行学习，重点培养学生"做"的能力，让学生在完成工作任务的过程中建构完整的职业知识，培养学生完整的职业行动能力。在课程体系的构建上，应摆脱"学科中心"的窠臼，增强职业教育课程内容职业实践性和针对性，以工作本位学习为引领重构课程教学体系，在教学过程中要大力推广行动导向教学模式，从单向度的向学生灌输知识转变为让学生在工作本位学习中自我建构知识，最终指向学生职业能力的提升。

### （三）以信息化素养提升为核心强化学生职业核心素养养成

"工业4.0"战略的实施将极大改变工作的本质，未来工作将不仅包含物理系统，同时包括了对物理系统运行过程中产生的大量动态数据信息的采集、存储与处理，数字技术在工作现场的广泛应用使得工人必须要掌握必要的数字化能力，不仅要及时分析和运用好生产过程中出现的大量信息，而且要通过这些信息不断优化和改进生产过程。因此，"双元制"职业教育发展为了紧跟智能化时代的发展步伐，"更加突出培养综合性的职业行动能力要求，结合相关职业数字化劳动的要求，重视与职业相关的数字技术的学习，培养与职业相关的数字技术能力和数字化背景下劳动所要求的知识、技能和能力。"①德国"双元制"职业教育不仅关注学生专业技能的获得，而且十分注重学生关键能力的培养，并且紧跟时代发展步伐，将信息化素养作为学生关键能力培养的核心，并且明确了具体的实施战略和参与各方尤其是企业的主体责任。

  时下，中国正处于产业转型升级的关键时期，中国产业变革的核心是要推动实体经济向高端化、智能化的方向进行变革，这同德国"工业4.0"战略要达成的目标是一致的。但当前中国职业教育发展在专业设置、人才培养、教学模式等方面尚未适应智能化时代的需求，尤其在关键能力的培养上，还未采取系统的变革举措。为了能够应对智能化时代所带来的挑战，中国应以信息化素养提升为核心强化学生职业核心素养养成。要深入开展"中国制造2025"以及"互联网+"战略下职业教育人才需求的研究，政府、行业协会、职业院校以及职教专家应该协同针对不同行业智能化时代的人才需求的发展趋势展开深入调查研究。根据智能化时代对各行各业从业人员能力素质要求的变化，教育主管部门应联合行业企业和职业学校修订职业教育标准体系，将数字化能力的培养融入到教学内容之中，积极开展职业学校师资数字媒体技术应用能力培训，提高职业院校教师数字技术能力及数字化教学能力。职业院校应积极开发适用于数字化时代的人才培养模式和教学方式的变革，开发虚拟仿真实习实训设备、数字化学习资源，推动新时代职业教育人才培养模式的数字化、智能化发展。

---

  ① 殷文，刘红，刘立新.工业4.0背景下德国职业教育发展战略[M].北京：教育科学出版社，2019：7.

## 第二节
## 澳大利亚：突出市场导向、能力本位的 TAFE 模式

TAFE 是 Technical and Further Education 的简称，中文为技术和继续教育。它引领澳大利亚职业教育走出了一条独具特色的发展道路，是国际上公认的一种职业教育模式，已成为世界各国争相效仿的对象。在制度支撑上，强调"资格认证，体系完善"；在运行管理上，坚持"行业主导，政府协作"；在办学机制上，采用"一校多制，形式多样"；在课程体系上，突出"市场导向，能力本位"。随着全球经济的萎靡下行和人口老龄化的加剧，澳大利亚 TAFE 职业教育迈向 2030 面临新的挑战，在服务全民终身学习、质量提升、国际化发展等方面日益呈现出诸多新变化、新趋势。积极借鉴澳大利亚 TAFE 职业教育成功经验，可为迈入新时代的中国职业教育提供新的思考和有益启示。

### 一、TAFE 在澳大利亚的地位和作用

TAFE 在澳大利亚教育体系、终身学习体系中扮演着不可替代的角色，也是政府调节社会关系的重要"杠杆"，为澳大利亚的社会经济发展作出了积极贡献。

#### （一）TAFE 是澳大利亚国民教育体系的羽之一翼

TAFE 是澳大利亚职业教育的代名词。1973 年，澳大利亚

教育部成立了"技术与继续教育委员会"①，该委员会是"TAFE"这个概念产生的开端。经过三十多年的实践和探索，TAFE已成为澳大利亚职业教育的代名词。目前，TAFE主要包括4个方面的含义：第一是以技术、技能及职后培训为内容的技术教育与继续教育；第二是指由政府、行业协会、TAFE学院、企业和学生共同组成的职业教育体系；第三是特指TAFE学院；第四是职业教育模式。TAFE学院是澳大利亚职业教育的主要实施机构，承担了绝大部分澳大利亚职业教育的任务，已成为世界闻名的教育机构。据统计，澳大利亚全国TAFE学院约有280所，其中约有130所设在各州首府和主要城市，约有150所设在郊区城镇及乡村地区，其课程所涉及的领域已超过40余个，课程种类多达1200多个，每年有超过100万的学生在TAFE学院注册学习，占全国总人口的8%左右。②

TAFE是澳大利亚高等教育的主力军。1974年，《坎甘报告》（*Kangan Report*）中以官方公文的形式出现了"TAFE"的缩写表示方式，并明确了TAFE的内涵和定义，指出其为高等教育中不可缺少的一部分。③现在，TAFE在高等教育体系中具有无可替代的重要战略地位，是澳大利亚高等教育的重要组成部分。据统计，在澳大利亚迫于就业市场的竞争压力，每年大约有70%的高中毕业生选择进入各类TAFE学院学习或培训，而仅有30%高中毕业生选择进入普通大学学习。④

---

① ACOTAFE. TAFE in Australia：Report on needs in technical and further education [R]. Canberra：AGPS，1974.
② 顾月琴. 比较与借鉴——国外现代四大职教模式研究 [M]. 苏州：苏州大学出版社，2016：84.
③ 顾月琴. 比较与借鉴——国外现代四大职教模式研究 [M]. 苏州：苏州大学出版社，2016：82.
④ 顾月琴. 比较与借鉴——国外现代四大职教模式研究 [M]. 苏州：苏州大学出版社，2016：83.

## （二）TAFE 是澳大利亚终身学习体系的重要支柱

TAFE 建立在终身教育理论之上。TAFE 职业教育深受终身教育理念的影响，建立了"学习－工作－再学习－再工作"的教育模式，使终身教育理念得到了具体化、实施化，成为人生不可缺少的活动。TAFE 职业教育向澳大利亚全社会所有想学习职业技能的人员开放，具有全员性、全面性、全程性、开放性、灵活性，任何人在任何地方、任何时候都可以通过某种形式接受职业教育与培训，充分体现了以人为本、终身教育的理念。可以说，TAFE 职业教育"使教育从纵的方面贯穿于人的一生，从横的方面联结个人和社会生活的各个侧面，使今后的教育在每一个人需要的时刻，随时都能以最好的方式提供必要的知识技能"①。

TAFE 学院是开展学历职业教育与技术技能培训的主阵地。它将职业教育与继续教育相结合，把学历教育与岗位培训融合在一起，建构了服务终身学习的立体化、引领式教育资源有效供给体系，淡化了全日制教育与非全日制教育之间的界限，能更好地满足人们"终身教育""终身学习"的需求。研究统计说明，一生中，澳大利亚的公民要变换约 5 次工作岗位，每次岗位变换都需要一段职业培训的经历，具有继续学习、终身学习的强烈需求。②职业教育与继续教育融合发展，不仅拓展了澳大利亚职业教育的辐射领域，而且使二者互相促进、互相补充，共同提升了 TAFE 学院的办学活力和社会影响力。

## （三）TAFE 是澳大利亚政府调节社会关系的"杠杆"

把 TAFE 作为促进教育公平的战略途径。二十世纪九十年

---

① 保罗·朗格朗.终身教育导论［M］.北京：华夏出版社，1988：15.
② 谭佳.终身教育理念下的澳大利亚资格框架评析［J］.教育与职业，2011（5）：96—98.

代以来，澳大利亚政府把提高职业教育公平作为国家职业教育改革的核心目标之一。随着国家培训局的建立，这个目标得以强化和落实。国家培训局的一个主要职能就是协调和促进联邦和州在职业教育和培训中公平目标的实现。澳大利亚还发布了《公平2001：新千年实现职业教育和培训公平策略》《国家妇女职业教育和培训策略和实施指南》《达到公平的结果》等政策，不断促进职业教育公平。为了更好地落实教育公平目标，澳大利亚国家研究机构还专门对土著人、残疾人、来自社会底层者、妇女和女童等社会弱势群体进行了界定[①]，支持这些弱势群体进入TAFE学院学习或培训。

把TAFE作为缓解失业、促进就业的战略重点。在全球经济低迷的大背景下，每个国家都面临着失业率攀升的窘境，尤其是青年失业状况令人堪忧，澳大利亚也不例外。为此，澳大利亚把TAFE作为缓解就业突出结构性矛盾，实现更高质量、更充分就业的重要举措。这主要因为TAFE学院的课程设置与开发以职业能力为核心，以专业技术应用能力和岗位工作技能为主线，突出课程的针对性、实用性，注重就业岗位群的适应性，且以"宽进严出"的方式控制教学质量。因而，TAFE培养的人才不仅能较好地满足市场需求，工作能力也得到了企业和社会的普遍认可。

把TAFE作为提高经济发展质量和效益的战略基础。二十世纪九十年代以来，在经济全球化和世界多极化的大背景下，澳大利亚联邦政府认识到职业教育对于提高劳动力素质、促进个人事业成功、保证国民经济增长和实现国家的长久繁荣的重要性。于是，发展好TAFE、培养高素质劳动者和技能人才成为澳大利亚的策略目标之一。也正是政府的有效介入和治理策略，促进了澳大利

---

① 李延平.政府主导下的澳大利亚职业教育公平[J].外国教育研究，2009，36（7）：73—77.

亚职业教育的蓬勃发展，使其成为教育系统中重要的组成部分，成为国民经济发展的助推器。作为澳大利亚经济发展重要因素的 TAFE，目前已在各层面的职业教育中得以快速增长，为推动经济高质量发展培养了一批又一批高素质应用型、技术技能型人才。

## 二、澳大利亚 TAFE 职业教育的特色

澳大利亚 TAFE 职业教育凭借鲜明的发展特色、独特的办学风格，为实现本国经济快速发展提供了重要的人才支撑，赢得世界各国的青睐。

### （一）制度支撑：资格认证、体系完善

建立了统一的国家资格框架证书制度。澳大利亚资格框架（Australian Qualifications Framework，AQF）是由澳大利亚各州教育和培训部长通过就业培训和青年事务内阁委员会达成的国家性政策框架，它将每个教育和培训部门的资格证书纳入一个统一的综合国家资格框架，为中等教育、职业教育和高等教育这三大教育领域搭建了一座互连互通的"立交桥"[①]。自1995年实施以来，澳大利亚不断更新和完善资格框架，使其与培训包、质量培训框架共同支撑起了整个职业教育体系。澳大利亚资格框架将学校教育、职业教育与培训、高等教育的资格统一标准化，改变了原本混乱的职业资格体系，也从宏观上为各教育体系之间的相互沟通提供了基础，对于促进终身学习具有重要意义。

构建了纵向贯通、横向融通的职业教育体系。澳大利亚是世界上较早系统打造职业教育体系的国家，也是职业教育体系发

---

① 吴雪萍，马博.澳大利亚资格框架改革探究［J］.《比较教育研究》，2011，33（8）：15—19.

展最完善的国家之一。在国家资格框架体系下，澳大利亚形成了以学生为中心，政府、行业/企业与学校紧密合作，中等义务教育、职业教育和高等教育三大教育有效衔接而又相对独立的体系。TAFE 职业教育虽自成体系，但并没有封闭发展。它又与普通高等教育和中等义务教育相互贯通，并且在课程设置上相互衔接、学分上互认互换。一方面，"学生可以从高中二、三年级进入 TAFE 学院，同时进行义务教育文凭学习和接受高等职业教育培训"；另一方面，"学生在 TAFE 学院取得职业教育文凭后，可以直接进入大学本科二年级学习"[1]。学生在 TAFE 学院学习的相关专业的课程全部或部分得到承认且可以学分转换，为 TAFE 学院毕业生进一步深造创造了条件。

## （二）运行管理：行业主导，政府协作

行业主导不断深化。澳大利亚的行业在其国家职业教育发展中发挥着重要的主导作用，体现在确立国家职业教育与培训政策、制定不同行业培训包以及在不同地区与技术与继续教育学院和其他注册培训机构合作开设职业教育与培训课程等诸方面。二十世纪九十年代以来，在澳大利亚对职业教育改革历程中，最大的特点是不断强化行业在职业教育中的主导作用。具体来看，主要通过不断建立和完善相关的行业组织机构，实现行业组织参与职业教育的程序化和法定化。比如，2005 年建立和完善国家行业技能委员会，负责为职业教育的最高决策机构提供决策咨询，并把"企业和行业在所有层次培训中的领导和参与"作为新的管理框架的核心原则之一[2]；2008 年建立"澳大利亚技能署"，

---

[1] 董文娟.澳大利亚职业教育与培训的终身教育理念意蕴[J].《职教通讯》，2017（31）：24—28.

[2] 李玉静，孙琳.澳大利亚职业教育管理体制和运行机制的特点及启示[J].《职业技术教育》，2014，35（35）：89—93.

加强行业技能理事会的作用，明确行业参与职业教育决策、管理职业教育机构的职责等。

国家调控与市场竞争间达到均衡。职业教育在自由市场竞争和政府宏观调控间达到一种平衡，是职业教育管理的最理想状态。自二十世纪九十年代以来，澳大利亚逐步形成了以政府协作和行业主导为特征的管理体制，推动职业教育由公立教育载体垄断走向兼容并包的职业教育市场[1]，在市场竞争中实现高效运行。一方面，澳大利亚强调行业的主导作用、市场化运行，比如《使澳大利亚技能化：职业教育和培训的新方向》提出，要更加以顾客为中心，形成完全依靠顾客驱动的职业教育和培训市场[2]。但是，澳大利亚政府并没有完全放手不管，而是积极采用经费资助、建立相关管理机构、开发培训包、构建国家资格框架等措施加强对职业教育体系的宏观管理，这是澳大利亚职业教育市场有序运行的基本保障。

### （三）办学体制：一校多制，形式多样

办学灵活多样，学制长短不一。由于澳大利亚TAFE以终身教育和全民教育理念为指导思想，其学员呈现出年龄范围大、专业种类多、上课时间不固定等特点。为适应社会各类群体不同的教育与培训需求，这就促使TAFE学院针对这些问题进行调整，探索出"一校多制"的办学路线。一所TAFE学院内，既有职前教育，也有职后教育；既有正规的学历教育，也有非正规的短期培训；既有短学制的基础性职业教育，也有长学制的中等和高等职业教育。与此相应的是，其学制也长短不一，既可以全

---

[1] 张阿贝. 21世纪澳大利亚职业教育市场化进程对中国职业教育市场化的启示[J].《高教探索》, 2021（1）：91—97.

[2] 查国硕. 21世纪澳大利亚职业教育政策演进解读[J].《职业教育研究》, 2016（6）：83—87.

日制学习，也可以半日制或利用业余时间完成学业。此外，全日制的学生也可以根据所选择的学习层次和自身条件灵活安排学习时间。

教学形式多样，注重因材施教。为了适应澳大利亚 TAFE 一校多制的特点，TAFE 学院采用灵活的教学方法以满足不同学生的需求，教学方式倡导"用户选择"理念，让学生自主选择上课场所及方式，充分体现了因材施教的教育特色。教学场所不仅是通常的教室，还可以是图书馆、实训基地、车间、办公室等。教学方法一般是根据实际需要，不再是班级教学这一单一模式，而更多采用角色扮演、团队协作练习、实景模拟、企业培训、企业实习等多样化的方式。此外，为让分散在全国各地的学员接受职业教育，TAFE 学院还通过远程教育、流动教室等形式把教育送到需求者那里，自主把握学习时间和学习内容，营造了一种随时随地学习的环境。

### （四）课程体系：市场导向，能力本位

以市场为导向，课程设置灵活。市场导向是澳大利亚 TAFE 课程体系建设的重要标准，其课程和专业设置具有很强的市场性、灵活性和针对性，以适应不同个体学习需要和行业企业的发展需求。TAFE 学院规定开设的课程必须满足以下条件：行业与企业需要的专业或岗位；学生愿意学习的专业；学校有办这个专业的条件，如师资、场所、设备等；政府与行业机构从宏观布局等方面论证合格。[①]TAFE 课程几乎涉及各行各业，只要是社会上存在的行业几乎都能在 TAFE 学到相应的专业课程。其中，大多数课程由行业负责提供，课程设置也随着行业需求进行削

---

① 刘瑶. 澳大利亚 TAFE 课程设置的研究及对中国高职课程设置的启示 [D]. 西北农林科技大学，2009.

减、增设或停办。为适应多样化学生对课程的不同需求，TAFE 学院采用模块化课程结构，提供多样化的课程内容和形式，这样学生既可以进行全日制学习，也可以边工作边学习。

以能力为本位，课程实用性强。澳大利亚的 TAFE 课程体系贯穿以能力为本位的指导思想，围绕职业活动中需要的实际能力，以职业分析为基础组织课程、开展教学、进行评价，以此来代替学科体系的课程。TAFE 课程体系着眼职业群而不是具体职业岗位，把从业所需要的技能、态度、知识有机地整合到一起，把国家认可的能力标准转化为培训包，进行课程的整体架构，具有很强的实用性和适应性。其主要目标是培养学生的动手能力和操作能力，因此课程的设置主要以实践课为主，强调实践课程的学习。澳大利亚以能力为本位的课程种类达上千种，以学生提供实践技能和经验为主要目标，具有广泛适应性特点，较好地适合了企业的需要和学生的兴趣。①

## 三、面向 2030 的 TAFE 职业教育发展趋势

随着全球经济的萎靡下行和人口老龄化的加剧，为了适应新时期的形势和需要，澳大利亚在全国范围内进行职业教育改革，将重点构建服务全民终身学习的 TAFE 体系，发展适应时代需要的高质量职业教育，推动职业教育国际化不断深入和拓展。

### （一）构建服务全民终身学习的职业教育体系

一个服务全民终身学习的职业教育体系是具有包容性的，需要对弱势群体给予特殊关注。近年来，为应对全球经济竞争和人

---

① DFAT. The Australian Education System-Foundation Level ［EB/OL］. ［2019—12—11］. https://www.dfat.gov.au/sites/ defaul t/files/ australian-education-system-foundation.pdf.

口老龄化挑战，解决就业不足与技能短缺的矛盾，澳大利亚政府主张通过提高社会弱势群体的技能水平来提高劳动参与率，满足预期的劳动力需求。一方面，澳大利亚通过开发非传统行业技能培训项目，鼓励弱势群体进入非传统行业就业；通过学习者支持服务项目为弱势群体技能培训创造机遇；通过降低弱势群体技能培训学习成本等措施，着力提高所有弱势群体的技能水平。另一方面，澳大利亚还特别针对女性、残疾人和患者等弱势群体制定了有针对性的技能培训举措。2018年，《澳大利亚2030——创新促进繁荣》进一步提出，到2030年，形成通过终身学习开发工作技能和教育实施的教育体系，使澳大利亚全体国民拥有2030年所需要的技能和知识。①今后，澳大利亚将继续推动改革使弱势学习者获得更好的劳动力市场参与率和就业，同时鼓励社会各界积极支持老有所用的观念，重视老年人的职业教育工作，促进老年人就业和再就业，致力于建立一个更加惠及全民、更加高效灵活的职业教育体系。

学习成果认证、积累和转换是构建服务全民终身学习的职业教育体系的重要组成内容，是推进终身教育体系建设和人才培养"立交桥"搭建的重要途径，也是澳大利亚职业教育改革的重要趋势和必然选择。在政府、行业、学校和培训机构各方力量的推动下，澳大利亚在资格框架的基础上，从2014年实施"独特学生鉴定"，跟踪记录学生一生中在不同教育和培训机构接受职业教育和培训的情况。从此，学生拥有了自身培训经历的官方凭证，学生在不同时期、不同场所接受的职业教育和培训都可以得到详细记录和相应认可，这样学生选择、转换职业培训课程或培训机构的过程也就更加便捷。今后，澳大利亚将进一步加大职业教育学习成果认定与转换制度的有效供给，更好地服务全民终身学习。

---

① 张丽娟.澳大利亚发布《2030年计划》[J].《科技中国》,2018（8）：93—95.

## （二）发展适应时代需要的高质量职业教育

澳大利亚今后关于职业教育的改革方向，首先是响应工业4.0对职业教育的要求，把创新技能、数字技能培养纳入职业教育。创新是澳大利亚企业竞争力和经济生产力的核心。澳大利亚提出的愿景是：到2030年，跻身世界创新型国家顶尖行列，并以科学、研究和商业化方面的卓越声誉为傲。创新技能是一个有活力、创新型国家体系中最本质的要素。为此，需要发展一个卓越的教育与技能开发体系，在全国范围内鼓励创新思维和终身学习的实现。特别是，要把创新技能培养纳入国家职业教育体系，将创新思维和创新创业能力的培养作为职业教育的重要内容，这是发展适应时代需要的高质量职业教育的关键。2020年，澳大利亚国家职业教育研究中心发布了两份新的"良好实践指南"，提出将基本数字技能纳入职业教育。①

发展适应时代需要的高质量职业教育，必须建立现代化的职业教育质量保障体系。立足新发展阶段，澳大利亚职业教育正深化改革创新，围绕"创新促进繁荣"新需求，向更高水平、更高质量迈进。比如，为提升职业教育与培训的透明度，有效保障职业教育的质量，澳大利亚制定了一系列职业教育数据政策，并不断调整完善其政策。2021年3月16日，澳大利亚国家职业教育研究中心修订了于半年前发布的《职业教育教学能力和质量建设：机遇与挑战》，该报告指出目前职业教育存在教师质量参差不齐、教学质量不高等问题。解决澳大利亚教学质量面临的持续挑战是没有"灵丹妙药"的。因此，要提高职业教育的教学质量，必须重视教学质量保障体系与监控体系的构建，这是澳大利

---

① NCVER. Responding to Industry 4.0：implications for VET［EB/OL］.［2020—06—10］. https://www.ncver.edu.a u/news-and-events /media-releases/responding-to-industry-4.0-implications-for-vet.

亚职业教育改革和发展的一个重要趋势。

### （三）推动职业教育国际化不断深入和拓展

近年来，澳大利亚联邦政府继续推动职业教育国际化不断深入和拓展，启动三项重要的战略：《国际教育国家战略 2025》①《澳大利亚全球校友参与战略》与《澳大利亚国际教育 2025 市场开发路线图》，将职业教育国际化作为应对国际挑战、满足国家政治与经济发展需要的重要工具，不断推动澳大利亚职业教育走向世界。随着澳大利亚向知识与服务经济转型，在未来 10 年澳大利亚将进一步增强国际教育部门功能，加强 TAFE 学院与世界的联系，帮助其充分利用全球机会，持续繁荣。一方面，以满足海外客户需求为宗旨，制定相应职业教育课程推进海外营销，密切配合就业、教育与培训部以及国家海外技能认定办公室等机构，加快澳大利亚职业教育资格在境外国家的认可进程。另一方面，将国际化作为优先发展事项，并纳入到 TAFE 学院的主要职能中，针对不同的区域确定分阶段拓展方案，不断拓展海外市场，确保 TAFE 学院在国际竞争中保持领先地位，获得更大的发展空间。

随着国际化和区域一体化的发展，澳大利亚政府积极参与地区和国际资历框架交流，寻求对国家资格框架、学习成果和质量保证的广泛认同。目前，澳大利亚和欧盟委员会已初步完成对 AQF 和欧洲资格框架（EQF）的技术比较，未来将改善欧盟成员国资历框架与澳大利亚 AQF 之间的融通，更好地支持两个地区终身学习和技术的交流。② 总体来看，澳大利亚今后将从以下

---

① DET The National Strategy for International Education 2025［EB/OL］.［2020—11—02］.https://nsie.des e.gov.au/sites/de fault/files/ docs/national_strategy_for_international_education_2025.pdf.

② 梁帅，吴雪萍.澳大利亚职业教育国际化政策探析［J］.《中国高教研究》，2019（05）：97—103.

三个方面推进本国资格框架与国外相关资格框架的对接：1. 促进本国与各国或区域资格框架信息的透明度与可靠性；2. 维持本国与各国或区域资格认证体系的稳定性；3. 促进学生与技术工人获得的资格在其他国家得到理解与认可，提高国际流动性。

## 四、澳大利亚TAFE职业教育对中国的启示

当前中国职业教育事业拥有良好的发展机遇，同时也面临着新的挑战。澳大利亚TAFE职业教育为我们展示了职业教育发展和改革的新思路，对中国新时代职业教育的高质量发展起到推动和借鉴作用。

### （一）构建"国家资格框架"已势在必行

澳大利亚是国际上最早建立与实施资历框架的国家之一[①]，通过不断修改和完善，构建了一个现代化的、统一的、综合性的国家资格证书框架体系，为各级各类教育架起了相互沟通的"立交桥"。但与澳大利亚相比，中国资格框架还处于学习探索阶段，无论是理论探索还是实践，都还有很长的路要走。随着新时代全民学习、终身学习型社会、技能型社会建设的新要求，中国构建自己的"国家资格框架"已势在必行。

当前，中国的资格证书种类繁多，可以说是五花八门，既有国家人力资源和社会保障部、行业协会等部门的认证，也有学校甚至社会中介组织的资格认证。同时，由于各类资格证书的标准不相统一，导致证书之间难以建立明确的对应关系，难以实现不同资格证书转换过程中的等值比对。因此，必须建立

---

① 林晓雯,刘志文. 澳大利亚国家资格框架的演变历程、管理模式及运行机制[J].《职业技术教育》, 2019, 40 (25)：74—79.

统一规范的国家资格标准体系。通过统一标准的实现，推进资格证书在全国范围内的互认，促进学习者及劳动者在全国范围内的流动。澳大利亚的经验表明：国家资格框架建设既要符合国际发展趋势，又要充分考虑中国实际情况，涉及各种教育与培训类型，跨越多个层次级别。因此，中国需要经历一个自下而上、自上而下反复酝酿、推敲和完善的过程，必须由政府牵头、多部委、多行业协同配合，顶层设计与地方试点统筹推进。一方面，国家要统筹规划，从顶层进行设计，推进国家资格框架建设进程；另一方面，要鼓励高校、研究机构、行业以及区域、地区先行先试，积极借鉴澳大利亚等国家的成功经验，探索积累经验，总结推广做法，为建立起符合中国国情、满足终身教育体系建构需求的资历框架打牢基础。

## （二）坚持学历教育与培训"两条腿走路"

职业院校面向全体劳动者广泛开展职业培训，既有利于支持和促进就业创业，也有利于学校提升人才培养质量和办学能力，是中国深化职业教育改革发展的重要内容。《国家职业教育改革实施方案》提出要"完善学历教育与培训并重的现代职业教育体系"，也为职业院校提出了根本遵循和新的要求。但中国职业院校开展学历教育和培训仍存在"一条腿长一条腿短"的现象。TAFE将学历教育与技能培训巧妙地融合在一起，对中国进一步推动学历教育与培训"两条腿走路"具有较强的借鉴意义。

从澳大利亚TAFE学院建设经验来看，职业培训是职业院校可持续发展的必然选择。发挥职业院校在职业培训的作用，提升劳动者素质，促进充分就业和高质量就业，是职业院校当仁不让、义不容辞的责任。因此，中国职业院校要坚持学历教育与职业培训并举，充分发挥职业教育资源优势，多形式、多模式地开展高质量的职业培训。同时，中国各级政府要通过制定相关政

策，引导企业积极参与到职业培训中来，并做好评估、监督、规范培训市场的良性发展。更重要的是要加强地方统筹，整合各级职业学校教育和培训教育资源，整合人力资源和社会保障部等行政部门和群团组织以及行业协会的资源，形成"大职教"发展格局，彻底打破学历教育和培训"一条腿长一条腿短"的办学困境。

### （三）打造职业教育国际化发展"创新地"

随着中国全方位对外开放和"一带一路"推进，中国经济与世界融合日益加深，对职业教育国际化要求也更加迫切。但中国职业教育国际化水平总体还较低，国际能力在人才培养方面仍是薄弱环节，国际合作交流规模相对于职业教育规模极不相称，合作交流水平有待提高。而澳大利亚长期致力于推进职业教育国际化，凭借本国职业教育的比较优势和政府的大力支持，形成了具有自己特色的职业教育国际化发展模式，已成功走向世界，对于中国推进职业教育国际化进程具有借鉴意义。

首先，统筹设计，突出重点。中国应坚持以开放促改革发展，以促进内涵发展为宗旨，以全面提升职业教育人才国际能力为目标，提升职业教育国际化水平。要紧密结合对外开放战略部署及"一带一路"框架架构，系统设计，着力构建职业教育国际合作布局；突出重点区域和国家、关键通道、关键节点、重点工程项目，确定合作交流对象、内容及方式，增强合作交流的针对性；抓好统筹，多方协作，以内陆沿边以及沿海为重点，以建设高水平国际化职业院校为引领，打造职业教育国际合作交流基地，提高合作交流效益。其次，整合资源，强化协作。结合中国的具体实际，综合利用中央和地方、教育内外部多种资源，积极利用国家援外资金、相关企业资金，充分利用"一带一路"教育行动范围内资源、平台和机制，重点打造一批高水平国际化职业院校。支持职业院校与企业共同"走出去"，与目的地国家职业院校合作，对接企业需求，培养当地人才，促进合作院校改革发展，推介中国职业教育改革发展经验。增强协作保障，建立职业教育国际化协作机制，商务、外交、教育、地方、行业、企业以及职业院校共同参与协作机制，确保职业教育国际化协作质量。建立职业教育国际化信息服务中心，建设职业教育国际化信息文献资源平台。

## 第三节
## 美国：服务社区、功能多元的社区学院发展

社区学院是美国开展职业教育的主阵地，是美国教育体系中最具职教特色的一部分。一方面，社区学院作为中等职业教育的延续以及开展补偿教育、社区培训的重要平台，发挥了极为重要的核心枢纽作用，沟通串联了美国各级各类教育。另一方面，经百年发展，社区学院逐渐形成了扎根社区、专注职教的特点。当前，社区学院正通过加大政府资助、强化路径引导等措施朝着高质量、高层次方向发展。

### 一、社区学院是美国开展职业教育的主阵地

随着社会的不断发展，美国社区学院为满足社会所提出的教育需求，对于职业教育的重视程度不断提高，逐渐成为了美国开展职业教育活动的主阵地。除了充分发挥自身的职教功能，也很好地衔接了美国中等职业教育以及更高层次的四年制大学，承担了极为重要的核心枢纽作用。

## （一）社区学院是美国中等职业教育的延续

美国职业教育主要集中于两个层次：中等职业教育、高等职业教育，中等职业教育主要实施机构为综合中学以及少量的专门生涯与技术教育（Career and Technical Education，CTE）学校、地区 CTE 中心。学生在结束中等职业教育阶段的学习后，若继续接受高等教育阶段的职业教育，社区学院将会是其首选。

美国四年制大学虽也提供职业教育类课程，但占比较低。社区学院是美国高等教育阶段开展职业教育最主要的教学机构。同时，社区学院还通过采取协调中高职之间的培养目标，开展更加灵活的招考方式以及构建合理的师资队伍等措施来促进社区学院与中职教育之间的紧密联系，保证完成中职教育的学生能够顺利地进入社区学院接受高等职业教育。因此，社区学院自然而然地成了美国中等职业教育的主要延续机构。学生在社区学院参与的职业教育项目主要包括副学士学位、证书课程以及相关的职业培训课程。

## （二）社区学院是美国本科职业教育的重要中转站

在美国攻读本科层次的职业学士学位通常有两种渠道：一是直接被四年制本科层次院校录取，在四年制大学完成本科层次的职业教育，获得职业教育专业的学士学位。这种路径比较直接，只要完成基本的课程，成绩合格即可获得学位。二是先攻读社区学院副学士学位，再转入四年制大学学习。

通过社区学院再转入四年制大学学习这种路径虽然较为麻烦，但其有独特的优势。首先，美国社区学院十分强调普职融合，规定选择职业教育培养路径的学生也必须选修一定比例的普通教育课程才能最终获得学位。这也就保证了社区学院职业技术系科的学生也能在完成两年的学习后转学到四年制大学的相应学科继续学习。其次，社区学院的收费远低于四年制大学，据2020—2021学年数据统计，平均每名学生在公立社区学院每年学费为3770美元，而在公立四年制大学学费为10560美元，[①]两者相差甚大。最后，社区学院的录取标准要低于四年制大学，一些成绩较差不足以直接攻读四年制大学的学生，可以通过在社区学院努力学习两年之后再进入四年制大学学习。总之，社区学院具有的特点、优势促使其成为美国学生参加本科层次职业教育的重要中转站。

### （三）社区学院是美国社区培训的重要平台

社区学院除了提供副学士学位项目和证书项目之外，还提供了补偿教育，开设了许多的社区职业技术培训项目。社区学院扎根于当地社区，贴近社区，与其他教育机构相比，其为社区提供教育服务具有先天的优势。在社区学院愈加重视自身职业教育功能的过程中，其也就自然而然地成为了社区培训的重要平台，发挥其应有的作用。

同时，社区学院自身也有意识通过多种措施以更好地服务当地社区。在课程设置上丰富而实用。社区学院往往会根据当地社区的需要为在职人员、失业人员、职业变换人员等不同的学生提供丰富的学习职业技能的机会。无论是想学习计算机操作、美容美发抑或想要学习某种语言，都可以在社区学院找到相对应的一门或多门课程参与学习。在学习形式上多元而便利。学员们在社区学院可以选择线下学习也可以选择线上学习，抑或两者相结合的混合学习。学习形式多样，大大便利了在社区学院学习的学员。

---

① Trends in College Pricing：2020.［EB/OL］（2021—03—31）［2021—08—15］.https://research.collegeboard.org /pdf/tre nds-college-pricing-student-aid-2020.pdf.

## 二、社区学院是美国教育体系中最具职教特色的一部分

社区学院创立之初的主要功能是缓解美国高等教育资源紧张的局面，随着社会需求的不断变化、丰富，逐渐变成了以职业教育、转学教育为核心任务的多元综合的高等教育机构，成为了美国教育体系中最具职教特色的一部分。

### （一）地方主管，多方协同

地方分权制是美国的基本政治体制，州政府对本州内具体事务具有较高的管理权限，可以依据本州具体发展需求进行管理调控，体现在社区学院的管理中亦是如此。州政府主导对辖区内社区学院的管理，联邦政府及其他多方利益主体则从各维度协同管理。

地方政府立足当地发展协调控制，主导管理。州政府依据辖区内的社会发展情况以及社区学院发展需求，制定相应有针对性的法令政策；通过设立专业机构，对社区学院的方方面面进行调控管理；根据不同社区学院的不同情况进行差异性补助，保证经费公平分配。

多方利益主体立足本位利益职能，协同管理。联邦政府与当地社区都对社区学院的发展起到了极为重要的作用。联邦政府对社区学院的影响主要通过四种方式实现，即科研经费、税收政策、学生资助以及授权。① 当地社区则主要通过设立社区学院管理委员会或董事会，与社区密切联系，根据社区居民需求，对社区学院进行适当的调整与管理。

---

① Barbara K.Townsend and Susan B.Twombly. Community Colleges: Policy in the Future Context［M］. New York: Ablex Publishing Corporation，2001: 24.

## （二）扎根社区，服务地方

美国社区学院在最初创立之时就深深地打下了扎根社区的烙印，为社区居民提供教育培训服务，推动社区发展，是社区学院的独有特点。

社区学院以社区需求为动力，致力于服务社区。首先，社区学院的学科、专业设置因地制宜。各类课程设置都是以当地行业发展以及就业需求为出发点，教学内容尽量与当地实际需求相契合。其次，社区学院所提供的教育培训服务因时制宜。把握当地整体发展趋势，因时而动，课程设置具有实用性、预见性。最后，则是为了做好教学服务，设立以当地社区各界人士为主组成的社区学院委员会或者董事会指导社区学院建设，保证社区学院课程教学能与当地社区发展需求时刻保持紧密联系。

社区学院以社区资源为根基，支持自身发展。社区学院扎根于当地社区，在积极为当地社区发展服务的同时，也充分利用当地社区独有的资源优势，不断促进学院自身发展。首先，通过在社区学院委员会或董事会的协调下，给社区学院的发展提供相应的人力、物力支持。其次，与当地工商业以及公共机构建立深入密切的联系，为学生提供实习、见习的机会，加强对学生实践能力的培养。最后，与当地企业或独立研究机构达成合作协议，共享各种先进科研设施，提高学院的科研创新能力，进而提高学院的办学质量。

## （三）衔接中高，融通职普

社区学院具有独特的枢纽作用，通过学分转换、课程衔接等手段，实现了美国教育体系中各级各类教育之间的相互沟通衔接。

社区学院纵向衔接中高职业教育。社区学院为满足社会需求，在发展进程中越来越重视职业教育，社区学院也逐渐成为美

国中高职教育之间相互衔接的桥梁。一方面,社区学院与高中阶段职业教育相互衔接,其主要手段有三种:一是开展职业集群(career clusters)课程。即通过对数种性质相近的职业进行归类,形成职业集群,然后依据相应职业集群需求开设课程,学习相关的职业知识与技能。从小学开始培养学生相应的职业意识,中学通过给予适当的职业导向,帮助学生选择适合的职业方向,并选择相应的课程进行学习,从而更好地与社区学院进行无缝衔接。二是实施"补习课程"。其主要在高等教育阶段开展,为那些未达到大学课程要求水平的学生提供帮助,在经过补习课程后达到相关要求,实现中高职之间的顺利衔接。三是开展"双学分计划"(Dual-enrollment programs)。它是指学生在高中阶段选修大学课程,同时获得高中和大学学分。学生可以因此提前了解大学学习内容,帮助中学生顺利实现从高中到大学在学术和心理层面的过渡,加强了中高职之间的联系与衔接。另一方面,社区学院还与四年制大学相互衔接。在本州范围内,主要通过建立相应的学分转换体系、统一课程编码等手段来加以推进;跨州衔接则大多通过学校间相互签订协议进行。

社区学院横向融通职普教育内容。社区学院对于职业教育与普通教育皆十分重视,且在不断的发展进程中两者相互渗透交融。社区学院中的职业教育类专业主要课程可以分为两类:一类是普通教育课程,包括英语、数学、历史等。另一类是专业教育课程,即主要的职业知识、技能。在具体课程设置中有意识地将普通教育融入了职业教育活动,促进了普职教育内容的相互融通。

### (四)产学相依,突出优势

开展产学合作是美国社区学院职业教育活动十分突出的特点之一。社区学院扎根于社区的根本特性,使得社区学院开展产学合作具有极为良好的社会基础。同时,通过开展多样化产学合作也在很大程度上提高了社区学院的教学质量以及社会服务水平。

社区学院具有良好的开展产学合作的社会基础。社区学院具有独特的地域优势，每一所社区学院都有其特定覆盖的区域范围，深得当地社区居民信任，社区居民支持社区学院的发展，对社区学院的教育培训接受度高。同时，由于社区学院委员会或者董事会的存在，由他们作为桥梁，社区学院与当地各类组织的合作往往能够较为顺畅地进行。

社区学院开展产学合作，最常见的方式主要有以下几种：一是通过学徒制的开展推进产学合作，学徒制在美国的由来已久，尤其近几年美国通过立法等形式进一步推动了学徒制的制度化发展。二是复制P—TECH办学模式。一贯制科技高中（Pathways in Technology Early College High School，P—TECH）由IBM公司与纽约市科技学院（New York City College of Technology）等机构联合创办，以中高等教育相融、校企共治等特色著称。[①] 在政府推动下该模式得以在全美快速扩张，许多社区学院通过复制这一办学模式加强产学合作。三是兴建制造业创新中心（Manufacturing Innovation Institute）和制造业共同体（Manufacturing Communities）。其主要功用是连接企业与学院，形成遍布全美的制造业创新与发展协作网络。实施过程中，社区学院得以与相关企业结成合作伙伴关系。社区学院通过多种形式开展产学合作，不仅可以更充分地利用当地资源，也可以更好地为当地社区提供服务。

### （五）弹性教学，注重实践

社区学院十分强调通过开展灵活多样的教学活动培养学员的实践能力，培养出来的学生就业率高、工作上手快，受到了社会

---

① 王辉，刘冬．美国应用型人才培养的"首席品牌"——"一贯制科技高中"办学模式之述评［J］．《比较教育研究》，2014（8）：57—62．

的广泛认可。

社区学院教学形式灵活多样，开展弹性教学。这种灵活的办学形式主要体现在四个方面：其一，课程体系的灵活多样。不同的学员根据自身不同的需求可以在学院中选择各式各样不同的课程。其二，教学方式的灵活多样。社区学院学生组成较为多元，学院充分利用各类资源，采用灵活多样的教学方式满足不同学员的学习需求。其三，学制的灵活多样。社区学院大多数专业为两年制，但学习年限并没有硬性规定，只要最终能修满学分即可毕业，获得相应文凭、证书。其四，教学时间的灵活安排。最新数据显示，社区学院中 65% 学生为非全日制学生，学习时间大多不太固定。①因此社区学院的教学时间安排是十分灵活的，会根据学员的情况对其学习时间进行精心安排。

社区学院教育内容实用性强，注重对实践能力的培养。服务地方，促进当地发展是社区学院十分重要的办学目标之一。因此，学院的职业教育内容设计十分强调实用性，相应的课程设计十分注重对学员实践能力的培养，做到学有所用，实践课程学时占比往往大于 50%。同时为了加强实践环节的教学，学院加强了教师队伍的建设，对教师的实践能力也提出了较高的要求，聘请许多一线的技术能手和管理人员作为兼职教师指导学员学习。

## 三、社区学院朝着高质量、高层次方向发展

美国社区学院经过百年的发展已颇具规模，成为了美国职业教育的主阵地。国家、民众对社区学院几十年来为国家社会发展

---

① Fast Facts 2021.IPEDS Fall 2019 Enrollment Survey.［EB/OL］.（2021—03—31）［2021—08—24］. https://www. aacc. nche. edu/research-trends/fast-facts.

作出的贡献给予了充分的肯定。但社区学院仍面临着些许问题亟待解决，仍在不断提高自身办学水平，朝着高质量、高层次方向发展，以期能为社会发展作出更多的贡献。

## （一）强化路径引导，为学生学业提供全面指导

当今，大多数社区学院的教育模式是在二十世纪六七十年代发展起来的，是对美国当时大幅增加高等教育机会的回应。这种"自助餐"式的运行模式，提供了一系列旨在吸引不同学生的课程，提高了学院的录取率。但这种模式存在着显著的缺陷，其表面上赋予了学生更多的选择，却未提供较好的专业路径指导，使得学生独自迷茫在不明确的道路上摸索前行，不可避免地导致了许多学生学业的失败。调查显示，60%寻求学位的社区学院学生在六年后都没有获得任何中学后证书[①]。

加强社区学院建设是拜登政府教育议程的核心部分。其中，提高社区学院学生学业完成率更是重中之重。为此，美国社区学院协会（American Association of Community Colleges，简称AACC）于2015年发起了一项全国性的项目——指导路径项目（Guided Pathways）。该项目是一种综合性的改革方法，社区学院通过这种方法从根本上重新设计课程和支持服务，从而创建更清晰、更具教育连贯性的课程，旨在帮助社区学院学生在合理的时间和经济上探索、选择、计划和完成项目，使他们能够直接获得一份好工作或成功转到特定专业的学士学位课程。目前，全美

---

① Causey, J., Huie, F., Lang, R., Ryu, M., & Shapiro, D.（2020）. Completing college 2020: A nationalview of student completion rates for 2014 entering cohort（Signature Report No. 19）. National Student Clearinghouse Research Center. https://nscresearchcenter.org/completing-college/.

已有超过 40 个州的 400 多所社区学院与大学正在实施该方法。①

## （二）办学层次高移，开办本科层次的职业教育

社区学院创立之初的定位是致力于办好两年制的副学士学位教育以及短期培训活动。但随着社会发展，人们整体受教育水平不断提升，人们必然会追求接受更高层次的教育，越来越多的人想要或是需要接受本科层次的职业教育，而作为服务当地社区居民的社区学院面临此类需求的快速增长，必然需要作出一些改变在自己力所能及的范围内加以满足。

从二十世纪九十年代开始，一些州允许辖区内的一些社区学院举办本科专业。②据最新统计，2018—2019 学年全美社区学院颁发了 878900 个副学士学位、20700 个学士学位以及 619711 本各类证书，其中全美共有 191 所社区学院开设了学士学位课程。③相较于 2014 年全美仅有 65 所提供学士学位教育，五年间开展学士学位教育的社区学院数量多了三倍左右。④通过数据可以发现，当前美国社区学院虽仍以开展相当于专科层次的副学士学位教育为主，开设的本科层次专业仅占很小的一部分，但就整体发展趋势而言，开展本科层次职业教育的社区学院将会继续增多，努力满足社会不断提高的教育需求。

---

① Investing in Student Success at Community Colleges［EB/OL］.（2021-05-31）［2021-08-15］https:// files.eric.ed. gov/fulltext/ED612240.pdf.

② Cohen, Arthur M, and Florence B. Brawer. The American Community College.［M］. 6th ed.San Francisco：Joss ey-Bass, 2003：5.

③ Fast Facts 2021［EB/OL］.（2021-03-31）［2021-08-15］. https://www.aacc.nche.edu/research-trends/fast-facts/.

④ American Association of Community Colleges. Community Colleges Expanded Role into Awarding Bachelor's Degree［R］. Education Commission of the States，2015：19.

## （三）淡化学分导向，完善基于能力的培养体制

美国教育系统中，较为完善的学分转换体系为美国各级各类教育的衔接转换奠定了坚实的基础。但若过于关注追逐学分，则违背了教育最为根本的要求——培养学生之能力，学分只是用来计算学生学习分量的一种单位。它能对学生的学习经历做一定的证明，有助于能显性、便捷地计算每位学生的学习情况，但也有不足之处，即无法准确衡量学生经过学习后的真实的"质"。量的衡量并不能完全代替对质的追求。尤其是职业教育，其最本质核心是为了培养学生的职业技能，具有从事某项职业的能力。因此，学分作为一项显化的衡量工具有其便捷性，但不能作为教育培训的导向基础，而应以能力的培养为核心开展职业教育。

美国社区学院通过开展"可叠加证书制度"（Stackable Credential）以及扩大社区学院学徒制（Expanding Community College Apprenticeship，ECCA）等手段构建基于能力导向的人才培育体制。首先是"可叠加证书制度"的建立，其概念理解十分直观，"可叠加"意味着如同积木一样具备模块拆分和重新衔接的功能，即个人在一条既定的职业路径上，由低到高取得相应的具备能力信号功能的职业证书，每本证书都配有相对独立的证书课程，获得证书之后可以以此找寻相应的工作，也可以此为基础继续攻读更高层级的证书课程，同一专业的各层级证书是相互衔接的。从2015年提出伊始，以13所社区学院为试点，逐渐开发出一套完整的"可叠加证书制度"操作指南，并于2018年加以公布，向更多的社区学院推广这一做法。① 其次是学徒制重新得到了重视，

---

① Stackable Credentials Tool Kit. [R]. Center For Occupational Research and Development in partnership with Social Policy Research Associates, Community College Career &.Techni- cal Education（CET）Stackable Certificates Initiative，U.S Department of Education，2018：1-2.

2017年6月15日，特朗普签署了一项行政命令"扩大美国学徒制"（Expanding Apprenticeships in America），将联邦资金从每年9000万美元增加到2亿美元。①2020年，进一步颁布的《国家学徒法》（*National Apprenticeship Act*）旨在将其中许多条款编入法规，并使之现代化，以扩大新行业的注册学徒资格，并加大了对学徒制项目的资金投入。②社区学院方面也通过开展扩大社区学院学徒制项目以增加全国学徒计划和服务的数量，计划在3年内将培训1.6万名学徒。

### （四）加大政府资助，实施免费入学以吸引生源

社区学院经费主要来源于三个方面：州政府拨款、地方政府拨款以及学生学费的收入。根据最新数据统计，从2008—2009学年到2018—2019学年，学费在社区学院全部资金来源中的占比从24%上升到了26.5%。③虽相比于2014—2015学年的29%有所下降，但整体上仍呈现上升趋势。而随着学费的增长，社区学院的入学率也整体呈现下降趋势。美国综合高等教育数据系统（The Integrated Postsecondary Education Data System, IPEDS）显示，社区学院登记入学人数从2010年的730万左右一直下滑至2019年的680万左右。④近两年，在新冠疫情的影响下许多学院都被迫关闭，转为远程教学，可以预料到许多因失

---

① Presidential Executive Order Expanding Apprentice- ships in America［EB/OL］.（2017-06-15）［2021-08-15］. https://www.whitehouse.govpresidential-actions/3245/.

② National Apprenticeship Act of 2020（H.R.8294）［EB/OL］.（2020-09-24）［2021-08-15］. https://edlabor.house. gov/imo/media/doc/Davis_ANS_01.pdf.

③ AACC. Distribution of Community College Revenue by Source, 2008-09 to 2014-15［EB/OL］.（2017-09-20）［2021-08-12］. https://www.aacc.nche.edu/2017/09/20/datapoints-relying-state-funding.

④ Fast Facts 2021［EB/OL］.（2021-03-31）［2021-08-15］. https://www.aacc.nche.edu/research-trends/fast- facts/.

业或工时减少而经历经济困难的人将无法继续接受教育。

为了保证有更多的人能继续接受教育，美国政府致力于加大政府资助，通过实施免费入学等措施吸引更多的学生参与到学习中去。其中，较有成效的即是"社区学院承诺计划"。该计划由奥巴马在2015年年初提出，旨在为能按期按质完成学业的社区学院学生实施免费教育，以吸引生源。目前，已经推动了全美40多个州超过200所社区学院加入了该运动。加利福尼亚州和纽约州已经通过设立相关法律条令全面深入地开展该计划。今后，将会有更多的州政府、社区学院参与到这一计划当中，以期能保证每个人都能有参与学习的机会。

## 四、美国社区学院对中国职业教育的启示

美国社区学院经过近百年的发展，不断提高自身职业教育水平，成为了美国职业教育的主阵地，在区域服务、产教融合、学业引导等维度都形成了自身之特色。

### （一）服务区域发展，深化与当地社会发展的联系

服务区域发展是职业院校最为重要的功能之一。美国社区学院在创办之初即以服务当地社区为主要办学宗旨，致力于满足当地社区发展的教育需求，且在之后的发展进程中这一宗旨也得到了较好的实现。这值得我们加以借鉴学习。

首先，当前中国高职院校社会服务范围较窄，更多地关注对高中毕业生的培养。今后要扩展服务范围，满足当地各类教育培训需求，包括在业、失业、转业等各类人群的技能习得或提升需求。其中，尤为需要关注的是要为退役军人提供量身定制的教育培训服务。中国每年都有大量的军人退役复员，国家也十分重视对退役军人的教育培训，高职院校要承担起应有的责任，充分发

挥自身的特色作用。其次，当前中国高职院校的教育培训缺乏足够的灵活性，在教学内容、教学时间等方面弹性较小。今后要提高办学形式的灵活性，在教学内容、时间、形式等方面要根据切实需求作出灵活变动。如教学内容，在办好学历教育的基础上，开设更多的各类短期证书类课程。教学形式上则可利用好各类现代教育设备，例如建设虚拟课堂开展教学。也可深入真实工作场所开展实践教学。最后，则是要不断提升自身服务水平，深化与当地社会发展的联系。可通过加强教师队伍建设、优化专业设置等措施不断提高自身的办学水平，从提高自身教学质量出发提高服务水平。同时也要加强与当地社会各行各业的联系，以进一步完善自身对当地经济、文化发展的服务水平，不断提高自身的社会服务能力。

## （二）强化市场思维，以项目群为主导深化产教融合

中国职业教育发展一直都十分重视校企合作、产教融合的推进，当前部分院校、地区也已取得了一定的发展成效，但就总体而言仍存在一些不足之处。

首先，当前中国开展产教融合多是以院校为主导，以院校供给为中心，忽略了企业的实际需求，企业多是为了完成某项任务抑或出于其他目的才愿意参与，企业的主观参与意愿不高。今后需要强化市场思维，以企业需求为中心来开展产教融合项目，为企业量身定制相关的培训产品或服务，切实满足企业需求，保证企业在参与项目的过程中能真正获得收益，逐渐加强企业的参与积极性，实现项目的良性、可持续发展。同时，在项目合作伙伴的选择上可以加强市场化竞争，遵循"优胜劣汰""末位淘汰"的方式，在最大程度上保证更为优质的院校与企业参与到项目中来，保持整体的运作活力。其次，当前中国产教融合项目参与主体较为单一。今后需要重视集群效应，加强项目群建设，以

校企合作项目为主导推动产教融合深化发展，调动各界人士积极参与产教融合项目，形成良好的社会舆论氛围。例如，可通过建设沟通平台的形式，加强全国各地产教融合项目信息的传播与交流，让更多的企业与院校看到参与项目的优势，进而吸引更多的企业与院校参与进来。同时，要在多元参与的基础上形成一定的规范，保证项目运行的有序性。例如，可通过出台相应的规范政策，对产教融合项目的推进、项目群的建设等内容作出相应的规范要求，逐渐建成多元参与的、体系化的产教融合发展机制。

### （三）明确发展路径，为学生订制个性化学习路径

美国社区学院通过开展指导路径项目等方式加强对学生的学习路径引导，帮助学生能更为顺利地完成自身学业，提高学校学业完成率。中国高职院校虽然当前学生学业完成率较高，但大多数学生对自己的学业发展路径并没有清晰的认识，大多只是听从学校的安排，牵一步走一步，缺乏一定的自我前瞻性，对于未来较为迷茫。因此，对学生们进行适度的引导显然是十分有必要的。

首先，要明确发展路径，职业院校要与有关本科院校、企业行业保持密切的联系，在相互协商讨论的基础上制定一个整体的、具体的路径框架。其次，要畅通发展路径，通过加快职业本科的建设，畅通职教学生们的上升通道；同时要强化校企之间的合作，畅通学生的就业渠道。另外，在中国的体制下与中等职业学校建立路径联系也是十分有必要的。最后，要定制发展路径，每位学生的发展路径往往存在着较大的发展差异，因此，在明确大体方向的基础上也要做好个体学生的个性化路径设计，要给予学生充分的选择余地。例如，建立一个庞大的课程数据表，让学生能够在其中充分地选择自己感兴趣的课程。同时，要做好辅助引导工作，采取更加积极的咨询辅助模式，尽可能帮助学生能够

拥有一条符合自身发展需求、合理的个性化学习路径。另外要加强信息系统建设，实时监测学员的学习进度，并及时给予反馈，确保学生学习的有效性。

## 第四节
## 日本：多元、开放的高等职业教育

日本制造享誉全球，大到汽车，小到家电，几乎每个品类都有让人印象深刻的高质量代表作；与此同时，日本人认真敬业、精益求精的"匠人精神"也一直为世人所称道。而这些，都离不开其高水平的职业教育。作为世界上职业教育发达国家之一，日本建成了较为成熟完善的现代职业技术教育体系，其中最具特色的是多元、开放的高等职业教育。在外部形态上，日本实施高等职业教育的学校类型多样，不同学校一方面适应了不同的学习需求；另一方面又适应了日本产业、社会的各种需要，都在市场中找到了属于自身的独特位置；在内部特征上，日本的高等职业教育官民并立、学制衔接开放畅通、办学定位各具特色，形成了与普通高等教育不同的独有特点。特别是近年来，日本致力于发展实践型的高等职业教育，积极推进职业学校高层次化改革，这些对中国发展职业本科教育，建立学位等值等价制度，推动不同层次职业教育纵向贯通，有很大的借鉴意义。

### 一、日本高等职业教育的主要类型

作为日本高等教育的一种类型，日本高等职业教育内部又有着不同的分类，主要由短期大学、高等专门学校、专门学校，以及高等教育化的公共职业训练机构来施行，以适应和满足不同的学习需求。

## （一）女性色彩浓重的短期大学

短期大学在日本战后特定的经济、社会、文化背景下发展起来，是日本高等职业教育的发端。1948年，一部分旧制专门学校因条件落后没有被批准升格转换为四年制大学，为了将这些专门学校也纳入新学制的体系中，日本政府决定引进美国短期大学制度。一年后，日本众议院通过了关于短期大学的《学校教育法》修正案，明确规定学习年限2年或3年的大学为短期大学。发展鼎盛时期，日本短期大学超过600所，在校生达到53万人。而后，随着四年制大学的增加以及后起专门学校的竞争，短期大学的学校数、学生数逐年递减，到2019年，日本短期大学减少至307所，在校生规模也缩减至11万人，但仍是日本高等职业教育中不可或缺的重要组成。

日本短期大学作为女性高等教育的普及和实践性职业教育的场所，发挥了很大的作用。短期大学设立时，日本女性的社会地位远不如今天。无论是社会舆论还是家长均认为女子不需要像男子那样高的学历。但在男子大学升学率不断提高的环境下，女子的学历也应有相应的提高。比男子低一等、成本低于大学、无须远离家庭等，就成为当时日本社会对女子高等教育的要求。短期大学正好迎合了当下社会需求，在迅速发展的同时逐渐女性化。[1] 短期大学的发展确保了各个地区的高等教育机会，约有40%的短期大学位于人口不足30万人的中小城市，所在区域高中毕业生入学比例常年保持在67%以上，与四年制大学相比高出20%，

---

[1] 胡国勇.日本短期大学兴衰[J].《全球教育展望》，2008（7）：55—59.

相应地，短期大学的本地就业率也非常高，平均可以达到 70%以上，高的地区甚至可以达到 90% 以上。

## （二）五年一贯制的高等专门学校

高等专门学校是日本政府高等教育多元化政策以及在产业界对骨干技术者强烈需求下的产物。在"技术立国"口号的引领下，战后日本工业飞速发展，社会对技术型人才的需求日趋旺盛，主张复苏以专门职业教育为主的短期高等教育机构的呼声一再出现。其间，产业界反复表明了这样的意见，"建立专科大学或专修大学，尽可能地建立起与新制中学直接连接的、五年制的新型的短期高等教育机构"。[①]1961 年，日本政府修订《学校教育法》，高等专门学校由此诞生，填补了技术型人才供给的空缺。学校主要培养具有专业技术的职业人才，招收初中毕业生，学制为 5 年，即把 3 年高中和 2 年短期大学连接，贯通中等教育和高等教育，实施五年一贯制的职业教育。

高等专门学校在日本全国各地都有分布，规模与短期大学、专门学校相比较小，学校数量长期稳定在 60 所上下，每年大约向社会输送 1 万名学生，其中有一半的学生就职于制造业，为日本产业发展提供了有力支撑。作为以培养实践性、创造性的技术人才为目的的高等职业教育机构，高等专门学校非常注重对学生动手能力的培养。毕业生不仅具备专门的理论知识，同时还具有一线工作所需的实际操作能力，就业后能很快胜任企业的生产需要。由于这些特点和优点，日本高等专门学校呈现出旺盛的生命力，虽然在数量上属于高等职业教育中的"少数派"，但毕业生一直供不应求，就业率接近 100%。

---

[①] 天野郁夫，陈武元.日本短期大学的危机［J］.《大学教育科学》，2013（6）：30—39.

## （三）高度市场化的专门学校

专门学校是日本高等职业教育的后起之秀。虽然短期大学、高等专门学校相继设立，但仍无法完全解决技术人员不足的问题，于是日本政府将目光投向了不被认可为正规教育的专修学校。1975年，《学校教育法》重新修订，增补了专修学校条款，将专修学校纳入正规学校教育体系。专修学校学制1—4年不等，主要实施三种课程类型，其中一类以开设"专门课程"为主，以高中毕业生为招生对象，这类专修学校一般又称作"专门学校"，属于高等职业教育机构。

专门学校采用典型的市场化办学模式，现已成为日本高等职业教育的绝对主体。专门学校与地方经济相互照应、共同发展，虽然个体规模都比较小，学科专业也不多，但学校总量庞大，规模仅次于大学，远超短期大学和高等专门学校。经过几十年的努力，专门学校以强调专门技能、职业资格、即战力等特点形成了独具一格的竞争能力。2020年，日本有专门学校2779所，在校生人数60.4万人，在日本高校生源普遍减少的今天，在校生人数不降反升，较上一年还增加了7000人，可见其社会认可度之高。它的出现标志着日本多元化的高等职业教育体系的基本确立。

## （四）高等教育化的公共职业训练机构

二十世纪九十年代开始，日本企业终生雇佣制度逐渐瓦解，以企业内职业教育为主体的职业训练体系越来越不符合社会的需求。相应地，由政府承担主要责任的公共职业训练受到越来越多的重视。公共职业主要包括养成训练、提高训练、能力再开发训练、身心残疾者的职业训练以及指导员训练。公共职业训练培训标准统一、行政体系健全、训练经费充足、训练机构众多、注重

师资培养和科学研究，作为学校内和企业内职业教育的补充，对日本职业教育乃至经济的发展起到了重要的作用。①

随着日本社会的高学历化，职业能力开发也逐渐高等教育化，最典型的就是劳动行政部门管辖的职业能力开发学校（学制1—2年）和职业能力开发大学（学制2—4年），这些学校主要为缺乏专业知识、在就业市场处于相对劣势的高中毕业生提供职业培训。尽管只有极少数的升学机会，但是这些学校的学生既可以考取工业领域的国家职业资格——技能士，毕业时经过学位授予机构认证，还可以获得学士学位。

## 二、日本高等职业教育的特色

日本高等职业教育发展过程中，始终在适应市场的用人需求、学生的升学需求，也因此形成了办学主体官民并立、学制衔接开放畅通、办学定位各不相同的鲜明特点。

### （一）办学主体官民并立

日本高等职业教育在办学主体上施行官与民两条腿走路的基本方针，即国家、地方政府举办的国公立学校和民间举办的私立学校并立而行。②

日本高等职业教育国公立学校集中于需要投入大量资金、关乎国民经济基础的人才培养，主要由高等专门学校、职业能力开发大学完成，占比约为25%。日本现有的57所高等专门学校有54所为国公立，私立的只有3所。这些"国家必须"的国公立学校牢牢掌握在政府手中，教育内容和教学方针受到政府的严格

---

① 日本现代职业教育的特点及其对中国的启示．
② 在日本，由国家设置的学校称为国立学校，地方设置的学校称为公立学校，民间设置的学校称为私立学校．

管理，主要应对第二产业需求，均衡分布于日本各市、县、区，确保质量与公平。

基于个体受教育需求的短期大学和专门学校则悉数交给市场，这两类学校 90% 以上为私立属性，完全依靠市场调节，以大城市和中心城市为据点，面向第三产业，主要集中于办学所需大型仪器设备较少、办学条件要求相对较低的人才培养，确保数量与规模化发展。私立学校在数量上较国公立学校占绝对优势，并有着较大的办学自主权，在教学内容和理念，以及学校体制上有更多的独创空间。同时，为确保私立学校的规范运行，日本的都道、府、县政府中都设有私立学校审议会，私立学校内部也设有独立的监事会或评议会，专司监督职责。

### （二）学制衔接开放畅通

有效的上升通径是确保职业教育体系生命力的重要体现，日本通过技术科学大学的创设、专攻科的设置以及编入学制的设立，实现了职业教育系统之内的学历提升和系统之外的普职融通，打通并拓宽了学生进入更高一级学校的通道。

创设应用型本科与高职教育衔接。日本政府早在 1976 年就设立了专门培养应用型人才的四年制大学——丰桥技术科学大学和长冈技术科学大学。这类大学介于普通高等教育和职业高等教育之间，只开设工科类专业，生源主要来自高等专门学校、职业高中以及普通高中职业科，其中高等专门学校学生超过 80%，这些学校的学生可以升入或编入[①]技术科学大学的对口专业攻读学士学位，之后还可以升入研究生学院攻读硕士学位、博士学位。2019 年，有 630 名高等专门学校的毕业生编入技术科学大学继

---

[①] 即下文提到的"编入学制"，指招收高等专门学校毕业生并直接编入本科三年级学习.

续学习。

在专科职业教育中设置"专攻科"。"专攻科"是指更高级的、高专业的教育课程，相当于本科程度，在短期大学和高等专门学校中实行，一般修业年限为两年，修完课程且学习合格者经过大学评价和学位授予机构审核，可获得学士学位，同时具备研究生院入学资格。高等专门学校中有近六成专业设有"专攻科"。2019年，有17%的高等专门学校毕业生升入"专攻科"继续学习。

以"编入学制"促进与本科教育的衔接。"编入学制"是日本为促进职业教育与本科教育之间的衔接所设立的招生制度，类似于中国的专升本，但包含的范围要比专升本广泛。短期大学、高等专门学校、专门学校的毕业生，以及社会同等学力人员，只要是在原来学校所取得的学分得到认证的情况下，通过选拔考试即可插班编入四年制大学的二年级或三年级学习，经过大学评价和学位授予机构审核，可获得学士学位。

### （三）办学定位各不相同

日本不同高等职业教育机构之间分工明确，功能互补，人才培养目标、专业面向各有侧重，在形成各自优势共同发展的同时，也方便学生根据需要选择适合自己的学校并各得其所。

人才培养差异化，避免同质化竞争。短期大学以女子实务教育和素养教育为中心，以培养学生专门的职业知识和实际能力为主要目的；高等专门学校以实践型技术人才培养为中心，要求毕业生具备基础学习能力、实践应用能力、沟通交流能力、自主思考能力等核心素养；专门学校以职业资格教育和应用能力培养为中心，以向职场表明实力："我们的学生拥有职业资格，可以快速胜任工作"，即所谓的"即战力"；而作为衔接与延伸教育的技术科学大学，成立四十多年来始终着眼于应用技术开发和应用能力培养的工程教育，在提升学生学历的同时，让学生掌握跨领域的技术研发能力，如丰桥技术科学大学，将工程教育与自然科学、社会科学整合，开拓了机械材料工学、多媒体教育工学等综合性的交叉研究方向，为培养广阔视野、能够独立解决复杂工程问题的高级实用技术人才奠定坚实基础。公共职业训练机构则在教育内容和方法上都避免与学校教育重复，侧重实际操作技能，主要培养符合都道、府、县产业发展特点的技能劳动者。

专业设置各有侧重，形成优势互补。短期大学专业面向侧重人文社科领域，在对女性教育期待之中发展起来的教育、家政、人文、社会和保健等专业依旧是当下短期大学的主流，就读学生占80%以上，为地方培养专属女性的幼儿园教师、保育员、看护福祉士等专业职业人员；高等专门学校的专业主要限定在工业领域，现有184个科学中97%以上为工学类，涉及机械及材料、电气电子、化学生物等8个专业大类，课程设计以实践为导向，实验实习、毕业研究等体验性学习课程占总课时的一半，相比之下，普通大学工学部的同类课程只占到35%左右；专门学校和市场建立了密切的依存关系，专业应时而设、过时即废，主要应对广泛的社会职业需求特别是第三产业需求，为了保证"专门"性，有很多专门学校只有少数几个学科，有的甚至只设一个学科，其课程设置也非常灵活，基本由各学校自主编制，且所有的课程都有着相对应的职业资格考试；职业能力开发学校则主要以工业特别是制造业、建筑等为专业为中心。

## 三、日本高等职业教育朝着实践型不断发展

日本产业结构的高端化升级对劳动者尤其是年轻人职业实践能力的提升提出更高的要求，同时也触及日本现行的劳动者雇佣制度以及职业技术人员的培养体系。在此情况下，日本政府积极发展实践型的高等职业教育，推进职业学校高层次化改革，通过

职业教育整体质量的提升来推动劳动者作为经济主体的职业实践能力的提高。

### （一）推行特色的职业实践型专业课程

学校教育、公共培训、企业内部教育构成了日本的职业教育的三足鼎立。随着信息化革命带来的劳动力市场流动性和多样性的增加，终身雇佣制开始瓦解，企业内部教育训练费支出占劳动费用的比例逐年下降。东芝从2019年开始计划5年内裁员7000人，主要原因是公司50岁以上员工太多，急需换代。就连被视为终身雇佣象征性存在的丰田汽车，也对雇佣结构进行了大刀阔斧的改革。在雇佣环境变化、企业内部教育功能不断弱化的现实情况下，单纯依靠企业内部技术积累实现技术领先的时代已经一去不返。日本政府遂把目光投向学校职业教育，对高等职业教育的课程开发作出相应调整，注重并强调课程的实践性，以适应雇佣市场需求，提高学生实践技能水平。

2014年开始，日本文部科学省在专门学校中实行"职业实践专业课程"制度。"职业实践专业课程"是学校与企业、社会团体等共同合作开发的课程，主要传授相关实务知识及技术技能，目的在于培养职业岗位所必需的专业能力，提高专门课程的实践水平。该课程由日本文部科学大臣认定及奖励，认定标准为修业年限两年以上，总教学时数1700课时以上或62学分以上。职业实践专业课程与一般职业课程的最大区别所在：即要求学校和企业联合开展教材编写、实习课程授课、教师培训、学生评价等。到2021年3月，专门学校中已有1070所学校（38.5%）的3499门课程（42.3%）被认定为"职业实践专业课程"。① 下

---

① 括号内数字是占全部专门学校数（2779所）、课程数占学习年限两年以上的全部课程数（7446个课程）的比例。专业学校数、学科数根据令和两年度学校基本调查。

一步，日本文部科学省将就职业实践专业课程对毕业生和就职企业带来的影响开展调查，包括职业实践专业课程毕业生在行业内的工作表现、就职企业如何评价该类毕业生、毕业生和就职企业是如何评价职业实践专业课程本身，等等，以提升职业实践专业课程的有效性。

### （二）创设实践型的职业教育本科机构

产业结构的高端化升级对劳动者综合素质能力提出更高要求。日本文部科学省在《教育振兴基本计划》中提道："从产业界来看，期待着更高层次、实践性、创造性的职业教育，及在成长领域等方面人才培养的强化措施。对于高等教育机构来说，满足产业界的需求，强化自身功能是十分重要的。"[①]纵观日本高等职业教育机构，短期大学在学制年限和专业种类上，均无法应对社会对人才高端化的需求；高等专门学校虽然深受企业认可并设有"专攻科"，但整体规模小、专业窄；专门学校尽管数量众多，但学校个体规模过小，教师队伍和设施设备相关标准也相对偏低，很难全面承担高端职业人才的培养重任；技术科学大学发展虽有四十余年，但仅有丰桥和长冈两所学校，招生也主要面向高等专门学校毕业生，远不能满足社会需求。因此，尽管专门学校"职业实践专业课程"不断推进，但日本政府依旧没有停止高等教育阶段"实践型职业教育"制度化的探索。

2017年，日本国会通过《学校教育法》部分修订法案，专门职大学作为实施实践型职业教育的本科机构得以创立。修订法案明确"专门职大学是传授和研究深入的专业学艺，培养能承担专业职务的实践性与应用性能力为目的"。为确保职业教育独特性，专门职大学设置标准对教育课程、教师资格、设施及设备等

---

[①] 李梦卿，陈竹萍.雇佣环境变化背景下日本不同类型高职院校校企合作特征、发展趋势及启示［J］.教育与职业，2021（8）：66—72.

均作出具体规定，例如实践类课程要占到总课程的三分之一以上，学生企业实习不少于 600 小时；专任教师中 40% 以上要求为实务家教师，即拥有专业领域 5 年以上实际工作经验；需要配合产业界根据最新的行业动向及时修改课程等。专门职大学中还设立了课程合作协议会，以保障学校与产业界在教材编制与课程实施等方面的合作。专门职大学毕业生可获得"学士（专门职）"学位、"短期大学士（专门职）"学位，学位证书上以"（专门职）"字样来表明毕业生所接受的是基于职业实践知识的教育。专门职大学于 2019 年起正式招生，短短两年间已发展至 20 所。值得一提的是，日本政府在新设学校的同时，还鼓励现有大学、短期大学以及优质的专门学校等根据自身实际，朝着专门职大学转型或部分转型，例如在大学、短期大学中设立专门职学部或专门职学科等。

## 四、日本高等职业教育对中国的启示

当前，大力发展职业教育成为各国提升国家竞争力和实现社会稳定的重要战略，日本在发展高等职业教育方面的一些做法对中国具有积极的启示意义。

### （一）坚持类型定位，强化高职教育办学特色

日本高等职业教育高度对接细分市场、细分领域发展需求，通过错位发展形成鲜明而独特的竞争优势，为企业界培养了一大批高质量的技术技能人才。与之相比，中国虽已建成世界规模最大的职业教育体系，但高职院校同质化现象较为突出，有相当一部分学校忽视职业教育规律、人才培养质量不高，其中根本原因之一就在于缺乏错位发展的设计与改革。2021 年 4 月发布的《中国职业教育发展大型问卷调查报告》显示，当前职业教育发展面临的最大困难，排前两位的是社会认可度、人才培养质量，分别达到 68.62% 和 62.22%。

中国的职业教育要真正走向世界，不是取决于规模，而是要靠质量和特色取胜。一方面，要形成"和而不同"的办学布局。中国幅员辽阔，地区间经济社会发展存在不平衡、不协调的现象。例如，京津冀、长江经济带、粤港澳大湾区等区域的产业结构、重点行业、人力资源结构等都存在不同程度的差异，必然要求在技术技能人才供给上予以对接。高职院校要在满足地方经济社会发展需要的同时，强化对产业细分领域的分析与判断，实施错位发展和错位人才培养，不同区域、不同类型、不同层次的高职院校在人才培养规格上都应有所不同，从而找到适合自己生存与发展的理想位置。另一方面，要塑造"人无我有"的核心竞争力。高职院校只有在办学上练就"人无我有""人有我优"的特色本领，在某一项或者若干技术领域实现引领，才能持续提升办学地位和社会认可度，从而巩固发展定力，实现持续健康发展。因此，必须与时俱进地深化产教融合、校企合作，积极完善校企双元主体的育人机制，使企业深度参与学校的专业规划、课程设置、教材开发、教学设计、教学实施中来，通过办学优势来吸引学生、服务市场。

## （二）优化层次结构，稳步发展职业本科教育

把职业教育延伸到本科层次是职业教育发达国家的办学趋势，除了日本的专门职大学，美国的社区学院、德国的"双元制"大学、英国的科技大学，这些国家都在通过提升职业教育办学层次来完善职业教育体系。在日本，各种类型的高等职业教育并不是断头教育，学生可以一路从专科升到本科、硕士、博士。2020年，中国已有职业本科学校33所，职业教育的天花板已经打破。但结构性短板仍然存在，现有职业本科教育规模太小，本科学校数量仅占高等职业院校的1.9%，本科招生人数仅占职业高等教育招生人数的1%，对建设一体化职业教育体系的拉动作

用并不明显。与之形成强烈对比的是中国高职学生旺盛的升学需求，《中国职业教育发展大型问卷调查报告》显示，有 67.33% 的高职学生希望获得升入高等学校学习的机会。

在现代职业教育体系建设和职业教育高质量发展进程中，稳步发展职业本科教育既是必然的战略选择，也是核心突破点和关键增长点所在。一方面，要稳步扩大发展规模。按照习近平总书记"稳步发展职业本科教育"的要求，就是秉承不求最大、但求最优、但求适应社会需要的办学理念，"坚持高起点、高标准、高水平"，严格执行学校设置标准和专业设置标准，确保举办本科职业教育的必须是优质职业院校，夯实和发挥好职业本科的引领作用，为技能型社会提供高质量的技术技能人才。另一方面，要不断完善职业本科发展的保障机制。健全职业本科教育制度标准体系，包括专业教学标准、课程标准、顶岗实习标准、实训教学条件建设标准等；建立职业本科教育的经费支持机制和生均拨款制度；建立职业本科学校教学工作诊断与改进制度，每年面向社会发布学校质量年度报告。

### （三）补齐制度短板，构建职业教育学位制度

学位内在形塑和规约人才培养的规格、类型和层次，既是一项质量保障制度，同时也是个体知识身份的重要彰显，具有人才识别和信号导向功能。[①]纵观日本高等职业教育，其学位授予类型多样，学位衔接连贯，专科层次有"短期大学士"学位、"准学士"学位、"专门士"学位[②]，本科层次有"高等专门士"学位、

---

[①] 何谐，吴叶林，崔延强.高等职业教育学位本质审视及其体系构建［J］.《学位与研究生教育》，2017（11）：61—66.

[②] 这三种学位是对应日本高等教育的最初级阶段（相当于中国专科高等职业教育），授予完成两年或三年高等教育学习者的学位，也叫副学士学位（基础学位、准学士学位），是日本学位体系的重要组成部分.

"专门职"学位。这些学位的设置，在纵向和横向两个层面为学生升学、编入学提供了衔接和沟通的路径，很好地满足了学生多元发展的需求。中国《职业教育法（修订草案）》中虽未提及职业教育学位设置条款，但将现有高等职业教育学历层次提升了一级，即由专科到本科，这就等于为"副学士"和"学士"学位设置预留了空间，因为学位与学历有直接的关系，连续的学历在同层次获得相应的学位，这在普通高等教育中已是一定之规。①

作为一种教育类型，职业教育具有自身特点，培养的学生规格与普通教育具有一定的差异性，衡量人才培养质量的标准也应有所不同。因此，有效构建一种能够同时体现职业教育特色和教育层次的学位成为当务之急。一方面，进行合理的制度设计。以中国《学位条例》修订为契机，将高等教育学位体系向下延伸，在现有专业学位体系中增设副学士学位作为位于专业学位第一层的级初学位，对应专科学历。同时，深入推进本科层次职业教育和应用型高校转型发展，拓展本科专业学士学位教育。另一方面，建立各级专业学位人才培养衔接机制。从课程学时、职业资格获取以及考核目标、考核资质等方面对各级学位人才培养作出明确规范，精准定位各级学位培养任务与培养目标。②同时，适度发展硕士、博士层次的职业教育，构建副学士、学士、硕士、博士层次的职业教育学位体系。

---

① 姜大源.职业教育学位设置：文本分析与模式识别——基于比较视野的职教法律法规相关条款的释解［J］.《中国职业技术教育》，2020（16）：5—24.
② 祁占勇，齐跃丽.高等职业教育学位制度建设：现实诉求、基本原则与实践路径［J］.《高教探索》，2020（11）：90—97.

# 第五节
# 中国台湾：面临发展瓶颈的技职教育

台湾地区将职业教育称为"技术与职业教育"，简称"技职教育"。技职教育在经历了七十多年的发展后，逐渐构建了"中专—大专—本科—硕士研究生—博士研究生"相互衔接、层次分明的一贯制职教体系。悉数技职教育的发展脉络，它为台湾地区经济的复苏与升级、人才结构的重组与调整以及专业技能的提升和整合均作出了不可磨灭的贡献，缔造了技职教育的辉煌。但在亚洲金融危机之后，受岛内经济低迷、升学主义泛滥等多重因素的影响，台湾技职教育发展遭遇了来自社会、学校、生源、教师以及企业多个层面的压力，为其发展带来了巨大挑战。台湾地区与大陆同根同源，文化思维相近，研究其现有的发展困境及其背后原因，对大陆职业教育的发展有重要的借鉴和启示作用。

## 一、台湾地区技职教育令人瞩目的过去

技职教育曾凭借其完整的体系、弹性的学制以及实务为本的专业设置满足了台湾地区社会、民众、学生等多元、多层的诉求，成为其经济高速发展的重要支撑，取得了令人瞩目的成绩。

### （一）完整的技职体系满足社会对技能人才多层次需求

技职教育在经历了七十多年的变革和演进后，逐步构建了涵盖高级职业学校、专科技职院校、科技大学等多元并存的教育形

式，畅通了从副学士学位到博士的一贯制技能人才培养路径，形成了较为完整的职业教育体系，实现了对社会初级、中级和高级技能型人才的全面供给，为台湾地区在不同历史时期的产业升级转型和社会发展提供了人力的支撑。

中等技职教育等同于大陆的中职教育，旨在培养产业发展所需的初级技能人才。二十世纪五十年代，光复初期的台湾地区百废待兴，为了重建社会，振兴经济，中等技职院校在不断完善自身发展的同时向社会输送了一批农业、商业等领域的技能人才，极大地缓解了岛内技术人才急缺的状况，为推动台湾地区的经济复苏以及从农业社会向工业社会的转型起到了至关重要的作用。技职教育发展至今，中等技职教育虽然已不再是台湾地区技职教育的主力，但其依然是初级技能型人才培育的主要阵地。目前，实施该类技职教育的学校类型是高级中等学校附设专业群科和综合高中专门学程。

专科层次的技职教育等同于大陆的专科高职教育，旨在培养中级技能人才。二十世纪六十年代，台湾地区经历了第一次经济腾飞，这期间它牢牢抓住发达国家向外转移低技术产业的时机，集中力量兴办工厂，大力发展劳动密集型产业。为了满足市场对中级技能型人才的需求，台湾地区迅速扩充高级职业学校，兴办五年制专科和二年制专科，为此次产业转型提供了充足的人力保障。时至今日，专科层次的技职教育依旧是输送各类中级技能型人才的主要渠道，但同时肩负着与上一级技职教育衔接的重要作用。目前，其学制也延续了昔日的二年制专科（二专）和五年制专科（五专）。二专主要招收来自高级中等学校、综合高中等毕业生或具有同等学力者，而五专则招收来自"国中"（等同于大陆的初中）毕业生或具有同等学力者。

本科及以上层次的技职教育旨在培养高级技能人才，按层级可划分为本科教育、硕士教育和博士研究生教育。二十世纪八十

年代，世界经济动荡不堪，岛内传统产业不断外迁萎缩，信息技术等高科技产业开始发展，企业对技能型人才的要求也不断增高，本科及以上层次的职业教育应运而生。技职体系得到了进一步完善和补充。本科层次、硕士层次和博士层次的技职教育相继开始，一贯制技职体系框架得以初步建立。当下，本科教育是技职教育的主流阵地，其按照学制可分为四年制（四技）和二年制（二技），而硕士教育一般为 4 年，博士教育则需要 2—7 年。

### （二）弹性的学程体系满足大众对技职教育的多元需求

台湾地区技职教育发展至今，早已实现了从最初的谋生工具到实现人生价值之重要手段的转变。为了满足普通民众寄于技职教育日益多元和复合的希冀，台湾地区推行的弹性学程为大众提供了更为广阔和宽泛的求学路径。

学程体系在学习时间上的伸缩性满足了大众对不同学时的需求。学程体系是建立在学分制基础之上的学制体系，它允许学生根据自身的能力、条件等因素合理规划自身的学习时长，只要完成学程规定的应修课程且成绩合格者即可获得相关证书。学习时限的灵活性，不仅充分考虑了学生不同时期的不同需求，也进一步提升了学生学习的自主权，让学有余力的学生尽早达成毕业要求，同时也能让学习能力较弱的学生或时间不宽裕的回流生通过分段学习的方式获得更弹性的学习时间，最终完成学习目标。

学程体系课程内容的选择性也满足了大众学习综合技能的需求。学生可以在研修完专业要求的必修课程外，根据自身的喜好和需求进行跨学系、跨学院、跨学校的选修课程，甚至可以跨等级选择更高层次的专业课程，如本科生选修硕士班的课程。学程体系所提供弹性的择课方式，既考虑了专业内部的纵向深入以及专业之间的横向融通，也弥补了因传统学系体制专业边界明显而造成学生综合能力不强的缺憾[①]。这样的择课方式为学生创造了更多拓宽眼界、改善知识结构、提升综合技能的机会，为学生个人的职业成长提供更多的选择和空间。

## （三）实务为本的专业课程设置满足学生对就业的基本需求

技职教育的宗旨是为社会培养具有实务技能的专业人才，因此在专业设置上通过专业内的实践课程体系和专业间的专业群建设，突出对学生专业实务技能和行业整体技能的培养，满足今后的就业要求。

构建从校内到校外、从理论到实践、从专业技能到岗位技能的实务课程体系。该课程形式主要有专业课程、校外实习课程和实务专题课程。专业课程以能力培养为主线，将专业的核心技能分为若干个模块，贯穿在整个课程中，为之后的实习课程奠定基础；校外实习课程则强调通过学生走进企业进行实践的方式提高学生的实际操作能力；实务专题课程是针对本科层次的技职教育课程，通过座谈、参观、研讨等多元的形式帮助学生完成一个实际成品或实际问题的解决方案，以提升包括专业技能在内的相关岗位技能如沟通、协调技能等，真正意义上解决了上学与上岗的无缝衔接。

聚焦行业综合技能设置专业群，提升学生的职业迁移及流通能力。专业群对接行业标准将学生所必须具备的能力从单个专业放大到整个行业，统称为群科能力，它包含了核心能力如职业道德和群科专业能力。核心能力强调培养学生职业迁移能力和岗位流通能力，注重群内培养的完整性。专业群在课程设计上突出

---

① 梁燕.台湾高等技职教育课程研究[M].北京：知识产权出版社，2014：88—91、188—193.

"先广后专"的原则，使课程规划更贴合学生就业的流通性。以四技科技大学为例，学生在大一、大二期间在群内学习共同的专业基础课，夯实核心能力的建设，大三、大四阶段再根据专业细分学习更为精专的模块课程以提升科专业能力。

## 二、台湾地区技职教育发展正遭遇挑战

近年来，在岛内经济低迷、升学主义泛滥等诸多因素的影响下，技职教育的发展受到了来自社会、学校、生源、教师、企业等多个层面的冲击与挑战。

### （一）社会层面：次等教育，观念固化

其一，历史原因造成技职教育是次等教育的认知偏差。受"学而优则仕"的传统思想影响，台湾地区普遍奉行学习是理论、学术的学习而非实务技能的学习，因此，普通教育的地位一直高于技职教育。又加之技职教育的雏形始于日据时期，日方培养了大批社会地位仅略优于一般劳动力的低层技术人员以满足社会发展的需求，与传统教育追逐的仕途相去甚远，从而技职教育是次等教育之印象便根植于大众的内心深处①。之后，技职教育虽对岛内的经济腾飞作出了不可估量的贡献，但大众对技职教育的固有印象却没有改变②。因此，当岛内的家庭收入有所增加后，家长为了孩子有更好的"仕途"放弃技职教育转而投入普通教育的现象也不再是个例。这也可从台湾地区近几年技职院校生源减少而普通教育生源相对稳定而窥见一斑。

---

① 李华.台湾地区高等职业教育研究：基于"蓝海战略"思维模式［M］.北京：中国金融出版社，2018：88—91.

② 张仁家，陈琨义.从技术及职业教育法看中国职业型高中的发展与因应［J］.技术及职业教育学报，2017（3）：61—75.

其二，资源分配不均造成技职教育是次等教育的认知偏差。台湾地区虽然奉行的是技职教育与普通教育双轨并行的教育机制，但技职教育在资源配置上却与普通教育存在一定差距。在每年的教育经费分配上，即便技职院校与普通教育在学生数量上相当，技能设备投入更多，然技职体系所分配到之教育资源却未达到普通体系的二分之一①。以2017—2018年高等教育经费分配为例，高等教育经费总金额2447亿元，普通大学分配到1661亿元，占总经费的68%，技职院校则分配到785亿元，仅占经费的32%。此外，无论是在现行技职教育再造方案还是产学携手合作计划等相关政策，其资助额度均有不足，与普通教育的经费支持有一定落差②。

### （二）学校层面：技职高移，定位模糊

二十世纪九十年代伊始，中职教育地位逐渐弱化，技职教育整体向高层次迁移。受到经济自由化和产业信息化的影响，企业对高端技能型人才的需求日增。为了配合经济发展的需求，自1995年起，职教领域全面启动专科院校的升级改制，本科层次的职业院校的数量和办学规模日益扩大，硕士班和博士班的开办也进一步放开，技职教育的层次逐渐高移，形成了以高等技职教育为主线的一贯制技职体系③。自此，技职体系的政策扶持和资源配比均开始向高等技职教育倾斜，中职教育的关注度和影响力

---

① 杨国赐，胡茹萍. 前瞻技制教育［M］. 台北："中华民国"技职教育学会，2014：209.

② 杨国赐，胡茹萍. 前瞻技制教育［M］. 台北："中华民国"技职教育学会，2014：154—155.

③ 李华. 台湾地区高等职业教育研究：基于"蓝海战略"思维模式［M］. 北京：中国金融出版社，2018：26—40.

日渐减弱[1]。目前，中职教育与普通教育的学生比从鼎盛时期的6.82∶3.75到现今（2020年）的4.99∶5.01，在历经了30年后最终被普通教育反超。中职教育进一步萎缩，技职教育层次整体上移已成为岛内必不可挡的趋势。

中职定位与普职界限日趋模糊，也使其在技职教育的地位日趋弱化。随着台湾地区高等教育逐渐从传统的精英教育过渡到现在的大众教育，学生获得高等教育的机会也日益增多。为了满足学生和家长日益高涨的升学需求，增加技职教育对其的吸引力，中职院校不得不从原有的就业赛道辗转到与普通教育相比并不占据优势的升学赛道，共同竞争升学名额[2]。为此，中职院校改革课程设置，增加课程学术含量，简化技能要求，缩短技能学习时间，使课程设置和教学内容逐渐向普通教育靠拢，逐渐淡化了技职教育务实致用的原有特色，定位日趋模糊[3]。中等技职教育的升学比率更是从1990年的12.92%，增长至2019年的79.5%，同年，其就业率也被普通院校反超。

### （三）生源层面：数量锐减，素养偏低

受少子化的影响，台湾地区就读技职院校的人数大幅下降，从高级中等学校历年的统计报告可以看出10年来共计减少近10万人的生源，未来不少技职学校将面临退场的危险，也将影响基础人力的供给。岛内2020年年底人口为2356万人，较上一年减少4.2万人，人口增长率首度为负。自2004年起，持续下

---

[1] 杨国赐，胡茹萍.前瞻技制教育［M］.台北："中华民国"技职教育学会，2014：151—153.

[2] 张仁家，徐玉芳.技职教育学术化的省思［J］.《台湾教育评论月刊》，2015（4）：18—21.

[3] 杨国赐，胡茹萍.前瞻技制教育［M］.台北："中华民国"技职教育学会，2014：206—209.

降的人口出生率的负面影响已逐渐波及中高等教育,"国中"毕业生明显减少,而这一趋势在未来将更加显化,技职院校生源缺失的现象也将愈加严重[①]。台湾地区教育部门统计处数据显示,2011学年"国中"新生为31.5万人,到2020年新生人数已降至20.2万人,十年内累计减少56.1万人。生源数量的下降将进一步增加技职院校的招生难度。

多元化入学和普通教育扩招导致技职教育的学生素养下降。岛内特有的多元入学方式让更多学生可就读职业院校。虽然此举在一定程度上缓解了少子化带来的影响,但人数的快速扩充也导致了许多学习素养较弱的学生进入了技职院校,造成生源综合能力的整体下降[②]。另外,近十年来,同样为了缓解少子化带来的招生压力,普通教育也大开城门,降低入学门槛,挤占了大量技职院校的优质生源,也促使生源素养下滑[③]。

### (四)教师层面:结构失衡,务实性弱

重学历而轻技能的聘用制度使技职教育的师资结构的发展不够均衡。台湾地区的技职教育的师资聘用制度向学历倾斜始于1995年的技专院校的升格改制[④]。依据《师资培育法》《专科法》等的规定,遴聘教师必须具备一年以上的实务经验。但在改制升格浪潮中,各项评鉴对高学历师资的占比都有较高的要求,迫

---

[①] 陈橄榄,陈武元.台湾地区高等技职教育的发展困境及对大陆高职办学的警示[J].《台湾研究集刊》,2017(2):22—28.

[②] 蔡卓杰.崩解的技职体系及改善建议[J].《台湾教育评论月刊》,2018(7):60—64.

[③] 梁燕.台湾高等技职教育课程研究[M].北京:知识产权出版社,2014:32—33、188—193.

[④] 梁燕.台湾高等技职教育课程研究[M].北京:知识产权出版社,2014:32—33、188—193.

使技职院校聘用大量具有高学历的教师[①]。2019年岛内统计数据显示，具有博士学历的教师已经达到3.5万人，占教师总人数的81%。这些教师大多毕业于普通教育体系，没有太多的实务经验和技能，导致实务课程的质量不高。另外，具有丰富经验的业界师傅大多是高职毕业就拜师学艺，又因未能达到"硕士以上"的学历要求，无法进入学校任教。加之，《专科学校专业及技术教师遴聘办法》规定"各专科学校聘任专业及技术教师人数至多不超过该校专任教师员额总数的五分之一"，又推进了师资队伍的结构的不均衡[②]。

晋升与评奖制度中对技能要求的柔性化使师资务实能力较弱。台湾地区的技职教育在师资评鉴与晋升制度上对技能并没有强制的要求，教师可选择提交技术报告或者学术论文任一方式申请评鉴与晋升。但技术报告无论是在评鉴与晋升的地位以及便利性方面都远次于学术论文，加之在制度上又无强制要求，送审率较低[③]。另外，各校聘用业界专业技术的教师比例也较少，专业教师的实务能力有限。因此，有更多教师倾向于通过学士论文参加评鉴与晋升[④]。台湾地区对"五年五百亿计划"、顶尖大学的评价中，仍以期刊文章及其影响力（IF）为师资晋升与评奖主要标准[⑤]。晋升与评奖制度中对实务技能无硬性考核是教师实务技能弱

---

[①] 张仁家，徐玉芳.技职教育学术化的省思[J].《台湾教育评论月刊》，2015（4）：18—21.

[②] 李华.台湾地区高等职业教育研究：基于"蓝海战略"思维模式[M].北京：中国金融出版社，2018：88—91.

[③] 陈橄榄，陈武元.台湾地区高等技职教育的发展困境及对大陆高职办学的警示[J].《台湾研究集刊》，2017（2）：22—28.

[④] 梁燕.台湾高等技职教育课程研究[M].北京：知识产权出版社，2014：188—193.

[⑤] 吴明振等.技职教育再造的挑战与展望[J].《中等教育》，2014（2）：6—20.

化的又一主要因素[①]。

### (五) 企业层面：动力不足，参与度低

权责不等的合作机制未能让企业达成合作共赢的目标。2013年，台湾地区颁布《高级中等学校建交合作实施及建教生权益保障法》(简称法案)，该法案旨在对学生、学校、企业等权利义务进行规范。但法案只对企业的合作义务进行了说明，而对权益却没有详细的界定和阐述。因此，在校企合作过程中往往出现，企业在进行了人力、物力等多重投资后，面对培训的毕业生并没有录用的优先权，依然可能面临着人力短缺的尴尬局面。这样的合作机制并不符合企业合作的初衷，也促使许多企业不愿再与学校合作。

尚未健全的保障机制让企业增加了合作运行的成本。第二次《技职教育再造方案》修订中提出鼓励企业向技职院校进行设备捐赠、专家派遣、基地建设等。此外，相关合作企业还需承担学生在企业实践课程所产生的生活补贴、机器损耗、人员辅导等多种费用。人力和物力的投资虽然增加了企业的运作成本，但相关部门却还未能参照发达国家如德国、美国等构建相关的保障机制对企业进行配套的资助和扶持，如减免一定的税收、提供低利率商业贷款、财政补贴以降低其合作风险[②]。这也是导致企业缺乏合作动力的关键因素之一。

## 三、台湾地区技职教育衰微带来的启示

当前，大陆职业教育正处于加快发展现代职业教育、构建现

---

① 陈橄榄，陈武元.台湾地区高等技职教育的发展困境及对大陆高职办学的警示[J].《台湾研究集刊》，2017 (2)：22—28.

② 杨国赐，胡茹萍.前瞻技制教育[M].台北："中华民国"技职教育学会，2014：19—20.

代职业教育体系的关键时期，台湾地区技职教育发展所遭遇的困境和挫折，对大陆职业教育的进一步发展具有一定的启示作用。

## （一）树立普通教育和职业教育同等重要的社会共识

政策制度无论是对个人、组织还是社会都起到很强的导向作用，因此通过政策、制度来引领个人乃至社会改变观念，重新认识职业教育是最为行之有效的方法。2019 年，国务院颁发的《国家职业教育改革实施方案》开宗明义指出"职业教育与普通教育是两种不同教育类型，具有同等重要地位"，进一步明确了职业教育的社会地位。但大陆还需建立更全面的政策保障机制以改善社会对职业教育的认知。在经费上，虽然 2019 年全国职业教育总投入首次突破 5000 亿元，但占比仅有全国教育经费的 10%。因此，健全政府投入为主、多元多方支持，多渠道筹集教育经费的体制，优化支出结构，新增教育经费向职业教育倾斜，逐步提高职教生均拨款，实行专款专用是保障职业教育健康发展的必要途径。在用人制度上，逐步改善高技术人才的社会地位，在职务晋升等多个环节建立与技能等级挂钩的政策制度，全面提升职业技能人员的社会待遇。

完善大陆的职业启蒙教育，从根本上扭转大众对职业教育的固有认知，在学生人生观、价值观形成的初期帮助其树立正确的职业教育观。当下，台湾地区许多学生对职业教育的认知始于中考或者高考的分流时期，而选择中、高职的原因也是基于分数较低无法进入普通学校的被动选择，这也是导致职业教育作为次等教育的观念不断延续和加深的原因。而如今大陆也面临着相似的问题。因此，构建更为完善的职业启蒙教育，对学生正确认识职业教育、了解自身特长、客观规划职业生涯都具有十分重要的作用。探试性课程内容可以采用企业参访、职业体验、特长探索等多元的体验形式，帮助学生从了解职业教育、尊重职业教育过渡到认可职业教育，摆脱职业教育是次等教育的固有认知，树立正确的职教理念。

## （二）巩固中等职业教育的基础地位，提升办学水平

深刻认识中等职业教育的重要性对中等职业教育的发展具有重要意义。当下关于中等职业教育已不符合当下中国教育发展和社会需求的观点不绝于耳，甚至屡屡传出"取缔"中职教育的言论。这些非议的产生虽然有中职教育质量不高的内部原因，也有着如台湾地区因传统观念等造成的认知偏差。从各方数据和资料来看，中等职业教育在大陆依然肩负着国家发展和个人成长的双重需求。一方面，中职教育一直是培育社会和行业所需的初级技能人才的生力军，是确保中国经济顺利发展的人力资源根基。2015—2019年大陆劳动力市场对初级和中级技能型人才的需求历年来均超过总需求量的50%[①]，需求态势十分旺盛。另一方面，中职教育培养的初阶技能人才也是高层次职业教育的生源基础。因此，中职教育无论是对社会经济的发展，还是对现代职教体系的稳固都有重要意义。

加快中等职业教育的内涵建设是中等职业教育稳定发展的重要条件。目前，导致中等职业教育吸引力不足、基础地位不稳固的内部原因在于其教育质量未能达到社会预期。因此，如何提升中等职业教育的内涵建设是其发展所需解决的首要议题。其一，建立动态的课程调整机制，以促进课程建设和社会需求的同步。通过及时增添新的课程，帮助学生掌握行业发展趋势和前沿的业务技能，增添就业优势。其二，建立教材建设规范机制，中等职业教育根据其教育的类型特征和层次水平进行教材的设计与编

---

[①] 余兴安，田永坡.中国人力资源市场分析报告2020[M].北京：社会科学文献出版社，2021：9—10.

写。通过变革教材的开发模式，规范教材的审定流程和内容，严格把握中职教材的质量，为实施人才培养方案奠定基础。其三，建立质量保障机制，在进一步完善评价制度、评价标准和评价体系的基础上，以内部评价和外部评价相结合的形式，建立一套科学、合理以及公正的质量评价体制以促进中等职业教育内涵建设的提升。

### （三）强化师资力量，加快"双师型"教师队伍建设

进一步完善"双师型"教师的评聘与晋升制度是"双师型"教师队伍建设与发展的基础。首先，为了避免台湾地区在师资队伍建设上向文凭倾斜的现象，在聘用制度上，大陆还需从教育教学能力、科研创新能力、专业实践能力等多重维度对"双师型"教师聘用标准进行细化和规范，以确保师资兼具理论和实践技能，从源头上落实"双师型"教师的建设和管理。其次，鉴于职业教育的"技能"属性，双师建设在晋升制度上要同时体现教师素质和"师傅"素养，应将教师参与企业的技术创新、产品创新等一系列社会服务成果纳入晋升考核标准中，且享有与学术成果同等甚至略高的地位，突出专业实践技能在职业教育中的重要位置。

构建完善的监管和考核制度以保障"双师型"教师队伍建设的顺利实施。台湾地区在师资队伍尤其在强调教师的技能素养方面制定了一系列评聘和晋升制度，但整体看来并未取得显著的成效，窥其缘由在于还未有完善有效的监管和考核机制进行支撑。因此，构建从学校到个人、从局部到整体的双师建设监管体制，并利用第三方机构对院校进行相应考核是"双师"队伍得以持续发展的保障。同时，对制度执行到位的学校进行嘉奖和政策扶持，对双师建设成绩突出的个人督促院校给予一定物质和精神奖励，正面引导和鼓励双师建设在高校中稳步发展。

## 第六节
# 国际视野下职业教育发展的中国道路

"他山之石,可以攻玉。"这些不同的发展模式深刻反映了不同国家基于时代特征和本国国情需要的主观努力。作为世界上最大的发展中国家,中国要在职业教育上取得长足进步,要以更加开放的姿态融入国际职业教育改革发展之中,通过其他国家和地区职业教育办学的共性规律来审视中国职业教育发展的现状,坚持一切从中国实际出发,继承而不守旧,借鉴而不照搬,追赶而不追随,走符合中国国情的职业教育道路,探索具有中国特色的职业教育模式,构建现代化的职业教育体系。

## 一、走符合中国国情的职业教育发展道路

办好中国特色职业教育必须牢牢扎根于中国大地,始终坚持一切从中国国情出发。当今,中国特色社会主义进入了新时代,中国发展进入了新的历史阶段,中华民族迎来了从站起来、富起来到强起来的伟大飞跃,迎来了实现中华民族伟大复兴的光明前景。这是中国职业教育发展所面临的新的时代特征和环境背景,也是中国职业教育发展所应该立足的独特国情。

### (一)社会主义办学方向决定发展路向

不同社会制度决定不同的教育目的,一个国家办教育是为这个国家和民族的发展服务的。中国是中国共产党领导的社会主义

国家，决定了我们的职业教育必须要坚定社会主义办学方向，要坚持马克思主义指导地位、全面贯彻党的教育方针，把党的领导贯穿办学全过程，确保学校各项事业沿着正确的政治方向发展。职业教育肩负着为推动经济社会高质量发展，为全面建成社会主义现代化强国提供人才和技能支撑的重要职责。基于这样的认识，我们的职业教育发展必须更加自觉地贯彻习近平总书记"不求最大、但求最优、但求适应社会需要"的重要指示精神，把握职业教育发展的根本遵循，坚定方向、走对路子。在逻辑起点上，要"优化职业教育类型定位"；在发展路径上，要"深化产教融合、校企合作"；在关键改革上，"深入推进育人方式、办学模式、管理体制、保障机制改革"；在发展重点上，要"稳步发展职业本科教育，建设一批高水平职业院校和专业"；在发展要求上，要"推动职普融通，增强职业教育适应性，加快构建现代职业教育体系，培养更多高素质技术技能人才、能工巧匠、大国工匠"；在战略价值上，要"为全面建设社会主义现代化国家，实现中华民族伟大复兴的中国梦提供有力人才和技能支撑"。

### （二）中国产业结构特点决定道路选择

在所有教育类型中，职业教育与经济社会联系最为紧密，是教育，也是经济，更是民生。通过对不同国家和地区职业教育发展模式的对比分析后可以发现，"不选择以高端制造业为主体产业形态的国家，其经济发展水平与职业教育发展水平之间不存在必然关联性，而选择以高端制造业为主体产业形态的国家，则必须有高水平的职业教育做支撑。"[①]实体经济是中国产业发展的主体，"中国制造 2025"发展战略明确提出了中国要重点发展高端

---

① 徐国庆.中国二元经济政策与职业教育发展的二元困境——经济社会学的视角[J].《教育研究》，2019，40（1）：102—110.

制造业，抢占世界制造业产业链条的中高端，真正实现从制造大国向制造强国的转型。2019年，习近平总书记在甘肃考察山丹培黎学校时强调："实体经济是中国经济的重要支撑，做强实体经济需要大量技能型人才""发展职业教育前景广阔、大有可为。"中国以实体经济为重心的产业结构决定了中国职业教育发展应坚持以服务实体经济发展为办学目标，学习借鉴德国、日本等制造业强国的职业教育发展模式，重新定位政府、企业、学校以及社会等多元主体在职业教育发展中的角色，构建独立于普通教育的现代职业教育体系，激发行业企业主体参与职业教育的积极性，提高产业工人经济社会待遇，政府应积极构建良好的产学合作生态。

## 二、探索具有中国特色的职业教育模式

目前，世界上较为成熟的职业教育模式可以根据政府介入程度、市场力量的发挥以及企业参与程度划分为以市场调节为核心的自由市场化职业教育模式，以学校办学为核心的政府主导职业教育模式，以及以产教协同为核心的合作主义职业教育模式。所谓中国特色的职业教育模式，就是扎根中国大地，在充分吸取借鉴发达国家职教模式探索经验的基础上彰显中国本色。

### （一）产教协同，办学格局更加开放多元

在产教关系上，我们应形成更为多元开放的办学格局。如果审视职业教育发达国家，尤其是德国、日本，就可以看到行业企业作为职业教育发展的重要力量，是职业教育人才培养的中坚力量，发挥着无可替代的重要作用。德国"双元制"职业教育模式中，行业企业起到了主导作用，不仅负责学生在企业内的实践教学，而且在经费投入、培训内容、学生技能鉴定等多个方面都是

整个培训过程的主导者,这就从根本上保证了人才培养与市场需求的高度吻合匹配,十分有利于学生从学校到工作的顺利过渡。中国职业教育发展模式的转变需要首先实现办学主体从"一元"到"多元",从"供给导向"向"需求导向"转变,这是职业教育办学方向上的根本转变,职业学校的人才培养要适应企业的需求,行业、企业等多元主体应成为职业教育重要的办学主体。要形成一种开放的办学格局,大型企业可以独立举办职业院校,中小型企业可以联合举办,也可以通过其他校企合作的方式参与职业教育。

### (二)适应需求,育人更加注重实践能力

职业性、实践性是职业教育区别于其他类型教育的本质特征。职业教育人才培养特别强调育人环境应接近真实的工作环境,越接近生产一线,越接近实际操作过程,职业教育人才培养的针对性越强,人才培养的质量也越高。在育人导向上,我们要更加注重以实践能力为核心的职业能力培养。无论是德国的"双元制"、澳大利亚的TAFE系统,还是新加坡的"教学工厂"、美国的社区学院,尽管表现方式千差万别,但基本特征就是,宏观上产业与职业教育深度融合,微观上企业与职业院校无缝对接。推动中国职业教育模式转型应实现行业企业与学校实现全方位合作,从招生录取、人才培养、课程设置、实习实训、技能鉴定与就业等多个环节,把专业建在产业链上,把课堂设在生产服务一线,让学生在实践中增长才智、提升技能。

### (三)面向市场,投入保障更为灵活多样

职业教育经费投入是保障职业教育高质量发展的前提与基础。职业教育要想实现高质量的发展,必须有充足的经费投入作为基本保障。中国职业教育经费投入现阶段主要依靠政府财政投

入，职业教育模式转型需要首先面向市场办学，投入保障应该更加灵活多样。在德国，各级政府承担着德国职业教育主要的经费保障，特别是"双元制"中的职业院校的运行经费，学徒在企业中的培训经费则主要由企业进行支付，而且企业还会向学徒支付学徒工资，多元化的投资保障了职业教育的有效运行。对于中国而言，要建立健全经费投入的相关法律规定，通过法律法规落实地方政府在举办职业教育上的经费投入责任，保证政府财政性投入实现稳增长。同时要建立职业教育经费多元化的投入机制，尤其是要加大行业企业在职业教育经费投入上的比例。应努力引入社会资本，通过混合所有制、职教集团、产业学院等载体平台，发挥市场在经费筹措中的作用，积极拓宽职业教育经费筹措渠道。

## 三、构建类型特色的现代职业教育体系

职业教育体系现代化是中国职业教育现代化的核心要义，职教发达国家普遍将职业教育体系的现代化建设作为本国职业教育发展的重心。尤其以合作主义模式为代表的德国、日本等国，它们普遍建立了一个相对独立于普通教育体系的职业教育体系，该体系聚焦于技术技能人才的培养，无论是办学模式还是人才培养模式相较于普通教育体系都具有自身的独特性，职业教育与普通教育"双轨"独立运行，两个体系之间也存在着沟通融合的渠道。

### （一）体系内畅通学业晋升成长通道

为了能够推进中国职业教育体系的现代化，应抓紧建立一个结构清晰、功能明确，体系内部有效衔接的职业教育体系。应抓紧在体系内部形成支持学业晋升的成长通道，加快中国职业教育招生考试制度改革，努力探索形成具有中国特色的职教高考制

度,通过职教高考制度打通中职与高职之间的隔阂,拓展职校生的升学空间,将中等职业教育与职业专科教育、职业本科教育在人才培养上衔接起来。例如,"德国职业教育的层次特别完整,拥有与普通教育体系相媲美的'学士—硕士—博士'学位体系,学生的上升通道颇为顺畅,可以顺利完成从低层次职业教育到高层次职业教育的转换。"①

### (二)职业教育与普通教育衔接融通

为了能够推进职业教育体系的现代化,我们应加强职业教育体系与普通教育体系的融通衔接,为学生生涯发展的不同阶段提供多样化、灵活性的生涯发展通道。从学生生涯发展的角度出发,普职融通是指各级普通教育与职业教育之间相互沟通、融合,学生可以较为自由地在不同轨道上根据自身生涯发展的需求进行轨道的转换。在具体的形式上,包括了从普通高中升入高职教育、从普通本科升入专业学位研究生教育、从中职升入普通本科、从高职升入学术型研究生等。另外,从资源融通的视角来看,普职融通是指普通教育和职业教育在教育资源的共享上建立较为完善的机制。职业学校向普通中小学开放教育资源,实施职业启蒙教育,丰富普通教育学生职业体验的内容与形式。

### (三)全社会更为注重技术技能积累

注重技术技能积累,建设国家尊重技能、社会崇尚技能、人人享有技能的技能型社会,将有利于促进人人学习和享有技能,提升人民群众的获得感、幸福感、安全感,从根本上改变社会鄙薄技能的观念,激励更多劳动者特别是青年人走技能成才之

---

① 郝天聪.现代职业教育体系运行的国际经验与启示——教育转换的视角[J].《教育科学》,2018,34(2):67—73.

路。以德国和日本两国为代表的经济社会治理模式被称为协调性市场经济制度，在该制度中，行业企业在技能人才的培养上都肩负着主要职责。这些国家在企业内部治理上都采取了柔性化生产模式，增强工人技能，鼓励工人参与企业管理；在社会治理上则鼓励有组织的竞争，通过行会组织来限制企业恶性竞争，采取了较为典型的反利润原则的非市场治理策略，通过政府、行业企业等多元主体的协同努力，保证了全社会形成尊重技能、崇尚技能的社会氛围，促进了技术技能在制度层面的有效积累与创新。因此，要加快打通职业教育政策与经济社会政策之间的隔阂，加强不同部门之间的协同合作，在推进技能型社会建设中健全现代职业教育体系。

| 第五章 |

# 未来期许

## 本章概要

当前，以人工智能、区块链、大数据、物联网等为核心的新一代信息技术已渗透到经济发展和社会生活的各个方面，正在引发链式突破，推动经济社会各领域从数字化、网络化向智能化加速跃升，人们的生产方式、生活方式以及学习方式正在发生深刻的变化。本章立足未来之世，探寻求变之适，擘画进阶之势，以切实增强职业教育对智能化时代的适应性。

未来之世，新兴产业蓬勃发展，传统产业转型升级，新旧动能加快转换，人口红利持续衰减，高素质技术技能人才供给与需求之间的结构性矛盾更加突出。产业迭代加速要求职业教育适应产业结构变化，形成紧密对接地域性产业链、创新链的院校布局和专业结构；适应产业层次升级需要，主动应对产业层次升级带来人力资源结构的变化，从层次结构、体系结构等方面进行相应调整，提升职业教育发展重心；适应产业集群发展趋势，加强区域间、院校间合作，一体化整合共享职业教育资源。人口红利衰减要求职业教育致力建设服务全民终身学习教育体系，发挥在老龄人口中挖掘人力资源的优势；回应"少子化"引发的教育诉求高企，职业教育应提质培优增强自身吸引力；面对适龄劳动人口减少，职业教育应致力于提高劳动者技术技能水平，推动"人口红利"向"人力资本""人才红利"转变。"个性化"教育变革要求职业教育从教育供给、学习方式、时间阈度、空间场域等方面着力，按照定制化要求，实现教育供给从标准到个性的转变；按照自主化要求，实现学习方式从授受到建构的转变；按照终身化要求，实现时间阈度从阶段到终生的转变；按照泛在化，实现空间场域从封闭到开放的转变。

求变之适，指的是职业教育要将智能化时代"大有可为"的难得机遇变成"大有作为"的生动实践，适新应变，作出相应的战略选择。宏观层面，要从政治上审视职业教育，胸怀国之大者，把职业教育融入党和国家事业发展大局，把职业教育作为中国教育综合改革的重要突破口，着力解决人民群众"急难愁盼"的问题，让职业教育更有温度。要在世界格局中谋划职业教育，推进未来职业教育的发展，把中国发展职业教育的实践经验上升为制度模式，为世界提供职业教育的"中国方案"。要在机制方法上推动职业教育，以法制建设为职教发展护航，以特色制度为职教类型定色。中观层面，要坚持产教融合、校企合作，推动产教城一体化发展，增强职业教育对产业的适配性；坚持面向市场，多元办学，"有意识""有机制"地找到校企合作利益最大公约数，建立校企合作新机制；坚持德技并修、育训并举、工学结合，让受教育者学有所教、学有所成、学有所用，实现就业有路、升学有望、创业有成，创造美好的生活。微观层面，要在提质培优、增值赋能这一主基调下，按照专业特色更显、育人水平更高、服务能力更强、发展模式更优的标准，促进每一所学校高水平、特色化发展，满足不同人民群众多元化、高企化的教育诉求。

进阶之势，是未来职业教育健全管理机制、完善类型制度、打造智慧学校的具体举措。健全责权明确的管理机制，重点理顺部委、司局、央地三对关系，形成部委统筹、司局配合、央地联动的良好机制，凝聚改革关键主体的工作合力。完善类型鲜明的教育制度，通过完善职普分流机制，巩固职业教育的类型属性地位；完善职业教育高考制度，畅通技术技能人才发展的通道；完善国家资历框架制度，夯实技能社会的制度基础；坚持职教本科引领，满足人民群众对更公平、更有质量的教育需求，切实增强

职业教育的适应性和吸引力。打造智能化的职业学校，让未来校园由集中到分散，未来教室由封闭到开放，未来实验实训室由实体到虚实结合，实现智能化硬件条件升级；树立"智能化"理念，推进"扁平化"管理，实施"数字化"评价，完善数治化院校治理；推进智能化教学变革，让教学模式由"单一"变成"多元"，教育者由"传授者"变成"指导者"，学习者由"适龄"变成"混龄"，以新一代信息技术重塑生态，实现职业教育的变轨超车。

经过多年来，特别是党的十九大以来的不懈努力，中国职业教育进入改革攻坚、爬坡过坎的关键期，迎来提质培优、增值赋能、转段升级的机遇期。如何在正本清源的基础上聚焦重点、疏通堵点、破解难点，不断提升中国职业教育的适应性，加快构建现代职业教育体系，是推进未来职业教育发展的首要问题。职业与经济社会发展的关系最紧密，抓职业教育就是抓经济、抓发展、抓民生。推进未来的职业教育发展，必须要以产业迭代、科技进步、人口变化等因素为逻辑起点，准确把握时代发展对职业教育的价值期许。要把职业教育融入党和国家发展大局，从党治国理政的战略格局思考未来职业教育的价值取向。要明确推动职业教育发展的关键落子，依托体系进阶、科技赋能等"硬核"举措，推进职业教育变轨超车，全面提升职业教育的硬实力、软实力、影响力、吸引力。

第五章 未来期许

## 第一节
## 未来之世：未来职业教育发展的时代诉求

当今世界正经历百年未有之大变局，国际形势日新月异，大国竞争与博弈持续加剧，以人工智能、信息化为代表的新技术革命将深刻改变全球经济和产业格局。中国正处于创新引领发展的重要战略机遇期，新兴产业蓬勃发展，传统产业亟待转型升级，新旧动能加快转换，但人口红利持续消退，高素质技术技能人才供给与需求之间的结构性矛盾更加突出。职业教育承担着提高劳动者素质和培养技术技能人才"大国工匠""能工巧匠"的重任，面对社会急剧变革、产业发展迭代、人口红利衰减等一系列社会挑战和时代诉求，职业教育需要不断增强适应性，加快构建现代化职业教育体系，营造"国家尊重技能、社会崇尚技能、人人享有技能"的技能型社会建设氛围，为全面建设社会主义现代化国家提供有力人才和技能支撑。

### 一、产业急剧变化中的新要求

#### （一）产业结构变化要求职业教育优化布局

产业结构变化实际上是资源配置的变化。随着人工智能、大数据、物联网、5G通信等高科技的迅速发展，中国城乡一体化进程不断加快，产业分工、产业结构正发生深刻调整。一方面，以信息化、数字化技术为核心的高端产业迅速发展，并快速向大中城市、东部沿海城市聚集转移；另一方面，由于劳动力成本、

土地成本等生产要素成本的上涨,很多低端产业、劳动密集型产业,逐渐退出大中城市,移至资源丰富、要素成本低、市场潜力大的中小城市和内地欠发达地区,逐渐形成产业结构的地域性差异。未来随着经济社会发展,中小城市、欠发达地区的营商环境、技术创新能力、软硬件设施将逐渐完善,同样会吸引高端产业的集聚。这种产业布局结构的区域性迁移和承接,将进一步促进生产要素自由流动,形成区域经济协同发展的良性循环。

产业布局结构的变化,同样给职业教育的院校布局、专业布局带来了新挑战。从院校维度看,要坚持服务于地区经济发展的要求,高端产业集聚的大中城市、东南沿海城市,未来需要适度扩大职业教育的办学规模,满足新增人口的职业技能需求,弥补高素质、复合型、智能化技术技能人才的短缺;中小城市、欠发达地区劳动力有所回流、承接产业不断增加,职业教育也要立足各地功能定位、产业基础和比较优势,进行布局规划,以满足社会需求为落脚点,遵循满足市场需求、科学规范运作、适度超前引领的原则,实现职业教育与地区经济发展的有效融合。从专业维度看,未来职业教育要根据产业地域差异性发展需求,构建专业动态调整机制,形成紧密对接地域性产业链、创新链的专业体系,积极融入区域产业发展战略,研究区域产业发展动态,避免专业建设中的盲动行为。

## (二)产业层次升级要求职业教育重心高移

产业层次升级包括三个层面:一是价值链的攀升;二是技术的换代升级;三是创建新产业或者战略新兴产业。党的十九大报告明确指出,要"促进中国产业迈向全球价值链中高端";2020年9月,发改委等四部门联合印发《关于扩大战略性新兴产业投资 培育壮大新增长点增长极的指导意见》,作出加快推动战略性新兴产业高质量发展,培育壮大经济发展新动能的决策部署。2020年上半年，中国战略性新兴产业规上工业增加值同比增长2.9%，高出全国总体增速4.2个百分点。深圳市2021年前三季度，七大战略性新兴产业（20个产业集群）合计实现增加值8575.47亿元，占地区生产总值（GDP）的比重为39.4%，增长8.1%，高于GDP增速1.0个百分点，成为深圳经济增长的重要引擎。当前，全球产业出现高级化和融合趋势，中国也正处于创新引领发展的重要战略机遇期，以人工智能、大数据、5G通信技术为核心的高科技快速迭代升级，产业层次不断升级，新兴行业、新职业、新岗位不断涌现，导致企业生产模式、组织形式和人才需求发生剧烈变化，生产过程去分工化、人才结构去分层化、技能操作高端化、生产方式研究化、服务与生产一体化已成为工作模式的根本性特征。人力资源结构需求的变化，迫切需要大批有更高水平、更高层次的技术技能人才，对传统职业教育未来发展提出了更高的挑战。

产业层次的快速升级对职业岗位和从业者职业能力提出的新需求，倒逼未来职业教育发展重心高移，要求未来职业教育从培养层次上，要稳步推进高等职业教育发展，以普及化方式培养应用型人才，特别是要把一线专业性技术技能人才作为培养主体；从体系结构上，进一步完善职业教育体系，稳步发展职业本科教育，畅通人才成长渠道，增强职业教育吸引力；从专业设置上，要体现未来职业教育的高端品质，聚焦高端产业和产业高端，围绕国家重大战略，紧密对接产业升级和技术变革，构建专业动态调整机制，适应新产业和战略新兴产业对岗位和职业能力的新需求。

### （三）产业集群发展要求职业教育一体化发展

产业集群，是指产业链相关联企业、研发和服务机构在特定区域集聚，通过分工合作和协同创新，形成具有跨行业跨区域带动作用和国际竞争力的产业组织形态。党的十九大报告中提出，要促进中国产业迈向全球价值链中高端，培育若干世界级先进制造业集群。工业和信息化部发布《关于进一步促进产业集群发展的指导意见》，指出产业集群是企业发展的重要组织形式和载体，对推动企业专业化分工协作、有效配置生产要素、降低创新创业成本、节约社会资源、促进区域经济社会发展都具有重要意义。2021年，工业和信息化部围绕新一代信息技术、高端装备、新材料、生物医药等重点领域遴选出了共25个产业集群作为重点培育对象，代表国家参与全球竞争与合作，冲击"世界冠军"。随着人工智能、大数据、物联网技术的发展，未来还将会出现涵盖多种产业行业的大型一体化产业集群。

作为离产业最近、与产业需求关系最为密切的教育形态，面对产业集群化发展态势和技术、职业的快速更新和更迭，要求未来的职业教育在区域中加强联合协作，推进职业教育集团化办学，整合职业教育资源，服务产业集群化发展；在院校内要破除内部壁垒，构建基于专业群的专业动态调整机制，打造院系合作、专业融合的学习型组织，扩展专业对产业链的覆盖面；在教育层次上，进一步畅通人才成长通道，推进纵向贯通、横向融通，构建分流分层的人才培养模式，走一体化发展道路。

## 二、人口红利衰减中的新挑战

新科技革命和产业变革重塑经济格局的同时，人口结构也在发生深刻变化。从第七次人口普查结果看，中国人口结构已经出现了老龄化、少子化、劳动力人口减少三大趋势。在新的人口结构背景下，人口红利加速衰减，传统的经济发展优势逐渐消失，技术技能人才供给与产业快速变革需求之间的结构性矛盾更加突出，对未来职业教育的发展提出了新的挑战。

## （一）"老龄化"渴求职业教育的终身化

根据第七次全国人口普查结果，2020年中国人口达14.1亿人，其中，60岁及以上人口为2.64亿人，占18.70%，较第六次全国人口普查上升5.44个百分点。人口老龄化进程的加快是中国人口结构最显著的特点，预计到2040年，65岁及以上老年人口占总人口的比例将超过20%，到2050年，老龄人口将增至4亿左右，中国将成为全球第一老龄人口大国。面对人口"老龄化"加剧、人口红利逐渐消失的趋势，各国都积极探索构建适合老龄人口接受继续教育的有效途径，为老龄人口再学习、再就业提供便利。美国积极开展社区学院教育，设置多元化课程，不限次数地为不同年龄段的学习者敞开大门，被视为终身教育的提供者。澳大利亚推行的TAFE学院，建构了服务终身学习的立体化、引领式教育资源有效供给体系，淡化了全日制教育与非全日制教育之间的界限，满足人们"终身教育""终身学习"的需求。随着人均寿命的延长及生活条件的改善，中国很多老年人身体硬朗、退而不休，依然有继续参与社会分工、再就业创业的渴望，也有为社会创造财富的需求和能力。他们迫切需要通过有效的继续教育，掌握一技之长，再创一份新的事业。

在人口老龄化持续加剧的宏观环境下，未来职业教育将致力建设服务全民终身学习教育体系，发挥在老龄人口中挖掘人力资源的优势。《中华人民共和国老年人权益保障法》第七十条规定："老年人有继续受教育的权利。"职业教育具有面向人人、观照终身的社会属性，老年教育理应成为其中一部分。服务全民终身学习教育体系的形成，需要未来职业教育打破年龄、时间、空间的限制，积极为老龄人口搭建继续教育平台，为老龄人口提供继续学习、接受教育和技能培训的机会，开设退休后生涯规划、职业能力的维持与促进等相关课程，积极挖掘老龄人口中的

人力资源；需要未来职业院校落实《职业教育提质培优行动计划（2020—2023年）》，实施"职业教育服务终身学习质量提升行动"的要求，依托社区教育和老年大学，对区域范围内的老龄人口数量、年龄结构、文化层次、学习需求等进行调研，根据调研结果研发开设相关"宽口径"老龄课程，如艺体类、手工类、科普类、人文社科类等，满足老年人的精神文化需求，提高老龄人口的生活质量。

### （二）少子化引发高企的职业教育诉求

2020年中国出生人口1200万人，较2019年减少260万人，中国育龄妇女总和生育率为1.3，已经处于较低水平，低于总和生育率的警戒线（1.5）。受到生育观念转变及孩子抚养成本的经济压力影响，家庭生育意愿下降，中国人口"少子化"趋势将持续加剧。尽管在2015年"全面二孩"政策、2021年"三孩生育"政策的推动和缓解下，出生率有所回升，但仍处于较低水平。为应对人口"少子化"趋势的加剧，国家与时俱进对生育政策进行调整，从中央到地方陆续出台了系列三孩生育支持政策，从财政、税收、保险、住房、就业方面提供支持，减轻家庭生育、养育、教育负担。在教育期许上，"望子成龙"的观念将更为凸显，父母对孩子不再是顺其自然的教育态度，而是将会倾其所有资源，期望为孩子提供更加优质的教育，增强未来就业的竞争力，成为国之栋梁。

面对"少子化"趋势加剧带来的学龄人口减少和人们对子女接受优质教育的期许，职业教育迫切需要从教育内部和外部破除改革发展的深层次体制机制障碍，加强内涵建设，提质培优，增强自身吸引力。立足自身，未来职业教育需要继续巩固和优化职业教育的类型定位，加快构建现代职业教育体系，畅通技能人才成长渠道，推动职业教育高质量发展；跳出自身，未来职业教育需要社会破除"二流教育""低等教育"成见，清理对职业教育人才的歧视性政策，打通职业学校毕业生在就业、落户、参加招聘、职称评审、晋升等方面的通道，加大技术技能人才激励力度，建设国家重视技能、社会崇尚技能、人人享有技能的技能型社会，使职业教育成为真正有吸引力的教育，让更多的人主动选择职业教育。

### （三）适龄劳动力总量降低要求提高人力资源质量

人口"老龄化""少子化"程度加深，将直接凸显劳动力人口减少的问题，根据第七次全国人口普查结果，2020年，全国人口中15—59岁人口为8.9亿人，占63.35%，与2010年第六次全国人口普查相比下降6.79个百分点，到2030年以后劳动力人口将以平均每年760万人的速度减少，到2050年，人社部预测劳动年龄人口会由2030年的8.3亿人降到7亿人左右。从美、日等发达国家实践来看，要解决劳动力短缺的问题，途径有二：一是发展人工智能可在一定程度上提高劳动生产率、发挥对劳动力的替代效应；二是强化职业技能培训，提升人口质量，提高劳动生产率，发挥"质量—数量"替代效应。职业教育作为人力资源开发的重要组成部分，始终站在促进经济社会发展、服务产业转型升级、培养技术技能人才的前沿。

适龄劳动力人口减少倒逼未来职业教育要提高教育和培训质量，提高劳动者技术技能水平，增加有效劳动力，有效发挥"人才红利"，解决技能人才供求不匹配的结构性矛盾，推动"人口红利"向"人力资本""人才红利"转变。未来职业教育必然要对接产业转型革新和人工智能、数字化等技术的进步，从教学内容不断更新，专业设置适时调整等方面构建相关机制，让学习者接收到最新的行业动态、最贴近就业岗位的专业理论知识和技术技能。培养出宏大的知识型、技术型、创新型高素质劳动者大军，造就更多的"大国工匠""能工巧匠"，用高素质人力资源推动和实现经济高质量发展。

## 三、个性化教育带来的新挑战

不同的时代有不同的教育形态，人们对于教育的需求也不尽相同。教育发展到今天，主要是适应经济社会的发展需求，适应社会对个人成长发展的要求，适应社会行业产业变革对人才的需求。随着社会进步和科技的发展，职业教育形态也逐渐多样化、多元化。要适应社会需求，办人民满意的教育，职业教育要优化类型定位，坚持特色发展，迎接人工智能、信息化、数字化时代从教育供给、学习方式、时间阈度、空间场域等方面带来的挑战。

### （一）定制化：教育供给从标准到个性

"定制"来源于法国的高级服装设计，有为自己量身定做的意思。随着时代发展，"定制"的意义也逐渐被丰富起来，3D打印、移动互联网、云计算等技术引领"个性定制"在智能制造业领域迅速普及，并逐渐融入到教育领域。英国教育与通信技术局（BECTA）在《个性化学习：技术提供机遇》中指出，个性化学习是以学生为中心，满足全体学生特别是那些学习有困难的学生需求的包容性的学习方式。美国教育部《国家教育技术计划》指出，个性化学习是指学生结合学生自身学习兴趣及个人经历，自主安排学习进度和选择学习方法。中国《国家中长期教育改革和发展规划纲要（2010—2020年）》也明确提出，要"关注学生不同特点和个性化差异，发展每一个学生的优势潜能"，为每个学生提供"适合的教育"。

未来的职业教育需要为学习者提供以人为本的个性化服务与智能服务。要打破过去的"整齐划一"的教学模式，更加注重学生的独立思考、独立实践的学习机会；要为学习者提供"私人订制"的课程，以及更加多元化的教学资源，让学习者有更加丰富的"定制"选择；提供柔性教育体系，学生可以在一个学校学习一门课程，再到另一个学校学习另外的课程，也可以到科技馆学习一门课程，而不是在同一地方完成学习计划。这才是未来产业对具备新技术、新技能的创新型、复合型的"个性化"人才的需求下，职业教育应有的形态。

### （二）自主化：学习方式从授受到建构

美国认知心理学家古宁汉（D·J·Cunningham）认为："学习是建构内在的心理表征的过程，学习者并不是把知识从外界搬到记忆中，而是以已有的经验为基础，通过与外界的相互作用来建构新的理解。"传统教学是以知识授受为特征的客观主义教学范式，建构主义学习理论认为学习的过程是学习者主动建构知识的过程。科学技术迅猛发展，知识量呈现爆炸式的增长，知识、技术更新的周期愈来愈短，学习者的自身需求和职业发展都需要源源不断地学习新知识、新技术，掌握新知识、新技术离不开自主学习。未来随着产业革命的发展和人工智能的快速融入，传统的工作岗位大部分将会被人工智能所替代，新职业岗位对人才的需求也不再是流水线上的"标准化"工具，而是既掌握技术技能又能够独立思考解决复杂问题的创新型、复合型人才，这对未来职业教育人才培养定位提出了新挑战，自主学习能力将成为职业教育的核心竞争力。

未来职业教育要改变以教师为主体讲授、学生被动接受的"授受"模式，转向以学生自主学习为主的"建构"式教育，在教学中，要求教师不应再是知识的传输者，而应该是学习的引导者、激励者，为学生搭建足够的支架和场景，注重培养学生自主学习、自主探究的能力；要求课堂改变传统教育大班式教学、统

一课程、统一进度的传统学习模式，把课堂教学延伸到课后的空余时间中去；教材供给不应是固定的"课本"，而是为学习者提供"私人订制"的教材，甚至是多元化的数字教学资源；学习内容要突破线性知识获得模式，远离平衡态，构建智能学习、交互式学习结合的新型职业教育体系。

### （三）终身化：时间阈度从阶段到终身

新一轮的科技革命和产业变革，释放了空前的巨大能量，各种新技术不断取得突破，新职业、新工种、新岗位不断涌现。"一人一岗一辈子"已经成为历史，即使是同一职业（岗位），因新材料、新方法、新工艺等因素的出现，对技术技能的要求也不断提高。一次性的学校阶段性教育，已无法满足快速变化的社会下人们对知识、技能的需求。2006年印发的《中共中央关于构建社会主义和谐社会若干重大问题的决定》明确要"建设现代国民教育体系和终身教育体系，保障人民享有接受良好教育的机会"；《中国教育现代化2035》中明确指出："到2035年的教育现代化的总体目标，明确要建成服务全民终身学习的现代教育体系，实现各级各类教育纵向衔接、横向沟通。"职业教育是一种面向人人的终身教育、面向市场的就业教育、面向能力的实践教育、面向社会的跨界教育，要充分发挥在建设服务全民终身学习教育体系中的重要作用。

未来职业教育需要树立大职业教育观，坚持面向人人。未来职业院校中的学习者，将是年龄、背景、地域等结构多元化、多变化的人群，如未成年的学生、接受岗位培训的企业职工、接受就业创业培训的高校毕业生、退役军人、下岗职工、返乡农民工等；要进一步完善办学功能，打破传统职业教育的学习区域、学习周期的模式化壁垒，在做好学历教育的同时，能提供各类短期培训、岗位培训、实用技术培训、生活技能培训等非学历教育，构建"时时可学、处处能学、人人皆学"的全民终身教育体系。

### （四）泛在化：空间场域从封闭到开放

中国南宋著名理学家朱熹曾说过："无一事而不学，无一时而不学，无一处而不学，成功之路也。"这就是一种泛在式学习的理念。美国学者比尔吉特·博姆斯多夫（Birgit Bomsdorf）指出："泛在计算导致了泛在学习，是个人的学习活动嵌入到生活之中。"广义上的"泛在学习"也称为"7A"学习，即指任何人（Anyone）、在任何地方（Anywhere）、任何时间（Anytime）、任何可用设备（Any-device），以任何可能方式（Anyway）获取所需的任何信息（Any-contents）和学习支持（Any learning support）的学习方式。随着互联网、信息化技术的不断革新，终身学习的理念已深入人心，传统封闭式的学习环境和学习模式将发生急剧变化，未来教育的泛在化趋势将在教学理念和教学模式等方面，给传统职业教育生态带来巨大挑战。

未来社会对复合型、创新型、个性化人才的需求，需要职业教育革新教育理念，拆除院校封闭的壁垒，打破教学的时空界限，提供一种泛在学习环境，形成以学生为中心的"泛在教育"。未来的学习不一定要在一个叫"学校"的地方进行，可能只需借助手机或电脑即可完成相关学习任务。未来职业教育需要加强网络学习空间的课程资源建设，积极探索由"学校"到"云端"、由"线下"到"混合"的教学模式，推进教学模式的智能化改造，适应新时代学习者与"云大物移智"天然的贴合性。未来职业教育需要转变传统的教学方法，"由教师中心、教材中心、课堂中心"转变为"学生成长中心、职业素养中心、学习效果中心"。泛在学习将成为未来职业教育学习者获取专业理论知识、增长专业技术技能，更好服务社会发展的重要途径。

## 第二节
## 求变之适:未来职业教育改革的战略选择

从层次到类型,是党和国家在总结反思中国职业教育几十年的发展历程中,对职业教育基本属性作出的科学定位,对于正确认识中国职业教育、科学发展中国职业教育、坚定不移走中国特色社会主义职业教育道路,具有重大的理论价值和实践意义。在全面推进中国职业教育"大有作为"的生动实践中,必须要全面彰显职业教育的"类型特色",把职业教育融入国家发展大局,不断增强职业教育适应性,为全面建设社会主义现代化国家、实现中华民族伟大复兴的中国梦提供有力人才和技能支撑。

### 一、宏观层面:把职业教育融入党和国家事业发展大局

教育不仅关涉着人的全面发展,也关涉国家综合实力的稳步提升,更关涉着党的千秋伟业的薪火相传。当前,以人工智能为表征的第四次工业革命正在席卷全球,"智能化生产时代的到来,已经使得通过教育形成的各种知识和能力,为个人和社会带来的经济价值和社会价值比以往任何时代都要大得多。在人类的历史上,一个人和一个国家的发展与贫富从来没有像今天这样更多地依赖于教育。"[1]因此,思考未来职业教育的发展,绝不能就教育

---

[1] 闵维方.从经济视角看中国面向2035年的高等教育发展战略[J].《教育与经济》,2018(2):3—9、42.

论教育，而是要站在党和国家事业发展全局的高度来审视职业教育的社会价值，要站在全面建设社会主义现代化国家的战略高度来预设职业教育发展的价值取向。

## （一）胸怀国之大者：从国家战略上审视职业教育

职业教育是教育、是经济，更是民生，推进未来的职业教育发展，就必须要胸怀国之大者，跳出教育看教育，从中国共产党治国理政的战略格局去思考职业教育。要以习近平新时代中国特色社会主义思想为根本遵循，服务国家重大发展战略，解决人民群众"急难愁盼"的问题，让职业教育变得既有高度又有温度。

**一要把职业教育摆在全面建设社会主义现代化国家的伟大征程中**。党的十八大以来，职业教育发展迅速，办学活力不断增强，建成了世界最大规模的职业教育体系，培养了大批高素质技术技能人才，有力支撑了经济社会发展。2019年，习近平总书记在甘肃考察山丹培黎学校时指出："实体经济是中国经济的重要支撑，做强实体经济需要大量技能型人才""发展职业教育前景广阔、大有可为。"职业教育是培养技术技能人才、促进就业创业创新、推动中国制造和服务上水平的重要基础，无论是应对百年未有之大变局这一世界之变、时代之变、历史之变，还是实现中华民族伟大复兴这一百年梦想，都必须把加快发展现代职业教育摆在更加突出的战略位置，纳入社会主义现代化建设的总体部署，推动职业教育与经济社会同步发展，为全面建设社会主义现代化国家提供坚实的技术技能人才支撑。

**二要把职业教育摆在扎实推进共同富裕的伟大战略中**。党的十八大以来，党中央把握发展阶段新变化，把推进共同富裕摆在治国理政的突出位置，推动区域协调发展，采取有力措施保障和改善民生，打赢脱贫攻坚战，全面建成小康社会，为促进共同富裕创造了良好条件。正如习近平总书记的科学研判，"现在，已

经到了扎实推动共同富裕的历史阶段"。作为一种类型教育，职业教育与经济社会发展的关系最紧密，抓好职业教育，既是教育改革的战略性问题又是重大的经济和民生问题，既关乎农村又涉及城市，既是当务之急又是长远大计，关系国家竞争力、家庭脱贫致富和个人成长成才等国计民生大小问题。因此，推动未来的职业教育发展，就必须发挥职业教育"经世致用，富民强国"的优势，"为人民提高受教育程度、增强发展能力创造更加普惠公平的条件，提升全社会人力资本和专业技能，提高就业创业能力，增强致富本领"。

### （二）凝练中国范式：在世界格局中谋划职业教育

当今世界，尽管单边主义和保护主义不断抬头，时而来势汹汹，但经济全球化仍是历史潮流，各国分工合作、互利共赢是长期趋势，国际经济联通和交往仍是世界经济发展的客观要求，坚持多边主义已经成为国际社会的广泛共识。作为社会大系统中的重要子系统，职业教育的发展与社会的方方面面息息相关。发达国家都把发展职业教育作为提升技能、振兴经济、增强国力的重要途径。推进中国职业教育的未来发展，就必须在世界格局中去谋划职业教育。

**一要在服务双循环发展格局中谋划职业教育。**"十四五"时期，中国将加快构建以国内大循环为主体、国内国际双循环相互促进的新发展格局，加快建设制造强国、教育强国、科技强国，适应产业发展需要，打造国际经济合作和竞争新优势。在支撑服务新发展格局进程中，就必须在双循环相互促进的新发展格局下，构建全新的国际职业教育交流机制，形成互利共赢的国际合作新局面。要办好自己的事情，让职业教育成为推动国内大循环的关键落子，为全面建设技能型社会，培养更多高技能人才、能工巧匠、大国工匠；要坚定不移地全面扩大开放，秉持开放、合作、团结、共赢的信念，积极建构新的合作模式，以开展国际产能合作为载体，积极搭建国际职业教育合作平台，加强职业教育涉外行业组织建设，办好一批示范性中外合作办学机构和项目，会聚全球资源和天下英才共同破解职业教育和生产实践难题。

**二要在服务更高水平对外开放中谋划职业教育**。党的十九届五中全会指出，到二〇三五年，中国将形成对外开放新格局。"十四五"时期经济社会发展目标也提出，要建设更高水平开放型经济新体制。可以说，更大范围、更宽领域、更深层次对外开放，必然渴望更加开放、更加包容、更加积极的职业教育体系支撑。要发挥中国职业教育新的国际影响，以"鲁班工坊"为依托，发挥其在技术交流、人才流动、信息沟通等领域的作用，提供与中国企业和产品"走出去"相配套的职业教育服务。全面梳理中国职业教育发展经验，为世界各国提供可借鉴、可推广的中国方案、中国智慧，让中国职业教育在构建人类命运共同体的进程中发挥更大作用。

**三要在服务世界职业教育大局中谋划职业教育**。人类文明发展的常态是交流与融合，正是不同民族、不同国家之间的相互学习、相互借鉴，才造就了人类文明的革新和创生。就现代职业教育而言，较高的对外开放水平，是世界一流职业教育的重要标识。譬如，办学理念的国际化视野、教育内容和手段的国际化水平、教学和研发活动的国际化程度、师资和学生的国际化比重，等等。因此，推进未来职业教育的发展，必须要扎根中国、融通中外，要不断扩大职业教育对外开放水平，通过搭建对外交流平台、建设海外学习中心、设立对外交流项目、开展对外交流活动等途径，奏好职业教育引进来、走出去、再提升三部曲。要在学习、借鉴和交流中，丰富中国职业教育理论，提升中国职业教育实践水平，贡献中国职业教育智慧、展示当代中国的良好形象。

## （三）缓解社会焦虑：在教育改革中推动职业教育

改革开放以来，中国教育在规模和质量方面都取得了突破性的成绩，但同时也积累了一定的矛盾，表现最为突出的就是社会上形成了强烈的教育焦虑。究其根本，很重要的一个原因就是人民的观念意识上没有认识到职业教育是解决教育焦虑和供需矛盾的有效手段。党的十八大以来，中央领导高度重视职业教育，习近平总书记、李克强总理、王沪宁同志多次对职业教育工作作出指示。孙春兰副总理也强调，要把职业教育作为教育综合改革的突破口。但目前全社会对职业教育的认识还不到位，还只把职业教育当作教育体系的补充部分。尤其受到"学而优则仕""就业年龄推迟""高等教育普及化"等影响，职业教育逐步沦为"兜底教育"，被一些学生和家长认为是"无奈之选"。实践表明，中国教育的根子问题是教育结构不合理，教育供给结构单一，普通教育"一头独大"，千军万马只能去挤"普通高考"独木桥，导致教育焦虑不断向基础教育延伸，中考压力大于高考。尽管国家及时推进"双减"政策，且"双减"的阶段性成效较为显著，但教育结构不改变、教育供给方式不改变，这一教育焦虑恐难以根治。

**一要在缓解教育焦虑中发展职业教育**。开展未来的教育供给侧改革，就必须要直面教育焦虑的社会矛盾。要紧密结合未来社会产业发展变化、人口结构变化、大众价值变化等对教育发展的诉求，全面提高教育质量、提升教育层次、办出教育特色。要积极开展教育供给侧改革，以职业教育为重要突破口，大力发展职业教育、大力办好职业教育，不断提升职业教育的硬实力、软实力、影响力、吸引力。充分发挥职业教育发展经济、促进就业、保障民生的重要价值，发挥职业教育任务驱动、实践导向、从做中学的直观化学习优势，为不同认知特征、不同逻辑思维、不同学习基础、不同学习旨趣的人群提供丰富多元、个性特色的学习选择。通过丰富优质的教育供给，来满足人民群众期待的优质均衡的教育需求，进而缓解教育焦虑、化解社会矛盾。

**二要在缓解就业压力中发展职业教育**。近年来，大学毕业生就业难的问题越来越突出，一方面是大学毕业生不能及时找到工作；另一方面是社会对各类技术技能人才出现"供不应求"。这种就业的结构性矛盾，和教育体系的人才培养结构有关。职业教育的办学方向就是促进就业，服务发展，使"无业者有业，有业者乐业"。研究表明，职业教育招生数占比每上升1个百分点，二、三产业吸纳就业比重就上升约0.5个百分点。推进未来职业教育发展，就必须把职业教育摆在改善民生的战略格局中，要合理配置教育资源，实行教育合理分流，适应经济社会发展对多层次人才和劳动力的需求，使人人有技能、个个有本领，为广大青年打开通往成功成才大门，带动更多人实现就业，更好改善民生。

## 二、中观层面：真正把职业教育当作类型教育来发展

步入新时代，随着社会对职业教育本质、内涵、规律、特色的认识越来越深刻，职业教育的类型定位就愈发的清晰明朗。概括起来，我们可以把职业教育的类型特色表述为六句话：立德树人、德技并修，产教融合、校企合作，面向市场、促进就业，工学结合、强化实践，政府统筹、多元办学，育训并举、面向人人。推动未来职业教育的特色化发展，就必须打破依赖普通教育、参照普通教育的办学模式、发展范式，要按照职业教育自身规律开展教育教学，在类型特色既定的体系下，破解阻力、深入推进，真正把职业教育当作类型教育来发展。

## （一）探索适应技术技能人才成长规律的立德树人路径

习近平总书记指出："人无德不立，育人的根本在于立德。这是人才培养的辩证法。办学就要尊重这个规律，否则就办不好学。"推进未来职业教育的发展，就必须把立德摆在首要位置，坚持立德树人，德技并修。要坚定不移用习近平新时代中国特色社会主义思想铸魂育人，推进思想政治教育与技术技能培养融合统一，培养学生为国为民的担当精神、精益求精的工匠精神和诚信为本的职业道德。立德是根本，树人是核心，推进未来职业教育的发展，就必须落实立德树人根本任务。

**一要进一步发掘职业教育立德树人规律**。与普通教育相比，职业教育开展思想政治教育难度更大，工作要求更高。职业教育领域的立德树人应针对职教学生的学习特点、行为习惯、思维模式等，建立区别于普通高校、体现职教特色的育人体系。要进一步深化职业教育思想政治教育工作改革创新，加强以培养劳模精神、劳动精神、工匠精神为核心的思想政治教育，全面推动职业教育思政课的"教材、教师、教法"改革，建立健全职业教育领域德育工作机制，办出职教特色。

**二要进一步提升职业教育立德树人水平**。立德树人是学校各项工作的生命线，各级党委、各级教育主管部门、学校党组织都必须紧紧抓在手上，要把立德树人工作做牢、做实、做优、做强，使学校不仅仅是教授技能、发放文凭的场所，更是化育为人的天地。要进一步做强思想政治工作队伍，建设一支能推动思政课建设的领导队伍、一支高素质专业化的思政课教师队伍、一支专业化职业化的辅导员（班主任）队伍、一支既教书又育人的专业课（课程思政）教师队伍；要进一步做优思政教育资源，用好课堂教学主渠道、构建全员育人大格局，充分发挥课程、科研、实践、文化、网络、心理、管理、服务、资助、组织等方面工作的育人功能，挖掘育人要素，完善育人机制。

## （二）探索寻求校企利益最大公约数的产教融合模式

职业教育因产业而生，随产业而兴，它的本质特征就是产教融合。正如前文所述，无论是德国的"双元制"、澳大利亚的职业技术与继续教育（TAFE）系统，还是新加坡的教学工厂、美国的社区学院，尽管表现方式千差万别，但基本特征在宏观上就是产业与职业教育深度融合，在微观上就是企业与职业院校的无缝对接。推进未来的职业教育发展，就必须坚持产教融合、校企合作，创新体制机制、完善治理结构，推动职业教育发展同现代化经济体系和技能型社会建设深度融合，形成教育和产业良性互动、学校和企业优势互补的发展格局。

**一要构建产教融合保障机制**。从宏观层面看，国家立法机构如何在法律和制度层面破除产教之间的隔阂，深层次解决职业院校发展的活力和动力，就决定了职业教育未来能否健康发展。从国际职业教育发展来看，校企合作的关键在于国家层面架构产业与教育之间合作的制度，共同履行育人职责的学校和企业必须遵守相关制度，按照规范履行各自的职责。各级政府要统筹职业教育和人力资源开发的规模、结构、层次，将产教融合列入经济社会发展规划。建立发展改革部门牵头，教育、国有资产监督管理、科技、工业和信息化、财政、税务、人力资源社会保障、农业农村等部门密切配合，有关行业组织积极参与的产教融合推进机制。要进一步完善"政府出补贴，企业出资源，校企共建共享"的融合模式，着力解决教育热、产业冷，衔接不紧密，积极培养产业发展需要的技能人才。国家要在现有政策的基础上，出台更多支持企业参与职业教育的利好政策，通过更多的政策支持和精神褒奖，作为支持企业参与校企合作的重要保障。

**二要寻求校企利益最大公约数**。校企合作是职业教育的基本办学形式,要更好地发挥市场在教育资源中的配置作用和政府的引导作用,通过深入合作,真正形成校企命运共同体。目前,中国职业教育校企合作"一头冷一头热"的现象还比较普遍,需要进一步挖掘校企合作的利益共赢点,在利益和资本两个方面下功夫促进校企紧密合作。要积极推动地方支柱性企业和高水平职业学校共建一批产业学院,探索混合所有制改革,打造校企命运共同体,还要鼓励支持企业和学校双主体育人,通过产教融合型企业认证制度、产教融合型城市建设、示范性职业教育集团(联盟)等,创新校企合作形式与内容,实现校企合作利益最大化、资本最优化。

**三要推进产教城一体化发展。**区域社会产业是职业教育发展的坚实土壤,是职业教育对接社会、服务群众的指向载体。推动职业教育发展,就必须要把职业教育办出地方城市特色、刻上地方城市烙印,要把地方城市的文化优势、产业优势等,有机地整合在职业教育理念、模式、内容当中。要以城市为节点、行业为支点、企业为重点,建设产教融合型城市,打造产教融合型行业,培育产教融合型企业,将建设有特色、高水平职业教育与建设高质高效的现代产业体系、宜居宜业的新型城市结合起来,为个人成长带来新机、为城市发展提供动能、形成职业教育和经济社会相互贯通、相互协同、相互促进的城市发展新形态。

### (三)探索与国家战略对接、与市场需求相符的办学实践

职业教育是面向市场的就业教育。早在百年前,黄炎培先生就说过,职业教育的目的是"使无业者有业,使有业者乐业"。可以说,服务发展、促进就业是职业教育基本的办学方向。推进未来职业教育的发展,就必须坚持面向市场、促进就业。要突出市场需求对职业教育发展的引导作用,推动学校布局、专业设置、人才培养与市场需求精准对接,强化就业对人才供给结构的

调节作用，提升学生就业创业能力，服务稳就业、保民生，让"想就业上职校，抓民生办职校，兴产业找职校"成为社会共识。

**一要以国家战略为导向及时调整人才培养定位**。未来职业教育的发展，必须以市场需求为导向，进一步深化办学体制改革，加强职业教育供给与国家战略需求的对接。要紧扣时代经济社会发展脉搏，着眼于顺应新的发展阶段、完善新的发展理念、形成新的发展格局、增强新的发展动能，坚持把高质量供给作为发展重心，助力中国速度向中国质量转变、制造大国向制造强国跨越，使职业教育成为促进经济高质量发展所需要的教育。

**二要以产业发展为导向优化职业教育专业结构**。职业教育的本职功能是服务区域产业发展，要扎根到区域产业中办学，服务产业转型升级。要合理确定各层次职业教育规模，完善专业动态调整机制，形成紧密对接产业链、创新链的专业体系，推动职业教育发展与产业转型升级同频共振、有效衔接，重写职业教育高质量发展的生产函数。要推行产业规划和人才需求发布制度，统筹产业规划、人才规划和教育规划，通过差异化投入、政策项目引导等方式，鼓励学校更多开设紧缺的、符合市场需求的专业，帮助学生实现更高质量的就业。

**三要以终身学习为导向开展大规模职业技能培训**。要把"办好公平而有质量的教育"作为职业教育始终不渝的奋斗目标，千方百计为全社会提供个性化、多元化、终身化的高质量职业技能培训，确保让人民群众在成长和职业生涯发展的不同阶段都有机会获得必要的技术技能，全面提升劳动者的就业创业能力，帮助更多劳动者特别是青年实现更高质量的就业，整体提升技术技能人才的获得感、幸福感和荣誉感。

## （四）探索符合技术技能养成的工学结合模式

职业教育是面向能力的实践教育。实践教育是职业教育区

别于其他类型教育的显著特征。实习实训是实现职业教育培养目标、锻炼学生实践技能的必要途径。真实的工作环境、生产一线和操作过程是职业教育人才培养质量的关键影响因素。从发达国家经验看，虽然教育教学模式各不相同，但都以培养实践能力为核心。因此，推进未来职业教育的发展，就必须坚持面向能力、强化实践。要把工学结合作为职业教育人才培养的基本方式，把体育、美育、劳动教育和社会实践融入培养过程，促进学生身心健康、拓宽职业视野、增长社会经验，让更多青年能凭一技之长实现人生价值。

**一要坚持人才培养的实践导向。** 技术技能人才的素养结构，就决定了这种人才必须在做中学、在生产实践中来培养。要遵循技术技能人才成长规律，以工学结合的方式设计培养方案、组织实施教学、开展考核评价。要围绕培养实践能力这个关键点，坚持产教融合、工学结合这一基本办学模式，优化实践教学体系，完善实习实训考核办法，把专业建在产业链上，把课堂设在生产服务一线，实践课时占总教学课时的一半以上，确保学生足额、真实参加实习实训，让学生在实践中增长才智、提升技能。在日常的教育教学实践中，必须做到使学校像企业、教室像车间、课堂像工段、教师像师傅、学生像学徒、教案像图纸、作业像产品。要全面实施弹性学制和学分制管理，支持学生参加社会实践、创新创业、竞赛活动。

**二要构建灵活多样的育人模式。** 职业学校生源渠道多样、市场需求多样，因而职业教育的培养模式必须灵活多样。坚持校企双主体育人，在及时总结学徒制试点成功经验的基础上，面向现代农业、先进制造业、现代服务业、战略性新兴产业大力推广政府引导、行业参与、社会支持、校企双主体育人的中国特色学徒制。要积极探索岗课赛证全面融通，把新技术、新工艺、新规范及时纳入教学，把企业典型案例及时引入教学，把职业资格证书、职业技能等级证书内容及时融入教学。大力推进教学模式内容方式改革，强化任务导向、理实一体化教学模式，按照生产实际和岗位需求设计开发课程，普及推广项目教学、案例教学、情景教学、工作过程导向教学，广泛应用线上线下混合教学。

### （五）探索不同主体多元办学的实施机制

职业教育具有天然的"跨界"特征，但这种"跨界"不是"教育界"向"产业界"的"单向跨界"，而是基于育人目标的"多向跨界"。可以说，职业教育是一种合作教育，是政府、行业、企业、学校等多元主体的跨界组合。推动未来的职业教育发展，就必须打破政府一元的"独治"格局，打造多元参与、集体"共治"格局。要坚持政府统筹、多元办学，全面凸显各级政府规划指导、凝聚合力作用，充分发挥企业的重要办学主体作用，高度重视行业参与和指导作用，有效提升学校在整合各方、化用外力的办学水平，形成各方主动作为、同向发力的良好局面。

**一要发挥中央和地方两个积极性**。要理顺分级管理、地方为主、政府统筹、行业指导、社会参与的管理体制，发挥国务院职业教育工作部际联席会议统筹、协调、领导作用，推动各部门、全社会合力支持职业教育发展。要尊重基层首创，推动落实地方政府的主体责任，落实和扩大职业学校办学自主权。要把职业教育工作纳入对地方督导督查的重要内容和工作考核的重要依据，推动省、市两级职业教育改革创新。

**二要引导社会力量参与办学**。鼓励和引导企业、行业等社会力量积极参与、支持职业教育发展，形成全社会推动职业教育发展的合力。无论是政府、社会力量还是行业企业举办的职业院校，只要符合职业院校办学的国家标准，都要予以承认并纳入职业教育体系。要切实发挥企业办学主体作用，探索混合所有制办学，允许公办职业学校举办或者参与举办实施职业教育的营利性

民办学校，以资本、知识、技术、管理等要素参与办学并享有相应权利，建立基于产权制度和利益共享机制的校企合作治理结构与运行机制，为企业参与职业院校人才培养和技术研发提供稳定的制度保障。

**三要破解多元办学的阻力瓶颈**。做好未来职业教育的多元办学，必须要在两个方面做好文章，一是"有意识"，二是"有机制"。就前者而言，职业教育的类型特点决定了职业学校最终必须面向市场，其经济投入、管理模式、受益分配等也必将随之而变。这就需要职业教育树立危机意识和改革意识，面对未来国家财政可能不再支持的严峻形势，面对多元主体深度参与的办学性质问题、产权归属问题、法人治理结构问题，等等，要及早谋划、及早行动，探索建立改革创新容错纠错机制，激发和保护干部队伍敢于担当、干事创业的积极性、主动性、创造性。就后者而言，要进一步完善多元主体的共同决策机制、成本分担机制、文化融合机制，要找到校企合作利益最大公约数，坚持"互惠双赢"，建立校企合作新机制。

## （六）探索服务全民终身学习、建设技能型社会的职业培训体系

职业教育是提升人力资本、增强职业能力的重要渠道，是促进人的全面发展、社会全面进步的重要途径，必须始终面向社会各个方面、面向各个群体、面向每个人。党的十九大报告提出，"完善职业教育和培训体系"；"职教20条"进一步明确："完善学历教育与培训并重的现代职业教育体系。"由此可见，国家始终高度重视职业培训，职业教育和培训都是中国特色现代职业教育体系中的重要组成。因此，推进未来职业教育的发展，就必须坚持面向人人，育训并举。把职业教育作为服务全民终身学习的重要途径，推动职业教育与其他类型教育协调发展，支持不同群

体先学习再就业、先就业再学习、边就业边学习，学习与就业相互促进，营造人人皆可成才、人人尽展其才的良好环境，让每个人都有人生出彩的机会。

**一要提升技术技能培训服务的可及性。**整合基本劳动技能、基础就业技能、高水平创业技能、生活休闲技能等民生保障类资源，在有条件的城市建设具有技能开发与共享、学习与培训、应用与提升、传承与创新等功能和特定开放空间的示范性"技能公园"，总结和推广城市技能资源建设和使用的"公园模式"。以社区乡镇综合文化站、企业职工职业技能培训基地、学校高技能人才实训基地等为基础，建设布局合理、功能突出、信息互通、开放共享的技能公共服务中心，统筹区域技能学习资源建设和使用。加快完善山区、西部等落后地区的网络基础设施建设，服务线上技能学习。不断满足人民群众日益增加的技能学习需求，加快提升全民技能素质，有效提升人民生活品质。

**二要面向全民开展普及性技能培训。**推进未来职业教育的发展，就必须要落实学历教育与培训并举的法定职责，面向在校学生和全体社会成员开展高质量职业培训。要将基本生活劳动技能、基础就业技能、高水平创业技能、居家养老技能等纳入民生保障和公共教育服务体系，依托学校劳动教育课程和家校合作平台引导学生学习基本生活技能，以社区为单位建立生活技能学习与共享机制，将居民技能学习与共享成果作为评价社区治理水平的重要参照。努力构建具有中国特色、世界水平的现代职业教育体系，形成系统化培养技术技能人才和大规模开展职业培训的能力。

**三要面向重点人群开展特色技能培训。**要加大对农村地区、民族地区、贫困地区的职业教育支持力度，开展相对贫困家庭子女、农民工、失业人员和转岗职工、退役军人等免费接受职业培训行动，组织专业力量开发针对重点人群技能培训的模块化课程

体系，促进重点人群灵活就业。要加快构建社会化的终身教育体系，全面推动中国向学习大国、人力资源强国和人才强国迈进，使所有受教育者学有所教、学有所成、学有所用，实现就业有路、升学有望、创业有成，创造美好的生活。

## 三、微观层面：让每一所学校办出特色

未来职业教育发展的形势如何，归根结底要落实在每一所职业院校上。需要在提质培优、增值赋能这一主基调下，促进每一所学校高水平、特色化发展，满足不同人民群众多元化、高企化的教育诉求。要铭记职业教育经世致用的初心，亮出类型定位的底色，通过特色化的专业建设来规约职业教育支撑产业发展的能力，要通过人才培养水平和社会服务能力的提升来增强职业教育的硬核实力和社会吸引力，要通过发展模式的不断优化为自身发展注入不竭动力。

### （一）专业特色更显

专业是职业教育最重要的基础单元，是技术技能人才培养的核心载体。优化职业教育专业布局，形成合理的专业结构，既是推进未来职业教育发展的题中之意，也是为社会提供高端技术技能人才支撑的客观要求。

**一要大力发展服务对接国家战略型新兴产业和区域特色产业的职业教育专业。**职业教育的专业设置，必须紧跟国家战略型产业和区域战略型产业结构的变化来调整。要基于数字经济时代背景，服务行业企业抢占新一轮经济和科技发展制高点，联合行业企业，共同发展大数据、云计算、区块链、人工智能、物联网等新一代信息技术产业所需专业；全面加强电子信息、信息技术、人工智能、航空航天等事关国家发展战略型专业建设；深度开发

健康养老、家政护理、民族工艺、环境保护等社会可持续发展能力相关专业建设。要大力夯实与地方支柱产业相对应的专业，厚植与战略新兴产业相对应的专业，谋建与未来产业相对应的专业。要注重专业之间的内在联系，促进专业之间优势互享、模式共鉴。

**二要侧重发展服务对接现代制造业的职业教育专业。**建设制造强国离不开大批高素质技术技能人才。长期以来，学校更愿意办低成本、好招生的专业，学生更愿意选体面的专业，导致制造类专业招生规模逐年下滑。推进未来的职业教育发展，就必须实施"现代制造业人才培养专项计划"：要鼓励学校"办"，在职业本科专业备案、招生计划安排、重大项目支持等方面向制造类专业倾斜。要引导学生"选"，在制造类专业开展长学制培养，扩大中高本贯通培养规模，加大学生资助力度，吸引更多学生报考。要联合企业"育"，吸纳现代制造业行业优质头部企业，深度参与人才培养，开展双边多边技术协作，共建特色产业学院，探索中国特色学徒制。

**三要打造一批世界一流的职教专业。**可以说，办好高水平的职业教育，就是办好高水平的职业教育专业。在专业的改革与发展中，要坚持"有所抉择"的原则，充分考虑到每一所学校的积淀传统、特色优势，以"人无我有，人有我优"的思路打造若干强势专业群；要坚持"卓越塔尖"的原则，打破平均主义的思想，将人、财、物等有限的资源重点向强势专业倾斜；要坚持"自觉发展"的原则，积极学习教育行动研究的理念，通过构建"专业群及专业发展核心指标对标系统"等手段，全面实时地了解专业建设的动态变化，并通过及时的反馈和整改加速专业的自觉发展。

## （二）育人水平更高

人才培养是教育的第一要务。提升职业教育适应性的关键因

素就在于不断提高职业教育的人才培养的水平。这就需要通过人才培养定位、师资队伍、教育内容等核心要素的改革创新，来培养将国家情怀根植于心、时刻为国家命运奋斗的新时代技术技能人才。

**一要确定"技术技能+"的培养定位**。社会需求的升级，倒逼职业教育人才培养的升级。过去，职业教育旨在培养学生对于某类技术技能的熟练程度，通过反复的训练实现身体的习惯性条件反应，一旦习得技能便不需过多的反省思考。随着科技的进步，操作性的技术技能需求更加复杂，职业教育的人才培养不仅仅是身体动作的训练，更是包括了脑力思维的训练，不仅要习得真实操作的技术技能，更要习得技术技能背后的基本原理，要把理论基础和实践训练有机地结合。这就决定了未来职业教育的人才培养定位，必然要在传统"技术技能"的基础上，进一步增加"理论型"等其他要素，实现人才培养定位的升级跟进。

**二要打造"多维素质"的师资队伍**。教师是职业教育教学水平、教育实力的关键表征。某种程度上，教师的专业素质就决定了职业教育的内涵水平。过去，我们强调要培养职业教师的"双师素质"，即，要求职业教师既要具备理论教学的素质，也应具备实践教学的素质。可以说，这种"双师素质"与"技术技能"人才培养是相对应的。而未来培养"技术技能+"型人才，则需要教师与时俱进地提升自身水平，不仅要具备传统的"双师素质"，还应该至少具备职业教育理论反思和教学研究的素质，具备专业领域的技术研发和教育内容改进的素质，具备工匠意识、科学精神和人文情怀教育的素质，等等。

**三要遴选"观照终身"的教学内容**。教育内容是人才培养的关键要素，决定着技术技能人才培养的方向和质量。传统职业教育的"就业导向"在实践中暴露出一定的弊端，"在重视职业教育对企业需求和技术规制适应的同时，忽视或有意无意抛弃了更为复杂地对人在企业和技术活动中的创新探索和主体性的培养"①，这和未来培养具有创新思维和理论意识的新型技术技能人才是不匹配的。因此，未来的职业教育内容，必须要从"观照当下"转向"观照长远"，从"观照就业"转向"观照终身"。不仅要以职业岗位素养要求制定职业教育标准、构建职业教育课程体系，强化复杂操作技能和应用技术能力培养；还要以系统的思维训练和相对抽象的理论教育来培养技术技能人才的理论思考能力、总结推理思维，等等，确保人才培养与社会发展、与产业进步的同频共振。

### （三）服务能力更强

提供优质的社会服务，是现代职业教育发展的题中之义。未来的职业教育发展，要体现出"国家召唤在哪里，服务就到哪里；企业发展在哪里，服务就到哪里；市民需求在哪里，服务就到哪里"的理念，结合国家推进共同富裕的要求、社会产业转型迭代的需求、人民群众对美好生活的需求，提供实用性、引领型的研发服务、教育服务、培训服务。

**一要突出职业教育服务的实用性**。总体来看，职业教育本质的落点在"技术技能"，是一种培养技能人才、促进技术革新、服务社会产业发展的教育。打造更强的社会服务能力，需要突出职业教育社会服务的"契合性"价值，明确区域社会的产业谱系网络、产业优势特色、产业发展战略，通过地方政府和教育行政部门的激励引导，确保职业教育社会服务与地方产业发展相偕而行；需要突出职业教育社会服务的"可靠性"价值，不仅要了解产业技术前端"坐标点"、了解企业技术进阶"瓶颈点"，也要善

---

① 魏明.新时代中国职业教育政策模式的反思与超越［J］.《中国技术职业教育》，2018（12）：5—12.

假于物、整合资源，联合企业、科研机构、高等院校、社会组织等多方面的研究力量，共同开展高水平的技术攻关，确保职业教育成为助力企业发展、助推技术进步、带动社会就业、推动经济繁荣的"综合集成式"公共服务产品。

**二要突出职业教育服务的引领性。** 职业教育不仅要契合产业的发展，还应该积极借鉴"教育先行"等理念，适度地带动、引领产业发展。未来职业教育的社会服务，必须要锁定科学技术的进步方向，围绕科技进步所引发的产业结构调整、制造工艺升级、生产技术转型等，抢先开展技术技能研发布局，为服务和引领未来的产业发展抢占先机。在经济发展薄弱地区，要改变其产业生态位不高、企业技术水平不高的状况，立足原有产业基础，瞄准国家战略产业，以"数字化+"的研发理念，推进各类要素的耦合创生；在经济相对发达地区，要紧跟高端产业的国际发展趋势，面向制约产业迭代的"卡脖子"技术和工艺，联合企业高端技术人才、科研院所及普通高校的高水平研究人员勠力攻关，为推进区域产业的进阶迭代提供有力的技术支撑。

### （四）发展模式更优

职业教育的发展模式是在特定时空背景下，对自身发展方向、发展路径作出的一种战略抉择。它既是实现职业教育高水平发展的保障，也是助力职业教育持续前进的驱动。在坚持类型特色总基调的前提下，不同门类、不同个体的职业院校都可以选择不同的发展模式，但不同的发展模式至少应该包括特色化、自主化、创新化等维度的价值取向。

**一要坚持职业教育的特色发展取向。** 推进未来职业教育的发展，绝不能以同质化的标准来预设发展路径，要在职业教育领域来寻求这一"类"教育的办学特色、服务特色、发展特色。要紧紧地把握不同职业学校的专业大类属性，把握这一"群"院校应具备的一般性特色。还要结合每一所学校的办学历史、服务面向、立足地区等要素差异，突出每一所职业院校"个体"维度的办学特色。进一步讲，可将这一个体维度的特色细化为发展理念、教育模式、教育内容、教学手段、教学研究等方面的特色。

**二要坚持职业教育的自主发展取向**。推进未来的职业教育发展，绝不能盲目地依赖"外源道路"，必须坚持自主发展模式，必须要"扎根中国大地办教育"。要在对本土社会矛盾的深层思考中、在对国外职教理论的批判扬弃中，探索出一条适合中国国情的现代职业教育发展之路。要在契合国家战略中探索自主发展。推动职业教育发展，如果"仅仅关注到表面的教育现象，而忽视隐藏其后的经济社会背景，那么将很难取得实质性进展"[1]。当下，无论是应对百年未有之大变局这一世界之变、时代之变、历史之变，还是实现中华民族伟大复兴这一百年梦想，都必须把加快发展现代职业教育摆在更加突出的战略位置，纳入社会主义现代化建设的总体部署。要在满足学生发展需求中探索自主发展。推进未来职业教育发展，就必须在思考如何解决当代职业院校学生个性化的问题困惑、如何满足其个性化的发展需求中，探索出一条本土化的自主发展路径。

**三要坚持职业教育的创新发展取向**。创新是引领发展的第一动力。推进未来职业教育的创新发展，就必须要解构职业教育现有的"惯性区"，积极创生出新的理念、新的举措，推动中国职业教育的螺旋上升、持续进步、自觉发展。要坚持职业教育运行逻辑的创新，职业院校的章程、所有制形式、相关制度、校内机构设置、人员配备及分工等，政府对职业教育的评价和管理，职

---

[1] 石伟平，郝天聪.从校企合作到产教融合——中国职业教育办学模式改革的思维转向[J].教育发展研究，2019（1）：1—9.

业教育和社会相关组织之间的交往形式和利益关系等，都要突破常规，形成独特的运行逻辑。要坚持职业教育内容的创新，要紧跟产业前沿，将最新技术甚至是即将诞生的"未来性技术"引入职业教育体系，确保"以文化人"的"文"能够形成一种自觉的进阶机制，进而保障职业教育人才培养和社会发展需求始终相辅相生。

## 第三节
## 进阶之势：未来职业教育行动的重要举措

从职业教育发展来看，当前职业教育正处在爬坡过坎、提质培优的历史转折点上，正处于大改革、大发展、大作为的历史最好时期。回首过去，职业教育迈出了向自身要质量、确立类型教育地位、引领技能型社会建设的步伐，现代职业教育体系的四梁八柱已昂然架起；瞻望前程，强国战略之机、产业升级之需、人工智能之遇，又向职业教育提出新的挑战。未来职业教育的进阶之势，既要面向未来，开拓新局，又要脚踏实地，适应变局，以切实可行的举措，完善制度、改革模式、创新做法，不断巩固职业教育类型属性，不断完善现代职业教育体系。

### 一、健全权责明确的管理机制

体制机制事关内生动力、发展活力。构建现代职业教育体系，推动职业教育高质量发展，应该处理好部委、司局、央地三对关系，各自定位、各司其职、各尽其责，形成部委统筹分工、司局协调配合、央地互动联动部门的管理机制，为职业教育发展注入不竭动力。

## （一）部委关系定分工

不同领域的改革相互关联，从来不是单个部门的单打独斗，每当处于改革的关键期，改革的顶层设计和统筹协调就越发重要。处理好相关部门关系，凝聚改革合力，是改革发展成功的关键。职业教育改革是个系统工程，涉及教育、发改、人社、财政等多个部委，但是目前的工作机制还不顺，部门之间有掣肘，大家各自为政，导致政策割裂、多头管理，特别是教育部和人社部两部门职能存在交叉、政策协同困难，比如，在中等职业教育领域，两部门分别实行两套专业目录、两个招生平台、两种招生办法，技工学校（属于中等职业学校）长期游离在教育行政监管之外，违规招生、虚假办学等问题时有发生，多次引发舆情，给职业教育造成严重负面影响。

当前，处理好部门间的关系，使各部门跳出部门利益，加强分工合作，在各自职权范围内，落实好发展职业教育的职责，对于凝聚职业教育发展的合力十分重要。2019年建立国务院职业教育工作部际联席会议制度后，九个部门齐心协力，解决了许多长期困扰职业教育发展的体制机制问题，在国家层面进一步健全了保障职业教育高质量发展的机制。《职业教育法（修订草案）》又为进一步明确各部门之间的职责定位和协作关系提供了遵循。面向未来，教育部门应抓好职业教育工作的统筹规划、综合协调、宏观管理，切实统筹好学历职业教育，对技工院校的学历教育也要一视同仁，切实加强指导、管理、监督，确保办出质量、办出水平、办出特色。人力资源社会保障部门应在国务院规定职责范围内落实好发展职业教育的职责，切实统筹好职业培训，对所有职业院校承担培训任务也要一视同仁，加强对各级各类职业教育的条件保障和政策支持。其他部门在各自职权范围内，落实好发展职业教育的职责。各地要参照中央部门的做法，统筹抓好学历职业教育和职业培训。

### （二）司局关系定协作

职业教育的改革，在国家部委层面涉及多部委，在教育部内，也涉及政法、规划、财务、学生、教师、督导、国际等多个司局。如果司局之间关系不理顺，不但影响工作效率，还会成为职业教育改革中的梗阻。当前主要问题表现在局统筹乏力，没有牵头统领单位，职成司名义上是专职司局，却仅负责教育教学，类似学校的"教务处"，学校设置、计划制订、招生考试、思想政治、就业创业、投入保障等职能分散在各司局的业务板块，大家对职业教育认识不统一、规律不了解，在配置资源、制定文件、推动工作时协同不足，没能形成同向同行的合力。

为使司局凝聚改革合力，一是全面梳理"职业教育改革落实不彻底"的症结问题，梳理三张清单，即司局职责任务清单、权责清单、职责边界清单，坚决贯彻党中央和部党组关于职业教育改革决策部署，准确把握综合性工作和专业性工作的边界和效果。二是坚持优化协同高效原则，完善两个机制，即司局间协调配合机制、职能运行监管机制。建立职成司统领，定标准、定方案，规划、学生、财务、教师等司局按照职能协作配合抓落实的工作机制，重点解决推动解决司局配合不顺畅、行动不协调、工作合力不强等问题，推动司局职能更加优化、权责更加协调、运行更加高效、履职更加到位。

### （三）央地关系定权责

在大国治理中，中央与地方的关系一直是国家制度设计的重大问题。职业教育治理改革是教育治理体系现代化的重要组成部分，而在治理改革中如何处理中央和地方的关系，发挥中央和地方两个积极性，又是中国职业教育治理改革的关键问题。从改革开放以来职业教育政策及发展情况来看，中央与地方关系处于不断简政放权、权力重心下移的过程，分权治理取得了良好成效，已初步形成了"统一部署、地方主体、多中心治理"的分权治理新格局。但实事求是地说，目前的治理格局尚未达到完全意义上的分权，其中最主要的问题是省级政府的主体性并未得到充分的尊重和激发。进入二十一世纪，尽管中国不断强化各级政府提供公共服务的职责，特别是加大省级政府发展和统筹本地区教育的职责，但省级政府的统筹仍然处于不充分的状态。

下一步，应进一步处理好中央和地方关系，在中央科学规划、宏观管理基础上压实地方主体责任，使以省级统筹为核心的分权治理制度逐步定型。一方面，中央应尊重基层首创，建立有效的容错纠错机制，支持地方按照国家统一规划，充分发挥省级政府的统筹优势，以职业教育综合改革为突破口推动教育高质量发展，创造具有地方特色的职业教育发展模式和发展经验。另一方面，地方也应积极跟上，树牢科学的教育政绩观、人才观，像重视普通教育一样重视职业教育，把加快推进职业教育现代化纳入重要议事日程，主动关心职业教育、研究职业教育、支持职业教育，及时解决重大问题，切实把发展职业教育的责任扛牢扛实。教育部与山东、江西、甘肃以及江苏"苏锡常"、浙江"温台"、广东深圳、福建厦门等地部省共建职业教育创新发展高地，在先行先试的过程中，持续创新职业教育央地分权治理模式，丰富职业教育制度供给渠道，汇聚支持职业教育的发展合力，提升职业教育对区域经济社会的贡献度。这期间形成的一些好的经验做法，应该及时固化下来，形成国家层面的制度、模式，为将来的探索实践提供经验和参照。

## 二、完善类型鲜明的教育制度

对改革开放以来职业教育发展历程的梳理和发展现状的深入分析告诉我们，当前阻碍职业教育向更高水平发展的关键因素是职业教育国家基本制度不健全。职业教育制度建设是构建高质量职业教育体系的重要支撑。完整的职业教育体系的构建不仅需要夯实以职业教育学校体系为基石的实体基础，也需要进一步建立并完善支撑现代职业教育体系有效运转的关键制度。

### （一）完善职普分流机制

职普分流是党中央在改革开放初期确定的一项基本教育政策，实施四十多年来，对调整教育结构，促进教育和经济协调发展发挥了重要作用。进入二十一世纪，随着中国社会主义市场经济体制的建立，中等职业教育进入震荡调整时期，社会上对职普教育分流政策的态度也发生了分化。然而，中职教育是现代职业教育体系的重要基础，也是高层次技术技能人才的培养基础。巩固职业教育类型基础，必然要求坚持职普比大体相当。面向未来，我们必须从以下两方面作出调整：

#### 1. 将职普分流政策拓展到高等教育学段

职普分流政策是国家推进高中阶段职普比大体相当的教育战略举措，最初涵盖的学段仅限于高中阶段。1978年党的十一届三中全会召开，决定把党和国家工作重心转移到经济建设上来，实行改革开放，中国开始进行经济体制改革，工业化进程不断推进，急需大量技术技能型人才。当时，中国高中阶段教育结构单一，中等职业教育在校生仅占高中阶段的4%，且当时普通高中毕业生的升学率仅为3.8%，与国民经济的发展需要严重脱节，改革高中阶段教育结构势在必行。为此，邓小平同志即在全国教育工作会议上指出要"扩大农业中学、各种中等专业学校、技工学校的比例"。1983年,《教育部、劳动人事部、财政部、国家计委关于改革城市中等教育结构、发展职业技术教育的意见》提出"力争到1990年,使各类职业技术学校在校生与普通高中在校生的比例大体相当",这是国家政策文件首次明确提出职普比大体相当问题。1985年,《中共中央关于教育体制改革的决定》提出"力争在5年左右,使大多数地区的各类高中阶段的职业技术学校招生数相当于普通高中的招生数,扭转目前中等教育结构不合理的状况"。由此可知,党中央提出将职普分流作为调整教育结构的基本政策,起初指的是推进高中阶段职普比大体相当。

国家需求和个人意愿的平衡统一被打破,职普分流政策遭到社会质疑。受高等教育普及化、普通高中学位扩容、就业市场化等政策环境改变影响,2006年高中阶段职普比下滑到4.2∶5.8,2011年以后中等职业教育的招生规模再次迅速下滑,2018年降至4.1∶5.9。2019年《国家职业教育改革实施方案》印发,中职招生规模、在校生规模连续两年呈现增长态势,目前稳定在4.2∶5.8左右。这一阶段,虽然国家对技术技能人才需求依旧旺盛,但由于职普教育分流政策的外部环境发生了变化,社会上对职普教育分流政策的态度也发生了分化。支持者从国家的角度认为,经济社会的发展离不开初、中级技术技能人才,职普教育分流政策是平衡社会人才结构的重要途径,要坚持职普比大体相当政策,稳定中职办学规模。质疑者从个人的角度认为,"分流到中职没面子""分流到中职没希望",不应该设置职普比例,不应该按照中考成绩进行分流,剥夺学生自主选择教育类型的权利。

要基于双轨分流,综合考虑国家和人民群众两方面需求,统筹考虑高中和高等教育阶段的整体职普比例,在职业教育和普通教育的总量上保持大体相当。一方面,调低高中阶段职普比预期。当前,中国初次就业年龄推迟已呈明显趋势,中职就业政策红利早已不在，中职就业导向对家长吸引力不强。普通高中学生既可升入普通本科，也可升入职业专科，选择多样、空间较大，中职升学机会远低于普通高中。职业教育国家财政性教育经费投入与同级别普通教育相比仍明显偏低，一些省市经费投入还存在不能落实的情况，致使中职学校硬件条件投入长期不足。社会对中职的认可和接受也降至冰点。因此，在高中学段职普比不必苛求大体相当，允许一定比例波动。另一方面，调高高等教育阶段职普比预期。专科高职是职业教育体系的主体，是优化高等教育结构和培养大国工匠、能工巧匠的重要方式，有必要把发展专科高职教育作为输送区域急需高素质技术技能人才的重要渠道，扩大专科高职学校招收中职毕业生的比例，为部分有意愿的中职毕业生提供继续深造的机会。如此，职业教育与普通教育的规模比例，仍能大体相当，二者之间也能齐头并进。

### 2. 把职普分流政策从行政手段调整为目标

坚持职普比大体相当，保持中等职业教育稳定的发展规模，对满足不同类型学生技术技能学习需求，构建纵向贯通的现代职业教育体系，服务现代制造业、战略性新兴产业和现代服务业，保障广大农村家庭学生接受职业教育的权利，具有不可替代的独特价值。然而，一段时间以来，地方在执行中有关的政策配套和教育投入一直没有跟上，简单操作、强制分流，导致职普教育分流政策受到了一定程度的质疑，国家需求和个人意愿有机统一的平衡点被打破。

巩固职业教育类型定位，必须改进各地职普分流政策的执行方法，切实把这个政策当作工作目标，通过政策引导、提升吸引力、促进职普融通等，让职业教育从学生家长的被动选择转为主动选择，使职普分流由强制分流逐步转向引导分流。一是促进中职多样化发展。引导地方各级政府及有关部门强化认识，支持中职教育多样化发展，发挥中职教育的就业、升学的功能，使中职教育的定位从单纯"以就业为导向"调整为"就业与升学兼顾"，增强中职对不同需求学生的吸引力。引导地方财政加大投入，实施好中职"双优计划"，集中力量建成一批在办学、管理、人才培养、社会服务等方面具有示范引领作用的优质职业中等学校和品牌专业。二是优化技能型人才发展环境。进一步提高技术技能人才待遇，拓宽技术技能人才发展路径，适时组织清理调整对技术技能人才的歧视政策，推动形成人人皆可成才、人人尽展其才的良好环境。将职业本科毕业生列入本科学历人才招聘范围，与普通本科毕业生同等对待。完善职业资格评价、职业技能等级认定、专项职业能力考核等多元化评价方式。

## （二）完善职业教育高考制度

中等职业学校的学生不能像普通高中学生那样通过公开、公平、常规化的高考制度，在职业教育体系内升入到高等职业教育中，这是职业教育作为一个体系建立起来所面临的重大制度缺失。完善职业教育高考制度，是优化类型定位、畅通学生升学通道的关键，是提升职业教育吸引力的关键，也是职业教育改革的牛鼻子。所谓职教高考制度，是指中国高等职业学校招收新生的制度，由一系列符合高等职业教育人才选拔需要的考试招生制度组成，是具有类型教育特点的一项职业教育基本制度。依托这一制度，使任何职校生都可以通过统一考试进入任何职业院校的任何专业，大大拓展职校生的升学空间，改变千军万马过独木桥的现状，促进教育公平，缓解教育焦虑。其实，我们对职教高考制度的探索由来已久，但始终未能形成全国性的开放制度，还停留在对口招生层面。职教高考制度进展缓慢，一是因为我们从来没有对这一制度进行系统设计；二是对于录取范围和升学通道还没有打通理顺；三是招录机制还不够灵活。基于上述原因，构建职教高考制度主要考虑从改革框架设计、畅通职业教育体系内部升

学路径、拓宽职业教育体系外部招生渠道、招录机制创新等方面着力。

### 1. 把握职教高考特点，设计总体改革框架

自2013年教育部印发《关于积极推进高等职业教育考试招生制度改革的指导意见》以来，山东、江西、福建、江苏等地已经对职教高考进行了试点，取得了良好的效果和经验。但是目前的改革还停留在地方层面，国家层面缺少系统设计和具体方案，公信力和严肃性不够，对考生没有吸引力，指挥棒的作用还没有充分发挥。要按照整体性、系统性、协同性的改革总要求，围绕建设中国现代职教体系和打造类型教育总目标，统筹考虑现有普通高考制度、职教考试招生制度和教育事业发展实际，借鉴国际经验，突出类型性、包容性、开放性、自主性、适应性的特点，建设中国特色的职教高考制度。一是进行总体设计。由国家层面研制职教高考综合改革实施意见，设计改革框架，优化"文化素质 + 职业技能"结构比例和组织方式，以技能操作考试为主，充分体现岗位技能、通用技术等内容，重点考查中职专业课知识和技能。二是加强职教高考的标准化建设。建立职业学校专业目录体系，制定并推广专业教学标准，推出一批中职、高职、本科一体化标准课程和统编教材；开发建设一批供普通高中学生选学的职业教育通用课程；建立职业资格证书、职业技能等级证书、其他社会培训证书的目录管理制度。为考试招生过程中认定考生学业水平、职业能力和其他学习成果搭建平台，提高职教高考水平。

### 2. 畅通职教内部升学路径，拓宽外部招生渠道

一方面，要厘清职业学校入学通道，设立职业教育体系内的中高职直升通道和高职专转本通道；另一方面，要拓宽体系外的升学通道，包括普通高考通道、自主考试招生通道、成人入学专门通道和自主择校报考通道。此外，要建立鼓励优秀青年自主择

校报考高职本科、专科学校的新制度。一是对在全国或省级职业院校职业技能大赛、学科竞赛、科技创新、发明创造、社会公益等方面取得优异成绩的优秀中职毕业生、高中毕业生，准予其在全国范围内自主选择报考高职学校和专业。二是对在本职工作岗位上建功立业作出突出成绩，或者在全国或省级职业技能大赛、科技创新、发明创造、社会公益等方面取得优异成绩的社会优秀青年、企业优秀职工，准予其在本省范围内自主选择报考高职学校和专业。符合报名条件的优秀青年可申请报考职业专科免试录取。特别优秀的，可直接申请职业本科三年级入学。考试方案由全国统一规定，高职学校组织实施，招生计划单列。

### 3. 改革招生工作机制，拓展社会多元参与

扩大职业本科、职业专科学校通过职教高考招录学生比例，使"职教高考"成为高等职业教育招生，特别是本科职业学校招生的主渠道。逐步废除"先本后专"的录取顺序，强化录取机制改革与投档技术改进，推进各类高考平行投档，平等机会录取的基本顺序。扩大高职院校的参与权和自主权。高职院校全权参与招生考试的具体过程，赋予高职院校招生录取的自主选择权。另外，引导和鼓励地方政府、行业企业、工业园区等社会需求方参与新生招录工作，丰富职教高考内涵，培育政府、行业、企业、社会等从源头深度参与职业教育的制度环境。一是建立产教融合型企业参与机制。经过认定的产教融合型企业，根据实习岗位接收能力和自身培养能力，联合高等职业学校共同培养本、专科学生，校企订立联合招生、联合培养协议，经省级教育主管部门批准后组织实施。鼓励采取学徒制等方式培养人才，企业负责做好实习、就业等工作。二是建立行业协会（园区）参与机制。全国性或省市级行业协会、国家或各省设立的经济技术开发区、高新技术开发区、产业园区，根据本行业、本区企业实际需要，经批准可以与高等职业学校开展联合招生，实施订单或定向培养，行

业协会、开发区、园区负责落实学徒或实习岗位，提供工学结合培养方案和就业服务方案。

### （三）完善国家资历框架建设

改革开放四十多年来，我们把发展职业教育的主要精力放在职业院校建设，"提升职业院校办学水平"是改革开放以来职业教育政策设计的主要思维模式。然而时至今日，在职业教育学校体系已基本建立起来的背景下，下一阶段中国职业教育要迈向更高水平，到2035年基本实现现代化，引领世界职业教育发展，需要转变职业教育发展的战略重心，从以提升职业院校办学水平为中心转向以国家基本制度建设为中心，其中的核心就是构建国家资历框架。①"国家资历框架"是国家根据一定的标准和定义，将公民个人在任何时间和地点，通过规范的任何方式获得的知识、技能按层级分类描述并依法确定的一整套标准和措施。国家资历框架把包括学校教育和非学校教育、正规学习与非正规学习、成人教育与职业培训等在内的各种类型的教育与培训统筹整合，实现各级各类教育、培训的贯通和协调发展，为公民构建一个无障碍的、公平的、可以自由流动的、学习成果可以携带和累积的终身学习体系。同时，通过统一标准的制定和实施，保障和提高教育、培训质量，实现各种资历相互可比、可衔接、可携带，进而促进资历的跨领域、跨行业、跨地区和跨国界的相互认可。构建国家资历框架建设要抓住三个关键环节，即建立完善的技能水平社会评价体系、建立职业教育与普通教育的等值互换关系、建立和完善国家学分银行制度。

#### 1. 建立完善的技能水平社会评价体系

中国实施的是以外部劳动力市场为主体的劳动力市场模式，

---

① 徐国庆.职业教育实现现代化的关键是完善国家基本制度［J］.《华东师范大学学报》(教育科学版), 2021（2）.

这种模式中劳动者的就业流动性比较大，为了让劳动者的技能水平在就业时能获得公正评价，需要具有很强社会公信力的技能评价体系做支撑。①目前，学术型、专业型人才的能力水平社会评价体系已经非常健全（即职称制度），然而面向技术技能人才的技能水平社会评价体系一直未能真正建立起来。中国改革开放前的"八级工"在形成技术技能人才社会地位方面曾经十分成功。但随着改革开放以后，中国"以市场换技术"，生产对技能的依赖逐渐减少，企业在用工方面的自主性和灵活性增强，技能积累和技能保护越来越不受重视。人社系统一度建立起了品种繁多的职业资格证书，然而大量证书由于质量问题，不但没有发挥应有的作用，反而成了阻碍劳动者就业的因素，以致大多数职业资格证书已经被取消。目前正在开发的技能等级证书是不具备职业资格证书功能的。大量低质量的职业资格证书被取消后，如何重构技能水平社会评价体系，是当前职业教育制度建设的一个重大课题，是完善国家资历框架的一项重要的基础性先导性工作。

### 2. 建立职业教育与普通教育等值互认关系

学习成果认证和学分银行制度是资历框架实施的必要保障。学习成果认证是按照资历框架的等级和标准，将个人在不同场所和通过多种方式获得的知识、技能、能力以及态度和价值观，通过权威机构的认证，在资历框架下获得认可并授予相应的资历和学分。学习成果认证包括内部质量保证机制和外部质量评审制度，由整套原则、标准、指引、指标、工具等组成，旨在保证资历和学分的对等性和可比性。在制度设计上，要通过学习成果认证，建立职业教育学生与普通教育学生学习成果等值互换关系，规定在特定领域两个教育序列的学生享有同等权利。同时还要解决技能等级证书与普通教育学历之间的关系问题、技能等级证书

---

① 李德富，廖益. 英、德、澳国家职业资格标准框架及其启示［J］.《广东社会科学》，2017（4），214—220.

和专业人才职称之间的关系问题。只有当职业教育学生的学习成果能给他们带来与普通教育学习成果同等的社会效果时，人们才会真正认可职业教育的类型地位。

### 3. 建立和完善国家学分银行制度

"国家资历框架"的核心要素是"以学习成果为本""学分累积与转换系统的构建"，以及"对先前学习经历的认可"。其主要功能是可以通过学分的积累、转换和学习成果的认可，给各级各类学生成长成才畅通通道，填平就业过程中的种种鸿沟。学分银行是模拟银行的"储存—提取—转换"系统的概念，通过对学习者的学习成果进行认证，转换为统一的存储学分，并根据一定的规则，学习者可以将储存的学分兑付为资历证书。国家学分银行制度是国家资历框架制度的辅助性制度，这一制度的具体内容有建立对先前学习成果的认可制度和注册认定机构，创建系统设计的国家网络学分库，以便于学习成果的提交、存档、认定。有了这一制度，就能够保证普通教育和职业教育、学历教育和职业证书、校内教育与校外教育的学习成果进行等价交换，可以激发人们开拓多种学习资源的积极性，这对终身学习型社会的构建具有重要意义。

## （四）坚持职业本科引领

职业教育发展重心由中职上移到职业本科是必然趋势。把职业教育高移到本科教育层次，不仅是满足产业界对高素质技术技能人才、能工巧匠和大国工匠的需要，而且是构建建设高质量现代职业教育体系，增强职业技术教育适应性的需要。未来，我们必须以职业本科为引领，准确把握内涵，加强系统化思维、整体性设计、协同性推进，推动高质量发展。

### 1. 准确把握职业本科内涵

职业本科、职业专科和普通本科、应用型本科均属学校教育，都是高等教育，都是有目的、有计划地培养人的教育活动，但是在功能、定位、方式上都有较大差异。从教育功能看，普通本科是学术型教育，应用型本科和职业本科是应用型教育；从人才培养定位看，普通本科培养研究型人才，应用型本科培养工程型人才，而职业本科培养技术技能人才。基于功能和定位的不同，三类学校的培养方式也有本质差别。因此，职业本科教育既不是职业专科教育的"加长版"，也不是其他本科教育的"影印版"。

**一是职业本科和普通本科的本质不同**。在逻辑起点上，普通本科遵循学科体系自身的深化和学科分支化的基本规律，侧重于认识世界；职业本科遵循工作体系的基本规律，侧重于基于现实需求改造世界。在培养定位上，普通本科以培养研究型人才为主；职业本科以培养联结研发—生产的"中间型"职业人才为主。在培养模式上，普通本科以理论教学为主、验证性实验教学为辅；职业本科教育以校企合作、工学结合贯穿培养全过程。在评价方式上，普通本科评价主要由教育内部实施，重点考查学生对理论的掌握程度；职业本科评价主要来自行业企业，重点评价学生的职业岗位适用度。

**二是职业本科和应用型本科的分工不同**。二者均以培养应用型人才为目的，但其教育逻辑起点不同，毕业生从业岗位也有较大差异。应用型本科是应用属性的学术教育，只是在原有学科模式的基础上增加了应用环节，侧重于把学科知识转化为工程方案，主要培养工程师。职业本科是职业教育的高层次，直接从具体岗位出发，围绕实践展开技术理论的学习以及复杂操作技能训练，侧重于把工程方案转化为具体产品，主要培养技术师。从这个角度看，只有普通本科、应用型本科和职业本科三者之间形成完整的教育链、人才链，才能支撑中国形成自有的知识产权、解决方案、技术方案和民族品牌。

**三是职业本科和职业专科的培养规格不同**。在职业高等教育中，职业专科教育是主体，职业本科教育是引领。相比职业专科教育，职业本科教育并非只是延长了一年学制，二者的人才培养规格有质的区别。职业专科的培养规格是专业化技术技能人才，面向特定或固定岗位，突出技术技能的适用性和熟练度。职业本科教育的培养规格是专业性技术技能人才，理论基础要高于职业专科教育，更加适应职业岗位上移需要，更注重学生理论知识、复杂问题的综合解决能力以及技术创新思维的培养，突出技术技能的复合性和迁移性。

### 2. 高质量发展职业本科教育

毫无疑问，发展职业本科教育对于完善高质量现代职业教育体系、给职业教育学习者提供更多生涯发展可能、支撑未来产业结构升级等都具有重要意义。与此同时，我们必须清醒地认识到教育没办法试错。发展职业教育必须严格遵循"需求导向、质量为先、小步快走、稳中求进"的思路，加强系统化思维、整体性设计、协同性推进，一手抓规范试点，规范引导支持试点学校补齐条件、深耕内涵、提高质量；一手抓打造示范，"小切口""大支持"快速打造标杆校，提振信心、改变形象、蹚出路子，统筹抓好规划、布局、对象、实施、考核等方方面面。

**一是在规划上控制规模，突出类型**。出台"稳步发展职业本科教育的指导意见"，按照高起点、高标准、高质量要求，系统规划职业本科教育项目，分类指导，坚持校企合作、工学结合、知行合一，保持职业本科教育办学方向不变、培养模式不变、特色发展不变，充分体现职业教育的类型特色。"十四五"期间，职业本科招生规模将不低于高等职业教育招生规模的10%，各地对拟设立的职业本科学校，须对照本科层次职业学校设置标准综合考量后，纳入"十四五"时期高等学校设置规划，发挥好职业本科教育的示范引领作用。

**二是在布局上战略优先，兼顾公平。** 职业本科教育布局要落实"七个优先"。其中，学校布局层面，优先考虑京津冀协同发展、长江经济带发展、粤港澳大湾区建设、长三角一体化发展、黄河流域生态保护和高质量发展等重大战略区域；优先考虑人口规模大、经济总量高、高等教育资源短缺的地市级城市；优先考虑少数民族地区、边疆地区、贫困地区和革命老区；优先考虑战略性新兴产业聚集的高新区、产业园区等。专业布局层面，优先考虑支撑国家重点产业和区域支柱产业升级发展的专业领域；优先考虑对接高端产业和产业高端的专业领域；优先考虑养老服务、家政、护理、健康服务等紧缺专业领域。

**三是在遴选上明确条件，质量为本。** 根据教育部《本科层次职业学校设置标准（试行）》和《本科层次职业教育专业设置管理办法（试行）》等政策文件，按照要求遴选出一批就业率高、毕业生水平高、社会支持度高，校企结合好、实训开展好、"三教"质量好、办学特色鲜明的学校和专业率先开展职业本科教育，形成一批可复制、可推广的成果。

**四是在实施上制度先行，各方协同。** 教育部进一步明确发展职业本科教育的宏观政策框架。重点要做好两个方面的宏观制度设定。一是要制定能突出职业本科教育特色的办学标准。这一标准既要有一定的学术性，又要有一定的实践性，而且须以技术技能定向。对职业本科教育办学标准的制定，应突出培养目标和课程模式。以此为基点，衍生出实施这些课程应具备的师资、设备、资金，以及应当招收哪些类型的学生等。二是要建立完整的专业教育学位制度。为促进职业本科教育办学质量的提高，必须逐步建立与学术性学位相对应的完整的专业学位制度。根据实际情况，目前的主要目标是如何成功地举办职业本科教育，但是，这并非意味着中国技术应用型人才的培养只能限制在本科层次。既然技术与科学是两个并列的体系，职业教育与普通教育是两个并列的类型，那么从逻辑上看，职业教育也应建立像普通教育那样从学士到博士的完整的学位体系。当然，这是偏重技术技能应用的专业学位。此外，还要建立健全政府、行业、企业、社会共同参与的协同推进机制，鼓励符合标准的职业专科学校自主申报，省级教育行政部门牵头组织有关部门和专家考察论证，教育部组织专家考察评估，备案学校和专业，确保发展职业本科教育工作稳步开展。

**五是在考核上分类指导，严格管控。**落实谁主管、谁负责、谁参与审批的工作程序，强化教育部在职业本科教育管理上的主导权。强化地方对职业本科学校的统筹管理，将地方投入情况、工作质量作为核拨职业本科分省招生计划的重要参考。压实举办方主体责任，将投入情况与招生规模挂钩，将办学质量与收费标准挂钩，确保职业本科教育的公益属性。同时，建立符合职业本科教育实际、具有职业本科教育特色的学校和专业考核机制，依据职业本科学校和专业标准的要求，定期对已开展职业本科教育的学校和专业进行达标评估考核，建立职业本科学校黄色、红色预警机制，评定结果向社会公开发布。

## 三、打造新形态职业学校

安东尼·塞尔登（Anthony Seldon）和奥拉迪梅吉·阿比多耶（Oladimeji Abidoye）在著作《第四次教育革命，人工智能如何改变教育》中指出，通过人工智能，每个人都可以随时随地拥有更好和更个性化的教育资源，定制化的教育和学习将逐渐取代传统的教育模式。随着智能化时代的来临，传统教育赖以存在的生态环境正在发生急剧变化，学习不一定非要集中在一个叫"学校"的地方，学习也不一定非要整齐划一、千篇一律。职业教育要"变轨超车"、赢得未来，需升级硬件、完善治理、革新教学，颠覆传统模式，打造智能化的职业学校。

### （一）升级智能化硬件条件

可以预见，随着人工智能、物联网、脑科学等技术的日渐成熟，新一代信息技术对教育领域的影响和变革作用日益显著，首当其冲的就是学校硬件条件的智能化。我们必须紧紧抓住新一代信息化发展的大好机遇，以智能化促进学校、教室、实验实训室等的现代化，夯实职业教育现代化的硬件基础。

#### 1. 未来校园由集中到分散

学校是人类文明发展到一定阶段的产物，不是从来就有，也未必会以现在的形态永远存在。学校的历史可以追溯到中国古代的"庠""序""学""校"和苏美尔人的"泥版书屋"[①]。传统学校是工业革命的产物，它把传统的只为少数人服务的教育变成了能够普及的教育，提升了全社会的文化素养，是人类创造的最伟大的发明，也是人类文明传承的重要机构。

传统集中统一的学习方式和学习空间，已经适应不了时代要求和教育现代化的需要。受时代的制约，传统学校存在着明显的弊端。传统学校用工业化时代工厂"标准化"生产的方式来生产人才，统一入学时间、统一上课时间、统一教学大纲、统一教材、统一教学进度、统一考核评价，所有不同的孩子到了学校必须接受同样的教育。这个内容单一、标准统一、整齐划一的学校体系，让学习者的个性得不到张扬，潜能得不到发挥，与未来社会对人才学习能力、社会能力、创新能力等方面的综合素质要求背道而驰、渐行渐远。

未来校园是一个智能化、数字化、网络化的泛在学习空间。

---

① 聂风华，钟晓流，宋述强. 智慧教室：概念特征、系统模型与建设案例[J].《现代教育技术》，2013，23（7）：5—8.

今后几十年，随着人工智能、物联网、大数据、云计算、机器人、虚拟现实/增强现实等新一代信息技术的蓬勃发展，智能化设备的广泛引入、云计算的深度运用、移动学习终端的普及将深刻地改变着职业教育的未来图景。这个泛在的学习空间，跨越围墙、跨越社区、跨越城市、跨越地区，覆盖网络所及的每个角落，是一个可以适应学习者不同的学习风格和学习能力、可以为学习者终身学习提供支持、可以为学习者的发展提供支持的突破时空限制的学习环境。为此，我们须借助新一代信息化技术，建设一批示范性信息化标杆校，扎实推进职业学校信息化基础设施建设，打造"人人皆学、处处能学、时时可学"的技术环境。

**2. 未来教室由封闭到开放**

未来教室不是教师向学生传授课业的封闭场所，而是一个不受空间、时间限制，灵活个性、开放终身的全新体系。它以"智能化"的全新理念为引领，聚焦职业教育学习者学习能力、社会能力、创新能力提升，旨在培养出多样化、个性化、创新型的技术技能人才、能工巧匠和大国工匠。对教师与学生而言，未来教室意味着教学理念、教学方式、教学手段以及学习方式的变革，是一个能充分发挥师生教与学的主动性、能动性的新型的教学环境，运用得好会使教学质量、教学效率和学习效果大幅提升。

未来教室不仅仅是硬件设备上的集成与管理，更是一个借助软件来协调硬件之间相互关系，扩展其中服务功能的系统。一是创新"无本""无界""无时""无度""无纲"的学习方式。"无本"指无课本课堂，是未来教室对传统学校的一个重要突破。"无界"指未来的教室不会固定在某个地方，完全打破了传统学习对地点的依赖。"无时"指未来教师能实现学习的连续性和相关性，不再存在全班同时的固定课程表，这也是未来教室的重要目标之一。"无度"指未来教室系统是一个个性化的系统，每位学生在学习时有不同的进度，这样更有利于学生的个性培养。"无纲"

即研究性学习，指未来教室里的学习不再是单独的学科课程，常常是通过一个问题，将学生的研究性学习与数门学科课程结合起来。二是创新完备、多维、经济的学习环境。完备的学习环境指未来教室不仅要对直接的教学环境进行建设，还要对间接教学环境有所考虑。多维的学习环境指未来教室应该可以灵活地分割空间以适应各种教学活动的要求，并且兼顾了合作性和便捷性。经济的学习环境指未来教室的建造应该将多功能集成在一个单元内，随时可被分割成多间报告厅、讨论室或教室。在未来教室中，传统的学习和非学习空间的界限已经模糊，传统的"校内"和"校外"的界限也已经模糊。

### 3. 未来实验实训室由实体到虚实结合

未来的实验实训室一定是虚实结合的综合性平台。高素质技术技能人才的培养需要反反复复地大量实践锻炼，传统技术技能人才培养实训教学面临着高投入、高损耗、高风险及难实施、难观摩、难再现的"三高三难"痛点和难点。未来实验实训室集教学、实训、培训、科研、竞赛、科普等功能于一体，是以实带虚、以虚助实、虚实结合的虚拟仿真实训系统，是具有感知性、沉浸性、交互性、构想性、智能性的虚拟仿真实训教学场所。

建设未来实验实训室，应遵循以下原则：一是虚实结合。配置相应的虚拟仿真实训设备，将信息技术和实训设施深度融合，不断提升虚拟现实和人工智能（AI）等新一代信息技术在实训教学中的应用水平，解决实训教学过程中的"三高三难"痛点和难点。二是一校一策。结合职业院校人才培养实际需求与区域经济和行业企业发展需要，将未来实验实训室建设与学校智慧校园整体设计相融合，面向区域、面向行业、对接产业，助力区域经济社会发展。三是共建共享。在尊重保护院校和企业知识产权与资源版权的前提下，保证未来实验实训室优质资源的开放共享和持续应用，提高其利用率和应用效益。

## （二）完善数治化院校治理

在人工智能的推动下，整齐划一的学习将变成个性化的学习，学习者将有更多的学习选择权，民众将更多参与学校管理，教育组织的权力将从教师、学校向学习者转移，教育治理权力将从政府向社会分布。智能化时代，职业教育治理的数字化、智慧性和整体性特征，要求树立"智能化"的理念、推进"扁平化"管理、实施"多元化"评价，革新职业学校治理体系。

### 1. 树立"智能化"理念

当前，新一代信息技术正在全球范围内蓬勃兴起，为经济社会发展注入了新动能，加速了以知识经济、信息经济、服务经济为代表的现代社会的到来。以知识为核心生产要素的现代社会，不再是考试、知识的竞争，而是创造力、想象力的竞争。工业化时代流水线式的、以知识传播为主的教育模式已无法培养出具有创新精神和创新意识的人才。这就要求智能化时代的教育必须转变人才培养理念、提升人才培养目标、丰富人才培养内容、创新人才培养方法和途径、转变人才培养体系重心、优化人才培养体制[1]，让每个学习者都能发挥自己的强项，而不是沦为学习的机器。具体到职业教育也是一样，工业时代，以班级授课为主体的大规模标准化职业教育正转向衰退阶段。智能化时代，需要职业教育树立"智能化"的全新理念，聚焦学习者学习能力、社会能力、创新能力的提升，建立起灵活个性、开放终身的全新体系，培养出多样化、个性化、创新型的技术技能人才、能工巧匠和大国工匠。

### 2. 推进"扁平化"管理

扁平化管理是指通过减少管理层次、压缩职能部门和机构、

---

[1] 周洪宇，鲍成中. 第三次工业革命与人才培养模式变革 [J]. 教育研究，2013，34（10）：4—9、43.

裁减人员，使组织的决策层和操作层之间的中间管理层级尽可能减少，从而提高组织效率的富有弹性的新型管理模式。智能化时代，将改变传统的层级管理体制结构，改变内部管理方式和决策方式，改变组织的业务流程、管理流程及内部协调与控制机制等，打破组织内部传统的等级制度与职能部门间的界限。智能化时代，也对职业学校的组织结构和管理决策提出了全新要求：一方面，要求学校组织机构从"金字塔"式传统模式转为"扁平化"精简高效的现代管理模式。另一方面，要求学校决策从单一的行政决策到转为"多方参与、多维联动"下的多方决策。

### 3. 实施"数字化"评价

评价是影响教育发展的重要因素，一直受到教育理论与实际工作者的高度关注。智能化时代，如何利用好大数据、物联网、人工智能等新一代信息技术，改革职业学校评价，增强职业学校适应性，成为重要的时代命题。回答好这个"时代命题"，要依托数字化技术，搭建政府、行业企业、学校、学生、教师、社会组织等多元主体参与职业学校评价的平台，实现评价主体从"单一"向"多元"的转变。要全过程记录学生的学习表现，帮助学生找出学习过程中存在的问题、找出问题的根源，并有针对性地提供指导与帮助，实现评价结果运用从"重分等"向"重诊断"的转变。

## 四、用数字化赋能职业教育

在人类漫长的历史中，发生过三次教育革命：第一次教育革命以有组织的学习为特征，学习者在家庭、团体中向他人学习，正是这种学习照亮了人类的文明；第二次教育革命以制度化教育为标志，学校和大学在这一时期诞生，提升了学习质量，减轻了教师的负担；第三次教育革命以大众化教育为焦点，依靠印刷技术的革新，使知识和文化的传播更加便捷，突破了精英阶层对知识和文化的垄断。前三次教育革命虽然在一定程度上实现了各自的突破，但教师始终占据着主导地位，教与学的基本模式并没有发生根本性改变。就职业教育而言，也经历了原始社会以生产和生活经验传授为主要内容的形态、农业社会以传统手工作坊"师带徒"为主要形式的传统学徒制、工业化时代以集中培训的方式为主要形式的学校标准化职业教育与以"做中学"和"学中做"为核心理念的现代学徒制教育等几个阶段的变革。接下来，人工智能将成为第四次教育革命的核心内容，给教育带来全面的、根本的、颠覆性的变革。这个变革最大的特点就是，从标准化教育管理向个性化教育服务的转变。在各级各类教育中，职业教育与产业距离最近、生源类型最广、管理层级最多，在数字时代受到的冲击最大，在数字化转型中获得的收益也最显著。必须立足中国职业教育已进入提质培优、增值赋能机遇期和改革攻坚、爬坡过坎关键期"双期叠加"的新阶段，准确识变、科学应变、主动求变，以数字化转型的新成效重塑职业教育的新生态。

### （一）准确识变：把准职业教育数字化发展趋势

数字化技术、数字化要素、数字化思维、数字化认知的发展，标志着人类社会已进入数字化生存时代。数字化成为世界科技革命和产业变革的先机，成为世界各国抢占未来发展制高点、塑造国际竞争新优势的重要力量。近年来，世界各国纷纷发布国家层面的教育数字化战略，借助数字化思维和方法，推动数字技术与教育深度融合，积极探索新模式、开发新产品，促进新技术，支持教育教学创新。可以说，数字化是未来教育的必然趋势，是中国教育并跑甚至领跑世界教育的新赛道，也是中国教育现代化的重要推力。"十四五"规划明确提出了"建设高质量教育体系""增强职业技术教育适应性"的政策导向和目标要求，今年政府工作报告也增加了"增强职业教育适应性"的表述。而要增强职业教育适应性，就必须把数字化转型作为职业教育整体性、系统性变革的内生变量，加快职业教育育人观念的转变，培养大量具有数字化素养和能力的中高端技术技能人才。

### 1. 教学模式：由"单一"变成"多元"

人工智能带来的工作过程去分工化、人才结构去分层化、技能操作高端化等系列变化，正在重塑未来社会的面貌。有机构预测，未来二三十年，将有很多岗位会被人工智能所替代，尤其是一些重复性和标准化的工作，更将被大量替代。与此同时，人工智能也将会产生大量新职业岗位。

传统职业教育所培养的具有简单操作技能的人员将难以适应社会发展的需要。一方面，要及时更新技术技能人才培养的教学内容。紧随新一代信息技术发展潮流，开发以实带虚的纯虚拟资源、以虚助实的模块化资源、虚实结合的数字孪生资源，尤其要注重以全面提高人才培养能力为核心，善用新媒体、新技术、新形式，构建知识技能与人文素养双融合的虚拟仿真资源体系，培养人机合作的能力，增强新一代信息技术背景下职业教育的适应性。另一方面，要革新技术技能人才的教学方法。在智能化时代，以"云课程 + 智能技术 + 虚拟现实"为主的教育手段新组合，彻底改变二十世纪初巴甫洛夫等提出的"训练—知识检验—训练"的传统模式。人工智能还将为学习者的考试和评价提供客观量化的证据，促使从单一的学业表现评价转变为全面综合的评价，从量化型评价转变为描述型评价。这些改变将让未来的教育模式发生重大的结构性变革，使大规模个性化的学习成为可能。

### 2. 教育者：由"传授者"变成"指导者"

英国曾发布过一个预测报告，按照失去岗位的可能性来划分，在300种将受到失业威胁的岗位中，教师排在倒数第2位，被淘汰的可能性是 0.43%[①]。这个预测是否准确，我们姑且不论，但这个预测却能让我们感受到人工智能对教育者带来的替代性与颠覆性的冲击。在未来，人工智能虽然不会全面取代真人教育者，但势必会有一部分传统教育者被淘汰。就教育者个人而言，要想不被淘汰，一要学会做人工智能做不到的事；二要学会与人工智能共处，让人工智能为我所用，完成由"传授者"向"指导者"的华丽转型。具体而言，这个"华丽转型"至少包含五个维度：从知识占有者转变为学习活动的组织者，从知识传授者转变为学习的引导者，从课程执行者转变为课程开发者，从"教教材"转变为"用教材教"，从知识固守者转变为终生学习者[②]。

实现这个转变需要围绕智能化时代对教育者智能化迁移能力、智能化整合能力、智能化交往能力、智能化评价能力、智能化协作能力和促进学习者智能化能力等六个方面的要求，从职前培养与职后培训两个方面均衡用力。职前培养方面，要实施教育者智能化培养行动，改造职业教育教师学位教育、职业技术师范教育等传统培养路径，培养一批具备"整合技术的学科教学知识"知识框架的教育者。职后培训方面，要实施教育者智能化培训行动，区分国家、省级、校本等不同级别职业教育师资培训基地的功能，构建基于智能化时代职业教育教师能力标准的职业资格证书制度，建立适应智能化时代的职业教育师资培训体系，通过组建教学创新团队、在线培训、教育者个性化培训、教育者微培训、教育者学习共同体等多渠道、多路径，持续提升智能化时代教育者的学习、实践、反思与改进能力。

---

[①] 朱永新.未来学校：重新定义教育［M］.北京：中信出版社，2019：89.
[②] 余胜泉.互联网＋教育：未来学校［M］.北京：电子工业出版社，2019：207-209.

### 3. 学习者：由"适龄"变成"混龄"

人类学家玛格丽特·米德和更早些的幼儿教育家玛利娅·蒙台梭利不约而同地对按年龄区分并实施教育的传统模式提出了质疑。玛格丽特·米德曾说："把所有游戏和学习放入童年，所有工作塞进中年，所有遗憾留给老年，这是极端错误和非常矛盾的做法。"玛利娅·蒙台梭利指出："把人根据年龄分隔开来是一件非常冷酷而又不符合人性的事情，对于儿童也是这样。这样也就会打断社会生活之间的联系，使人与人之间无法互相学习。"[1] 目前，我们的教育仍然是面向各个阶段的适龄学习者开放。智能化时代，随着优质职业教育资源的丰富与释放，传统职业教育的学习周期、学历教育与社会教育的壁垒终将会被打破。正如朱永新在他的著作《未来学校：重新定义教育》中指出，在未来"少年儿童来学，父母也可以同时来学""少年儿童来学，老年人也可以来学""不同社区、不同城市的学生都可以来学""（未来学校中）未成年学生不一定是主流"[2]。也就是说，未来职业教育学习者将由"适龄"变成"混龄"，他们的年龄、地域、基础、文化背景等结构都将呈现更加多元、多样、多变的特点。

### （二）科学应变：谋划职业教育数字化发展策略

**一是把准脉，就是要立足现有基础。** 党的十八大以来，中国职业教育信息化快速推进：政策有部署，2017年教育部印发的《关于进一步推进职业教育信息化发展的指导意见》已作出顶层设计；联通有基础，已覆盖全部32所本科层次和1486所专科层次高职学校、7200余所中职学校；资源有积累，已建成近2000个专业教学资源库、5000余门精品在线课程；工作有经验，坚持开

---

[1] 朱永新.未来学校：重新定义教育［M］.北京：中信出版社，2019：70—72.
[2] 朱永新.未来学校：重新定义教育［M］.北京：中信出版社，2019：74—79.

展职业院校数字校园建设、信息化教学技能大赛等系列活动。

**二是开对方，就是要紧扣应用关键**。谋划职业教育数字化发展，要以"升级平台、充实资源、完善机制"为内容，以"条件硬化、应用优化、质量强化"为目标，以"服务教学、服务教师、服务学生、服务考核评价、服务行政管理"为导向，坚持需求牵引，建构以"1个职教大脑数字驾驶舱系统、2个二级平台、4个子系统和4个分中心"为主体的"国家职业教育智慧教育平台"。

**三是用好药，就是要分步推进实施**。教育数字化是个复杂的系统工程，不可能"一口气吃成胖子"，必须按照"成熟先上"和"分步实施，持续完善"的思路，在"产权无争议，安全有保障"的前提下，甩开膀子、迈出步子、闯出路子、干出样子。

### （三）主动求变：推进职业教育数字化转型升级

**一是坚持内容为王，持续丰富资源**。制定资源准入退出、产权保护和利益分配规则，定期发布数字化资源建设指导性目录，进一步健全完善政府引导、市场参与的职业教育数字化职教资源共建共享机制，激发政行企校等多元主体开发资源和持续更新的内在动力，不断增加资源总量、提高资源质量，搭建支撑学生学习、教师教育、学校管理和面向社会提供优质资源的平台。

**二是坚持应用为要，拓展服务功能**。健全完善统一门户、统一推广、统一应用，结构优化、区域均衡的职业教育数字化资源管理和服务平台，提高职业教育数字化资源使用效率。开发国家级实时监测、在线分析预测及综合优化调度系统，智能化选择或推荐学习资源，满足学习者个性化学习需要。鼓励企业将数字教学资源作为继续教育和培训平台，认可员工通过平台学习取得的成果。

**三是坚持育人为本，赋能高质量发展**。构建以学习者核心素养为导向的教育测量与评价体系，营造"人人可学、时时可学、处处可学"的智慧学习环境，推动职业教育办学模式、教育形式、教学方式和人才培养的数字化转型，实现从大规模标准化培养向大规模个性化培养的跃升，培养具有数字化思维和能力的技术技能人才，切实肩负起"支撑高质量发展"和"促进高质量就业"两大使命，努力把习近平总书记对职业教育"大有可为"的殷切期待转化为职教战线"大有作为"的生动实践。

总而言之，根据数字化时代学习者的特点，职业教育应该从建构主义学习理论、混合学习理论、现代教学理论出发，改革传统职业教育以传授技术技能为主要目标的"技术技能中心"理念，改变大班学习、统一课程、统一难度、统一进度的传统学习模式，利用智能技术加快推动职业教育人才培养模式、教学方法改革，构建包含智能学习、交互式学习的新型职业教育体系；开展数字校园建设，推动人工智能在教学、管理、资源建设等全流程应用；开发立体综合教学实训场、基于大数据智能的在线学习教育平台；开发智能教育助理，建立智能、快速、全面的职业教育分析系统；建立以学习者为中心的职业教育环境，提供精准推送的职业教育服务，实现日常职业教育和终身职业教育定制化[①]。这是数字化时代促使的职业教育改变，也是职业教育对智能化时代的回答。

---

① 国务院关于印发新一代人工智能发展规划的通知. 2017年7月20日. 中华人民共和国中央人民政府. http://www.gov.cn/zhengce/content/2017-07-20/content_5211996.htm.

# 后 记

进入新时代,以习近平同志为核心的党中央对职业教育重视的程度之高前所未有,推动职业教育改革发展的力度之大前所未有,中国职业教育迎来了新的重大发展机遇。在这事业发展的大好时候,组织上安排我履职负责职业教育工作。

在工作中,我常常为利好政策接踵而来所振奋,为职业教育爬坡过坎、提质培优所鼓舞,对"前途广阔,大有可为"的发展前景充满信心与期待。我深深感到,党中央对职业教育关心之切,社会特别是现代化产业发展对职业教育需求之迫,也就越发感到自身责任之重。同时,也常常为职业教育不为人所知、不为人所喜而苦恼、而忧虑、而焦急,职业教育的社会认知度不高、吸引力不高,国家战略、社会需求、个人意愿三者还不契合,职业教育还是国民教育体系的短板,甚至时有被污名化的迹象。

我内心常常涌动着一种澎湃的力量,有一种不可遏制的冲动,那就是:向人们说清楚职业教育,让更多的人认识职业教育、认可职业教育,让职业教育得到同其作用与贡献相匹配的社会认同。于是就有了这本《走向融合:职业教育的转型与突破》。本书共分五章,第一章"前世今生",回顾了晚清以来近现代职业教育发展历程;第二章"步步精彩",展现了新时代以来职业教育政策设计的"三步棋";第三章"正本清源",阐述了职业教育的类型定位;第四章"他山之石",介绍了一些国家和地区职业教育的典型经验;第五章"未来期许",展望了未来职业教育的发展前景。本书重在说明"是什么",行文力求客观平实,但字里行间隐含着我的理性思考与深厚感情。

以"走向融合"为题,这是我内心的呼吁、真诚的渴盼,也是行动的宣言。事业不等人,我深知,职业教育改革发展的担子沉甸甸的,坐不住、等不起、慢不得,"不用扬鞭自奋蹄"。既作倡言,也是自勉。期待得到读者的共鸣与指正。

陈子季

2025 年 2 月于红果园